国家出版基金项目
NATIONAL PUBLICATION FOUNDATION

海上絲綢之路文獻集成

總主編　陳支平　陳春聲

歷代史籍編

1

主編　范金民

海峽出版發行集團
THE STRAITS PUBLISHING & DISTRIBUTING GROUP
福建人民出版社

「十三五」國家重點圖書出版規劃重大出版工程規劃項目
國家新聞出版改革發展項目庫入庫項目
國家出版基金資助項目

《海上絲綢之路文獻集成》編委會

總主編

陳支平　陳春聲

編　委（以姓氏筆劃爲序）

丁毓玲　王日根　王建紅　王揚宗　方寶川　史霄鴻　吴義雄　汪毅夫　宋一明
范金民　林　彬　林　楓　林玉平　林國平　松浦章　馬建春　徐　泓　翁孟武
陳尚勝　陳益源　黄純豔　黄葦洲　黄賢强　張先清　張國剛　葉　農　萬　明
程思丽（Sally K.Church）　曾　玲　曾雄生　湯開建　楊　琮　廖大珂　鄭培凱
劉正剛　劉亞忠　蕭　婷（Angela Schottenhammer）　錢　江　韓東育　謝必震

選題策劃

劉亞忠　宋一明

《海上絲綢之路文獻集成》歷代史籍編

《海上絲綢之路文獻集成》總前言

世界上任何一種文明，都是在與其他文明的交流與碰撞中不斷成長的。中華文明在與其他文明頻繁的交流碰撞中，不斷豐富發展，不斷綻放其魅力和光芒，爲人類文明的進步作出巨大貢獻。在兩千多年的中外文明交流歷程中，「海上絲綢之路」發揮了無可替代的橋梁和紐帶作用。

海上絲綢之路是古代中國通往外部世界的海上通道。「絲綢之路」的概念，由德國地理學家李希霍芬（Ferdinand von Richthofen）於一八七七年提出，原指中西陸上通道，因絲綢貿易而得名。一九〇三年，法國漢學家沙畹（Émmanuel-Édouard Chavannes）在《西突厥史料》中首先提出絲綢之路有陸、海兩條，「海上絲綢之路」的概念遂逐漸爲學術界所認同。

一

中國人海上活動的歷史相當悠久。浙江蕭山跨湖橋遺址出土的八千年前的獨木舟、船槳及其旁石錛，是中國最早的水運交通技術的見證。而福建平潭殼丘頭等遺址的考古發現，揭示了距今八千至六千年前，南島語族在中國東南沿海起源並藉由海上航行逐漸擴散的歷史。夏商時代，航海技術進一步提高，木板船的出現增大了運載量，風帆的發明改革了動力，加快了航行速度，使水上運輸和商品交換更爲便利。春秋戰國以降，中國的造船技術已達相當水準。《越絶書》提及吴國水師，大船長十丈，寬一丈五尺。漢代，在東南沿海作戰的水師樓船，高達十餘丈。天文學、地理學、氣象學知識的積累，使海中觀星、地文導航等近海航行技術逐漸成熟。造船、航海技術的進步，爲海上絲綢之路的開闢奠定了基礎。

從史料上看，中國與西亞、歐洲比較穩定的海上交往，應始於秦漢時期。秦代，已有海路北通朝鮮、日本。西漢時，已開通印度次大陸航路：從徐聞、合浦出發，環繞北部灣、中南半島，最遠可至已程不國（今斯里蘭卡）。據《後漢書·西域傳》記載，東漢延熹九年（一六六），「大秦王安敦（馬可·奥勒留，Marcus Aurelius，羅馬帝國皇帝，一六一至一八〇年在位）遣使自日南（漢郡，今越南境内）徼外獻象牙、犀角、瑇瑁，始乃一通焉」。大秦的使者，顯然是從海路而來的。中國精美的絲綢，已經成爲羅馬貴族争相擁有的稀罕之物。但需要指出的是，這個時期，海上絲綢之路僅爲雛形，陸路的重要性可能更大一些。中國與西亞、歐洲的海上貿易，也是接力式的，主要是借力於印度洋上的商賈。

六朝是海上絲綢之路形成的關鍵時期，中外交往的重心從陸地逐漸轉向海洋。因西北陸路不通，孫吴等南方政權更重視經營海路。爲與北方對峙，南方政權積極發展水軍，船舶的設計與製造取得很大進步。同時，天文導航技術的發展及航海經驗的積累，都爲海上絲綢之路的發展提供了良好條件。這時期的船隻，不再緊靠大陸，已可作近海航行。《太平御覽·地部》三十四引《扶南傳》中，出現了南海珊瑚礁的記載。廣州取代兩漢時期的徐聞、合浦，成爲對外交流的主要港口，外國人往來其間，屢見不鮮。當時與南朝通商的國家有波斯、天竺、獅子國（斯里蘭卡）、扶南（中南半島南部）、婆利（文萊）等，最多時有六十四個貿易使團經海路前來。許多域外高僧，浮海來華。如粟特人康僧會，取道印度和交趾，於吴赤烏十年（二四七）到建業（今南京），孫權爲其建建初寺，史稱此爲江南有佛寺之始。中國僧人西行求法，或循海道，或陸路西去，回程取海道。如東晉高僧法顯，沿陸路西行到印度後，從印度東海岸登船，經獅子國、耶婆提（今爪哇島或蘇門答臘島），抵山東回國。

隋唐以後，特别是鼎盛時期的唐朝，富庶强盛，對周邊各國具有强大吸引力。安史之亂後，西北邊境收縮，中國經濟重心逐漸南移，海上絲綢之路在中外交往方面的作用更加凸顯。榫卯接合、水密隔艙等技術，使中國海船的遠航能力大爲提高，具備了從獅子國向西横越阿拉伯海的能力。這時期，開闢了從廣州經馬六甲海峽進入印度洋，西入波斯灣、亞丁灣及紅海的航路，通往西方的海道，與通往新羅、日本的海道從此連接起來。廣州、福州、泉州、明州、揚州等城市，成爲重要的對外貿易港口。阿拉伯、波斯及猶太等域外商賈紛至沓來，廣州、揚州、泉州等城市出現外國人聚居的「蕃坊」。爲適應海上貿易的新形勢，唐王朝設置市舶使管理蕃舶進出及征税事宜。海外貿易和中外文化交流，自此不斷發展。

宋代，由於西北陸路爲西夏所阻，以及經濟重心南移，比以往任何一個朝代都更重視海外交通。特别是南宋偏安東南，疆土日蹙，爲增加財政收入，格外積極發展海外貿易。南宋通過市舶司獲得的税收，紹興年間已達兩百萬貫，約佔全國財政收入的百分之六，對宋代經濟社會的繁榮起重要作用。中國遠洋船舶所能用到的造船、導航和航海技術，到宋代大多成熟定型。特别是這一時期出現的磁羅盤（指南針），是遠洋航行技術上的重大突破，標誌着航海新時代的開始。宋代，海上絲綢之路全面取代陸路，成爲中外交往的主要通道。據成書於南宋嘉定、寶慶間的《諸蕃志》記載，宋代與中國通商往來的有五十八國，東至日本，南至印尼，西至北非摩洛哥，西南至東非索馬里沿岸。港口數量明顯增加，朝廷先後在廣州、杭州、明州（今寧波）、泉州、平江（今蘇州）、温州等地設立市舶司，專門管理海外貿易。

元朝建立後，元世祖忽必烈對海上事業充滿熱情，官方艦隊規模龐大，民間的船隻也數量驚人。一二五七年，有近兩萬艘船在明州、温州和台州登記，其中五分之一的船横梁長度超過三米。元朝繼承和發展了南宋時期業已成熟的導航技術、航海經驗和航行範圍。成書於元惠宗至正年間的《島夷誌略》，記述了南洋和西洋兩百多個地區的地理、風土、物産等情況，比南宋同類著作《諸蕃志》記載的地區數量更多。元代中外交往的頻度前所未有，中外使者、商人、旅行家、傳教士絡繹不絶地穿梭於陸上和海上絲綢之路上。十三世紀後半葉，海都、乃顔等宗王叛於西北，陸路時通時斷，海路對中外交往的意義更爲突出。元朝的使臣已經能够穿越印度洋、波斯灣、紅海和地中海，與遥遠的西歐建立起直接聯繫，並到達地理大發現以前世界所知的大多數區域。元世祖曾派遣亦黑迷失、楊庭璧、楊樞、麥術丁等使臣，遠航至印度、斯里蘭卡、忽魯謨斯（今霍爾木茲海峽）、刁吉兒（今北非摩洛哥坦吉爾）、木骨都束（今索馬里首都摩加迪沙）等地。出生於大都的畏兀兒（一説汪古人）拉班・掃馬（Rabban Sauma），行跡遠至巴黎、羅馬，並受法王腓力四世（Philip Ⅳ）、英王愛德華一世（Edward Ⅰ）和教皇尼古拉四世（Nicolaus PP. Ⅳ）等君主禮遇。外國人入元仕宦、遊歷、經商、傳教者亦不鮮見。摩洛哥旅行家伊本・白圖泰（Ibn Batuta），周遊列國，曾航海至泉州，到廣州、杭州等地遊歷。意大利旅行家馬可・波羅（Marco Polo），一二七五年抵達上都（今内蒙古自治區正藍旗上都鎮），在中國遊歷十七年，訪問過中國的許多地方，後經海路回國。著名的《馬可・波羅游記》（*The Travels of Marco Polo*），在歐洲流行甚廣，影響極大。書中對東方最富庶國家中國的記載，引發了歐洲人對東方不可抑制的好奇心，對此後新航路的開闢産生巨大推動作用。

與宋元相比，明朝對海上貿易的態度有所改變。洪武年間，爲防止沿海反叛勢力私通倭寇，朝廷開始實行海禁：禁止民間私自出海；撤銷泉州、明州、廣州等處市舶司，限制外商前來。自洪武至隆慶年間，海禁實行了近兩百年之久，對中國的海洋事業産生很大消極影響。明成祖繼位後，命鄭和率領規模龐大的船隊出海遠航。從永樂至宣德初年，鄭和前後七次出洋，訪問了東南亞、印度半島、阿拉伯半島、東非的三十多個國家和地區，途經西太平洋與印度洋，總航程七萬餘海里。鄭和下西洋不但是中國航海史上的空前壯舉，也是世界航海史上的大事，對區域經濟、政治及文化發展都有巨大影響。鄭和之後，朝廷組織的大規模航海活動戛然而止。但民間的航海活動仍在繼續，當時的許多中國人，特别是福建、廣東沿海的百姓下南洋謀生，華商網絡和華僑社會開始形成。

鄭和下西洋停止後不久，歐洲人拉開了大航海時代的大幕。從十五世紀到十七世紀，歐洲的船隊縱横海上。十六世紀，西方殖民者開始向東方拓展勢力。這一時期，海上絲綢之路不僅與歐洲聯通，還延伸到美洲殖民地，世界市場開始形成，全球性的海洋貿易開始了。隆慶元年（一五六七），明朝部分開放海禁，民間海上商業活動不斷拓展，中國商品，尤其是絲綢，大量流入東南亞地區，進而隨着十六世紀末西班牙人開闢的從墨西哥到馬尼拉的航線，源源不斷地進入歐洲市場。

清兵入關之後，爲截斷東南沿海抗清勢力與從荷蘭殖民者手中收復臺灣的鄭氏的聯繫，嚴禁商民船隻私自出海，並頒佈更爲嚴酷的遷界令，將東南沿海居民内遷數十里，中國的海外貿易停滯將近二十年。康熙二十三年（一六八四），清朝下令正式開海，分别設立粤、閩、江、浙四大海關管理對外貿易。開海後，海上貿易量持續增長，但與明末相比，已經大爲衰落。乾隆二十二年（一七五七）以後，清朝開始實行「一口通商」政策，只開放廣州一口對西方通商，且由「十三行」壟斷進出口貿易，對海外貿易進行限制。這種閉關鎖國的政策，阻礙了中國與西方的接觸，使中國喪失了與世界同步發展的最佳時機，爲後來中國的百年積弱埋下伏筆。鴉片戰争、甲午戰争之後，中國陷入空前深重的民族危機，但中國仁人志士對中華民族復興之路的探索從未停止。

二

海上絲綢之路的形成及其發展，對中國和世界都産生了重大影響。

海上絲綢之路首先是一條商貿之路，並且從一開始就不是簡單的雙邊貿易，而是有沿線許多國家和地區參與的多邊貿易網絡。東西方提供商品和消費市場，沿線港口提供補給、中轉等服務，參與貿易的各方都是受益者。貿易的擴展，給海上絲綢之路沿線國家創造了新的機會，促進了商品的流通、財富的增長和文化的傳播，使相關國家和地區經濟更繁榮、社會更穩定，從而吸引更遠、更多的商人前來，由此形成良性循環，進一步推動區域的共同發展。

通過海上絲綢之路，中外商品、貨幣、物種等實現廣泛交流，有些甚至具有影響文明進程的力量。中國向世界貢獻了絲綢、陶瓷、茶葉、紙張、書籍、糖、金屬製品等産品，其中絲綢、陶瓷、茶葉影響最大。絲綢作爲奢侈品，深受西方上層人士喜愛。中國出口的生絲，還使世界許多地方的紡織業得以維持和發展。日本、孟加拉、波斯、歐洲都有許多絲織廠，專門以中國生絲爲原料織造絲綢。陶瓷也深受各國人士喜愛。在中國瓷器的影響下，世界各國的製瓷工業蓬勃發展。阿拉伯國家仿製中式瓷罎，波斯結合中國瓷器工藝創造出波斯陶器，泰國、越南、法國、德國、英國、西班牙等國也掌握了製瓷技術，並結合本國文化創新産品。茶文化傳播到世界各地，深入到從生活方式到思維理念的方方面面。從中國引入的茶道，經過長時間的演進，成爲日本文化的象徵之一。十七世紀以後，飲茶習尚風靡歐洲。隨着輸入量的增加，茶葉在英國由奢侈品轉變爲大衆飲品，飲茶成爲英國的一大文化傳統。英國人還將茶葉引種到印度、斯里蘭卡，使其成爲世界重要的茶葉出口國。

歷史上，中國主要通過海上絲綢之路獲得名貴木材（檀香木、紅木、樟木等）、香料、藥物、寶石、琉璃等各種珍奇物産。如早期通過陸路輸入中國的香料數量有限，極爲珍貴，連漢朝的皇后都不輕易使用。海上貿易興起後，産自南洋、印度、波斯等地的香料，被四方商賈大量販運至中國，香料由奢侈品逐漸轉變爲日常消費品。

錢幣是中國另一種影響很大的輸出品。東南亞海底的古代沉船中，經常發現數量可觀的中國銅錢。在歐洲人到來之前的一千五百多年裏，東南亞一直通行中國錢幣，是東南亞商品經濟發展的重要推力。馬來半島、蘇門答臘、爪哇等地的統治者還仿照中國錢幣式樣鑄造自己的錢幣，足以證明中國錢幣影響之深。

通過海上絲綢之路還實現了大規模的物種交流。如前文所述，中國的茶葉被引種到印度、斯里蘭卡，支撑起了當地的重要産業。域外物種對於中國同樣意義重大，它們豐富了中國的物種資源，促進了種植業的發展以及居民飲食結構的改變，影響了中國人的生活。在中國現有的農作物中，至少有五十餘種來自國外，其中大部分是通過海上絲綢之路引進的。如占城稻原産於越南，北宋時傳至福建並得到大規模推廣。明代以前，還有印度木棉（棉花）、波斯耶悉茗（茉莉花）、西域俱那異（夾竹桃）、拂林椋祇（水仙花）等植物通過海路引入中國。明清時期，番薯、玉米、馬鈴薯、向日葵、辣椒、番茄等美洲農作物紛紛傳入，至今仍在大面積種植。

海上絲綢之路是一條文明之路，促進了中西科學技術傳播和思想文化交流。中國的「四大發明」，是人類科學史上的光輝一頁，深深影響着整個世界文明的進程，而海上絲綢之路對其向外傳播起到了重要作用。如宋代的指南針能够準確測定航向而不受天氣影響，是航海史上的一項里程碑式發明，經阿拉伯傳到歐洲，推動其航海事業的發展。同樣的，通過海上絲綢之路，印度、阿拉伯和歐洲的科學技術也傳入中國。明代以前，婆羅門和回回的醫藥學就已傳入中國，豐富了中國醫藥學的寶庫；古巴比倫的黄道十二宫概念，印度的七曜曆法、天文算學，回回的天文學，促進了中國天文學的發展；回回的數學、地理學、化學和工程技術也紛紛傳入中國。新航路開闢以後，歐洲先進科學技術通過傳教士傳入中國，更開啓了中國科學技術史的新篇章。

文化的交流同樣是雙向的。南朝以降，域外僧人多循海道入華。僧人的往還，掀起中印文化交流的高潮。佛教與中國文化融合，形成中國化的佛教宗派，如天台宗、華嚴宗、禪宗等，還傳播到朝鮮、日本，産生廣泛影響。佛教之外，還有許多宗教通過海上絲綢之路進入中國，成爲海上絲綢之路所藴含的開放包容精神的生動例證。通過海上絲綢之路，中國不僅接納異域文化，也不斷向外傳播自己的文化。如漢字長期在日本、朝鮮、韓國、越南等國使用，至今仍有不可忽視的影響力。中國的文獻典籍大量流入東亞各國，形成一條通暢的「書籍之路」。中國的國家制度、政治思想，被移植到東亞各國，其影響一直持續到近代。中國的科舉制度不僅爲東亞鄰邦所複製和模仿，也「爲所有西方國家以考試録用人員的文官考試制度，提供了一個遥遠的榜樣」（《劍橋中國隋唐史》）。儒學爲東亞各國提供道德範本，還爲歐洲啓蒙時代的哲學家帶來思想啓迪。而佛教經過中國文化的滋養，更是對東亞各國的宗教文化産生深刻影響。由於海上絲綢之路的存在，東亞各國形成了相似的政治意識、禮儀風俗、價值觀念和文化特徵，構成了「漢字文化圈」的主體。

海上絲綢之路還是一條和平之路，中外交流在官方和民間的層面，主流都是和平友善的。中外政府的許多使節、高官甚至國王，成爲傳遞中外友誼的和平使者。如蒙古貴族孛羅，受命出使伊爾汗國，後留居波斯，受五代伊爾汗重用，曾協助伊爾汗國丞相拉施德丁（Rashid al-Din Hamadani）編纂中世紀史學名著——《史集》（*Jāmi'al-tawārikh*），成爲中國與波斯文化交流史上的重要人物。馬八兒（今印度泰米爾納德邦）王子不阿里，隨元使臣入華，先居泉州，後移居大都，曾官中書右丞等職，死後葬於泉州。暹羅王敢木丁（Ram Khamhaeng），於一二九四年、一三〇〇年兩度來華。浡泥（文萊）國王麻那惹加那乃（Maharaja Karna），一四〇八年率團隨鄭和船隊抵達南京，不幸去世，明廷禮葬於南京城南。蘇禄國王巴都葛叭哈剌（Paduka Pahala），一四一七年率團來華訪問，歸途染病去世，葬於山東德州。其王妃、王子及侍從十餘人居留守墓，後裔於清雍正九年（一七三一）以温、安二姓入籍德州。南京渤泥王墓和德州蘇禄王墓迄今尚存，成爲古代中外人民友好交往的象徵。

海上絲綢之路上，往來的更多是商人、工匠這樣默默無聞的普通人，同樣是傳遞友誼的重要力量。唐宋以降，阿拉伯人、波斯人、印度人、高麗人等紛紛通過海上絲綢之路來華定居。他們與當地華人和睦相處，交流融合，共同創造了中華文明的輝煌。明清時期，中國人不斷遷居海外，其中以下南洋者居多，不僅爲南洋各地帶去先進的生産技術，還帶去了中華的語言文字、宗教信仰、風俗習慣、文學藝術等。他們辛勤勞作，艱苦創業，與當地居民多能和睦相處，表現出中國傳統文化的平和、温良性質，也爲開發建設南洋作出重要貢獻。

海上絲綢之路完美展示了中華民族對外交往的優良傳統，體現出中華民族愛好和平的精神價值，是人類不同文明和平共處、相互尊重的偉大實踐和傑出典範。

三

與中國歷史研究的進程一樣，對海上絲綢之路的研究也經歷了從傳統到近代的轉型，並從單一走向多元。

在晚清社會轉型的背景下，中國的傳統學術面臨變革，其中邊疆歷史、地理尤其受到學者重視。梁啓超《中國近三百年學術史》總結清代學者整理舊學的成績時，稱「域外地理之興，自晚明西士東來，始知九州之外復有九州」，「海禁大開，交涉多故，漸感於知彼知己之不可以已，於是談瀛之客頗出於士大夫間矣。蓋道光中葉以後，地理學之趨向一變，其重心蓋由古而趨今，由内而趨外」。相比於起自東三省，經内外蒙古以迄西北、西藏的内陸邊疆研究，道光至同治間中外海路交通的研究稍顯寂寞。至清末民初，沈曾植在治西北史地之學的同時，兼治南洋、域外史地，利用對音、互證的研究方法，考證前代著述對於海上絲綢之路沿線國家地區地名的記載，所著《島夷誌略廣證》及《海日樓札叢》中相關部分，皆篳路藍縷，貢獻尤多，使得海上絲綢之路的研究逐步進入國人視野。

二十世紀二十年代至新中國成立前，中國學者在繼承本民族優秀史學傳統的基礎上，結合西方史學方法，借鑒日本明治維新以後研究中國乃至東亞史地的成果，逐步開展對海上絲綢之路的研究，取得了更爲卓越的成就，爲海上絲綢之路研究奠定堅實基礎。如張星烺先後翻譯兩種版本的《馬可·波羅遊記》，著成《歐化東漸史》，更以十數年的功力，自二百七十餘種漢文書籍和英、德、法、日等四十餘種外文書籍中摘録有關資料，編成《中西交通史料彙編》，並對其中某些地名和史事詳加考釋。馮承鈞師從漢學名家伯希和（Paul Pelliot），通曉多種外語，著有《西力東漸史》、《中國南洋交通史》，同時致力於歐洲漢學研究的迻譯，尤其是將法國漢學家沙畹、伯希和、烈維（Sylvain Lévi）、費琅（Gabriel Ferrand）等人研究中國邊疆史地的著作，系統譯成漢文，編成《西域南海史地考證譯叢》九編，加之所譯《在華耶穌會士列傳及書目》等，使我國以海上絲綢之路爲中心的中外交通史研究具備了與國際學界共同進步的基礎。在海上絲綢之路南洋研究、華僑研究方面，姚楠編譯《古代南洋史地叢考》、《十七世紀南洋群島航海記兩種》，所著《華荷經營臺灣史料》、《中南半島華僑史綱要》、《馬來亞華僑史綱要》等也較有影響。張維華在三十年代寫成《明史佛郎機呂宋和蘭意大里亞四傳注釋》（一九八二年重印時改名《明史歐洲四國傳注釋》），梳理明代海上絲綢之路的許多重要問題，四十年代又著成《明清之際歐人東渡及西學東漸史》（一九八七年再版時改名《明清之際中西關係簡史》）。鄭鶴聲以鄭和下西洋爲重點，研究明清時期海上絲綢之路的歷史，又系統整理明清、民國時期的史料，編成《六百年來中國與海外諸國關係資料彙編》。梁嘉彬研究清代的海外貿易，所著《廣東十三行考》憑藉商業家族文獻探討清代廣州的海外貿易問題。方豪所著《中外文化交通史論叢》、《中國天主教史論叢》等對於海上絲綢之路宗教往來的研究尤爲深入。楊志玖關於馬可·波羅來華的考證與研究，享有國際聲譽。

二十世紀上半葉，對於海上絲綢之路歷史文獻的搜尋，也已肇端。三十年代，向達在海外訪求文獻時，發現英國牛津大學博德利圖書館藏有《順風相送》、《指南正法》兩種海道針經，抄録回國，爲研究海上絲綢之路提供了寶貴資料。書中記述福建往琉球的航路，第一次出現「釣魚嶼」（即釣魚島）、「赤坎嶼」（即赤尾嶼）的名稱，是釣魚島自古歸屬中國的歷史明證。白壽彝於四十年代對泉州清淨寺石刻展開研究，較早將石刻材料與紙上材料相印證的方法應用在海上絲綢之路研究上，拓展了研究材料。

總體而言，二十世紀上半葉的海上絲綢之路研究，雖然專門從事的學者不多，較之其他領域稍嫌冷寂，但研究起點較高，基本與國際學界保持同步，無論史料拓展、整理，還是專題研究，均爲後來的海上絲綢之路研究啓導先聲。

中華人民共和國成立以後至一九六六年以前，在歷史唯物主義指導下，有關海上絲綢之路的研究有所進展，如張維華、朱傑勤、章巽、韓振華等關於海外交通、貿易的著述，均稱力作。在文獻整理與考古發掘方面，向達整理出《西洋番國志》、《鄭和航海圖》，並將之前自英國抄録的《順風相送》、《指南正法》予以整理，以《兩種海道針經》爲名出版。莊爲璣、吳文良等在泉州發現較多與海上絲綢之路有關的歷史遺蹟，並對其進行考證和研究，取得豐碩的成果。

改革開放以後，海上絲綢之路研究進入高速發展階段，不僅成立中國海外交通史研究會，創辦《海交史研究》、《南洋問題研究》等專業刊物，有關文獻的整理，也達到一個新的高度。如《中外交通史籍叢刊》收録的相關文獻，以及《鄭和下西洋資料彙編》等，均具備較高的整理水準。在基礎研究方面，《新編鄭和航海圖集》、《古代南海地名彙釋》等都具有承先啓後的意義。

八十年代末九十年代初，在聯合國教科文組織的推動下，海上絲綢之路研究走入更爲廣闊的全球化視野。一九八六年十二月，聯合國大會通過的「絲綢之路綜合研究」是「世界文化發展十年」重要文化活動之一，意在通過考察研究活動加强海上絲綢之路不同文明間的交流與對話。來自世界各國的專家乘坐考察船隻，於一九九〇年十月自意大利威尼斯啓航，一九九一年三月抵達終點日本大阪，中間訪問沿線十六個國家的二十一個港口及有關城市，其中包括中國的廣州和泉州。先後有來自二十五個國家的九十位專家參加不同階段的考察，其間在威尼斯等港口舉行過十七次學術討論會，約三百名學者參加研討會。

海外貿易是新時期海上絲綢之路研究的重點之一，如陳高華、吳泰《宋元時期的海外貿易》，關履權《宋代廣州的海外貿易》，李金明、廖大珂《中國古代海外貿易史》，李慶新《明代海外貿易制度》等，均從不同的角度，點面結合，對海上絲綢之路商品貿易進行深入研究。

研究視域的拓展，是新時期海上絲綢之路研究的一個重要特點，其中尤以考古發現和田野調查方面的成就較爲突出。繼七十年代泉州灣宋代古船出土後，我國水下考古持續發展，「南海Ⅰ號」、「碗礁Ⅰ號」、「南澳Ⅰ號」、「華光礁Ⅰ號」、「東海平潭大練島Ⅰ號」等自宋至清的古代沉船遺蹟陸續被發掘，推動研究走向縱深。在田野調查方面，通過對東南、華南地區相關民間契約文書、族譜家乘、中外文石刻碑銘等資料的深入調查研究，全面梳理海上絲綢之路上不同時期、不同社會群體雙向移民的歷史，以及隨移民遷徙傳播的宗教信仰等，極大地豐富了海上絲綢之路研究的內涵，擴張了支撑其研究的史料外延。此外，香港、臺灣地區學者的相關研究，有林天蔚《宋代香藥貿易史稿》、孫葆《唐宋元海上商業政策》等，方豪赴臺之後所著《中西交通史》通觀陸上與海上兩條絲綢之路，尤其凸顯明清中西文化之間的交流。

對於海外文獻的迻譯和借鑒，是自開展海上絲綢之路研究以來即有的優良傳統。新時期在海外文獻的搜集、整理與迻譯方面，也取得豐碩成果。如法國學者戈岱司（George Coedès）編《希臘拉丁作家遠東古文獻輯録》，費琅編注《阿拉伯波斯突厥人東方文獻輯注》，阿拉伯人伊本·胡爾達兹比赫（Ibn Khordadbeh）的《道里邦國志》，佚名阿拉伯人的《中國印度見聞録》，意大利人鄂多立克口述的《鄂多立克東遊録》，荷蘭人威·伊·邦特庫（W.Y. Bontekoe）的《東印度航海記》，英國人博克舍（C.R.Boxer）的《十六世紀中國南部行紀》，摩洛哥人伊本·白圖泰的遊記等。進入新世紀以後，海上絲綢之路史料開拓又有新的進展，主要爲周邊漢文化圈國家以漢字書寫的文獻，以及海外華僑遺留文獻的發現與整理。前者如《韓國漢文燕行文獻選編》、《越南漢文燕行文獻集成》等，後者如《潮汕僑批集成》、《閩南僑批大全》等。

海上絲綢之路自概念提出以來，即是國際性的學術專題。除歐洲學者外，日本學者也取得了令人矚目的成就，出現了桑原騭藏《蒲壽庚考》、《東西交通史論叢》，藤田豐八《東西交涉史研究·南海篇》，藤田元春《上代日中交通史研究》，榎一雄《東西交涉史》，森克己《日宋貿易的研究》，三上次男《陶瓷貿易史研究》，矢澤利彦《東西文化交涉史》，岩村忍《十三世紀東西交涉史序説》，松浦章《清代海外貿易史研究》、《清代中國琉球貿易史研究》，濱下武志《近代中國的國際契機——朝貢貿易體系與近代亞洲經濟圈》，海野一隆《東西地圖文化交涉史研究》，榎本涉《九至十四世紀東亞海域與日中交流》等著作，以及宮崎市定、斯波義信著作中的相關部分。

海上絲綢之路研究是聚合各個學科的綜合性研究，不僅有歷史學、社會學、考古學等人文社會科學的研究者參與，還涉及航海、環境、海洋、軍事、國際關係、科技史等多個學科。多國家、多領域、多學科的學者不斷交流互動，促進了研究領域的拓展、研究視野的擴大、研究資料的挖掘，出現新的研究課題和方向，從而推動海上絲綢之路研究在深度、廣度方面不斷發展。

一個時代有一個時代的學術。二十世紀的海上絲綢之路研究成果，爲當前研究的開展奠定基礎，進入新世紀以來，又在研究方法、學術專題方面有所進展。但對於這項内涵豐富、外延廣闊的研究來説，仍有較大的探索空間。尤其在史料的拓展方面，需要做的工作還很多，這正是我們編纂《海上絲綢之路文獻集成》的旨趣所在。

四

歷史研究的進展，離不開史料的開拓。近代以來中國學術研究的發展，與殷墟甲骨、塞上簡牘、敦煌遺書、内閣大庫檔案、少數民族古文字等重大發現，有着密切的聯繫。絲綢之路的研究，由於敦煌吐魯番文書的發現，提供了大量的新史料，促使中古時期的歷史研究向更廣闊、更縱深的方向發展，形成國際性的顯學——敦煌學，並以文獻的多樣性、豐富性，還原出這一時期絲綢之路的歷史。中國學者在研究中不斷擴大對外交流與合作，更多地從世界的角度認識敦煌學，認識絲綢之路，從而加速了學科的發展。敦煌吐魯番文書自發現以來，經過數代學者的努力，陸續刊佈，至今已接近完全。整個二十世紀的中國中古史研究，在不斷深入挖掘、整理、利用敦煌吐魯番文書的歷史進程中發展，產生了大批高品質的研究成果。

海上絲綢之路的研究深度和廣度的延伸，同樣依賴於文獻的支撑。但海上絲綢之路史料分散，没有像敦煌一樣保存大量歷史記録的遺存。如果僅僅依賴歷代正史、地理雜記的記載，對海上絲綢之路的認識將停留在平面上，對其從政治、經濟、社會、法律、民族、宗教、禮俗、語言、觀念、科技等各方面進行立體架構和認知，自然無從談起。在目前尚無類似殷墟甲骨、敦煌吐魯番文書、内閣大庫檔案一樣的重大發現情況下，惟有先將不同角度、不同形式、不同内容的文獻如涓涓細流匯於大海般聚集起來，再深入整理，方能對海上絲綢之路歷史文化的綜合性研究產生切實的推動和促進作用。因此，《海上絲綢之路文獻集成》的編纂、出版，本質上是扎實的、基礎性的史料發掘和整理工作。

《海上絲綢之路文獻集成》致力於史料的拓展和認識角度的延伸，將海上絲綢之路作爲立體的研究對象，進行整體性、多方位的考量，設立八個分編，收録大量文獻，以從不同側面彙集史料，供學界進行不斷深入的研究。

首先需要彙聚中國古代關於海上絲綢之路歷史的記録。因此設立「歷代史籍編」，專門收録記載古代海上絲綢之路歷史的史部著述，主要包括相關的地理雜記、方志、專志，有關海外交通、貿易、邦交、海防的政書，有關近代船政的奏議等。所收數百種史籍，構成研究海上絲綢之路最基礎的漢文文獻。

延綿兩千多年的漫長歷史，使得二十一世紀海上絲綢之路與歷史上的海上絲綢之路存在割不斷的聯繫。爲反映晚近以來海上絲綢之路的歷史面貌，以及近現代學者對其歷史文化研究的成果，專門設立「近現代文獻編」，與「歷代史籍編」共同承擔勾勒海上絲綢之路歷史文化風貌的功能。

隨着研究的深入，傳統的史籍記載已不能滿足歷史研究對於史料的需求，因而設立「歷史檔案編」，專門收録與海上絲綢之路相關的歷史檔案，包括清宫所藏與各國往來檔案，各地所藏華僑檔案、海關檔案等。檔案在史學研究中的重要性自不待言，正如内閣大庫檔案的發現、整理，使清史研究建立在全新基礎之上一樣，海上絲綢之路歷史檔案的搜集和整理，將進一步夯實和拓展海上絲綢之路研究的文獻基礎。

海上絲綢之路是融合多種文明的歷史複合體，其歷史書寫不應是僅以朝貢、邦交等傳統政治關係爲主體的單線方式，而應以運用社會經濟、物質文化、宗教信仰等多線書寫的現代史學方式進行。海上絲綢之路歷史上除國家間的往來外，更多的是民間貿易往來，其歷史具有極强的民間參與性。就像絲綢之路的歷史離不開絲綢、紙張、皮革貿易一樣，海上絲綢之路貿易也離不開陶瓷、茶葉、香料等商品。中國沿海地區尤其是與海外交往密切的福建、廣東等地，不僅保存着各類記載族人沿海上絲綢之路遷徙的族譜家乘，還存留大量記載商品貿易的包括契約文書、僑批等在内的民間文書；中國人在海外設立商號，積極從事國際貿易活動時，也存留下大宗原始的貿易文書。從這些不同時代的民間文獻中，可讀出海上絲綢之路在歷史中獨具特色的文化内涵。因此，《海上絲綢之路文獻集成》設立「民間譜牒編」、「民間文書編」，收録此類能够反映海上絲綢之路商品貿易、人員往來、社會文化情形的民間文獻。

海上絲綢之路在歷史上不僅形成諸多物質層面的歷史鑒證，在思想領域也有較多因交融而形成的文明成果。如晚明以來到中國傳教的耶穌會士，將西方宗教傳入中國的同時，積極適應中國的傳統社會，學習儒家思想，並對歐洲思想界産生了極大的影響。中國的民間信仰，如媽祖信仰等，也隨着華僑的遷徙傳播到世界各地。中國科學技術通過海上絲綢之路傳入異域，如中國傳統醫學傳入日本，形成「漢方」；中國發明的指南針或羅盤、牽星術，從海上傳入阿拉伯，再傳到歐洲。近代西方科學技術也經海路傳入中國，開啓了「西學東漸」的歷史進程。來華的西方人士努力學習、研究漢語及中國各地的方言，設計了用拉丁字母拼寫漢語的方法，編寫各種字典，成爲研究中外文化交流的極爲重要的史料。這些反映思想文化碰撞、科學技術交流、中外語言接觸歷史的文獻，則收入「科技與文化編」中。

誠如陳寅恪在二十世紀三十年代指出的：「敦煌學者，今日世界學術之新潮流也。」當前以海上絲綢之路爲代表的東西方交流史研究的國際化趨勢更加明顯，並成爲一種潮流，這不僅是全球史視角帶來的研究方法的轉向，而且在史料方面也有更廣闊的延展。就研究海上絲綢之路歷史而言，僅依靠漢文史料顯然遠遠不够，「西洋文獻編」、「東方文獻編」收録西方國家、東方國家的歷史記録，包括英文、法文、拉丁文、荷蘭文、西班牙文、意大利文、阿拉伯文、日文等，將之與漢文記載相對照，無疑能够起到擴大史料邊界的作用。

以上所述，即爲《海上絲綢之路文獻集成》設立八個分編的意義所在。對於海上絲綢之路這一重要課題而言，不能關起門來孤立研究，而要與國際學者在同樣的時代背景和視野下，站在歷史的高度，從多個向度、多種交叉、長久時段入手，如同陳寅恪所説「一時代之學術，必有其新材料與新問題。取用此材料以研求問題，則爲此時代學術之新潮流。治學之士，得預於此潮流者，謂之預流。其未得預者，謂之未入流。此古今學術史之通義，非彼閉門造車之徒，所能同喻者也」，知己知彼，協調創新，才能真正做出體現繼承性、民族性、原創性、時代性、系統性、專業性的研究成果。

總而言之，在「一帶一路」建設的大背景下，海上絲綢之路的文獻整理和研究方興未艾。我們期待，通過編纂《海上絲綢之路文獻集成》的努力，能够促進海上絲綢之路文獻發掘和整理工作，以廣闊的史料推動海上絲綢之路研究新高潮的到來。

《海上絲綢之路文獻集成》編委會

二〇一八年五月

《海上絲綢之路文獻集成》歷代史籍編導言

《四庫全書總目》史部總敘云：「苟無事蹟，雖聖人不能作《春秋》。苟不知其事蹟，雖以聖人讀《春秋》，不知所以褒貶。」意謂即使如聖人孔子著史書、寓褒貶，也要以材料爲基礎。

海上絲綢之路的研究，同樣離不開基礎史料。本編收録反映古代海上絲綢之路的史部著述三百餘種，包括地理雜記、地方志書、專門著述，有關海外交通、貿易、邦交、海防、海事的政書，有關明代抗倭、清代鴉片戰爭的雜史等，大致依《中國古籍總目》著録順序編排，並視具體情況稍作調整。爲保持原貌，僅收原本，不收點校整理本。通過這些著述，可大致勾勒海上絲綢之路延綿兩千餘年的歷史風貌。

作爲古老的航線，海上絲綢之路有悠久的歷史。《漢書·地理志》記載了漢朝使者自徐聞、合浦至黄支國、已程不國的往返航程。黄支國就是唐代載籍中的建志補羅（Kāñcīpura），爲達羅毗荼國都，即今印度半島東岸之康契維臘姆（Conjeeveram）；已程不國即今斯里蘭卡。三國吴時宣化從事朱應、中郎康泰出使海外，中國使者活躍於今中印半島和馬來半島一帶。唐代與海外各國交往頻繁，中國人出洋航行的範圍有所擴大。宋代，伊斯蘭世界的商人、使者來華，大多走的是海道。中國沿海一帶商人前往海外各國貿易者也大大增多。朝廷派遣使者齎帶敕書、金帛，組成船綱，分頭前往海外諸國，從事香料、珠寶等貿易，並招徠外國商人來華貿易。中國船商利用先進的船舶和航海技術，擴展了海上交通的範圍，增强了中國在東西海路上的影響，他們頻繁前往波斯灣、阿拉伯半島，而且有可能到達非洲東岸。元代，中國的海外交通發展到一個新的階段，在航行的規模、抵達的地域範圍和航海技術等方面，都超過唐宋時代。

歷代記敘海上絲綢之路的文獻史籍極爲豐富。六朝以來，開始出現專門記載海外各國情况的著作，這些文獻因時代較早，多已亡佚，但仍可通過後人輯本知道大概内容。如清陳運溶《古海國遺書鈔》，專輯有關古代海國之佚書，包括萬震《南州異物志》，朱應《扶南異物志》，康泰《吴時外國傳》、《扶南土俗傳》，《交州以南外國傳》，《外國圖》，《外國事》，《西域諸國志》，釋道安《西域志》，竺芝《扶南記》，《扶南傳》，杜環《經行記》等，據之可考唐以前海外交通情形。南宋因與海外交通更加密切，記載海外各國情形也更爲豐富詳細。周去非撰《嶺外代答》，記述海外古國四十餘個，北起安南，南至闍婆（今爪哇），東抵女人國（今印尼東），西達木蘭皮（今摩洛哥），其中尤以安南、三佛齊、占城、注輦、大秦、波斯等二十餘國爲詳，皆記其位置、風土及海路等。南宋趙汝适撰《諸蕃志》，備載海外五十餘國風土、物産、通商情形等，於各國貿易往來之方式、途徑、貨幣，尤所注意。元汪大淵兩次前往南洋，所撰《島夷誌略》，記述「耳目所親見」之地，涉及亞、非、歐三大洲二百二十多個國家與地區，很多地名不見於前代記載，其地理範圍東起彭湖、流求，西至阿拉伯半島和非洲東岸之層拔羅（桑吉巴）等地。元周致中曾六度出使外邦，熟知朝鮮、日本、東南亞、南亞等地情形，所撰《異域志》備記上述各地地理、風俗、物産等，或親身所歷，或參以傳聞，多有不見於他書記載的内容。元周達觀於元貞元年（一二九五）隨使真臘（今柬埔寨），大德三年（一二九九）返國後，據見聞撰成《真臘風土記》一書，述其宫室山川、物産貿易、語言文字、宗教信仰、風土民俗等。

明代永樂、宣德間鄭和七下西洋，是世界航海史上的壯舉，拉開了十五世紀世界大航海時代的序幕。反映鄭和下西洋這一盛舉的較爲原始的資料，除了鄭和亲撰的江蘇太倉《婁東劉家港天妃宫石刻通番事蹟記》和福建《長樂南山寺天妃之神靈應記》外，就是鄭和隨員的三部筆記，即馬歡《瀛涯勝覽》、費信《星槎勝覽》和鞏珍《西洋番國志》。本編全部收録，而且儘量採用較接近原貌、材料豐贍的抄校本。

明初厲行海禁，民間片板不許出海。直到隆慶元年（一五六七），朝廷才下令部分開海，准販東、西二洋。明末清初又行禁海，康熙二十三年（一六八四）才全面開海，設立粤、閩、浙、江四海關，至乾隆二十二年（一七五七）又收縮爲廣州一口專門對西洋通商。鴉片戰争後，中國被迫五口通商，五百年間，中國海外交通格局複雜多變。本編所收明代嚴從簡《殊域周咨録》、羅曰褧《咸賓録》、楊一葵《裔乘》、張燮《東西洋考》、茅瑞徵《皇明象胥録》，清代梁廷枏《海國四説》、王大海《海島逸誌》、楊炳南《海録》、徐繼畬《瀛環志略》、魏源《海國圖志》等書，清晰形象地展示了這一變化過程。

中國與朝鮮山水相連，關係親近，歷代漢文記述較多。本編自北宋末年徐兢《宣和奉使高麗圖經》，明黄洪憲《朝鮮國紀》，佚名《朝鮮志》、《朝鮮日本圖説》，到清吴鍾史《高麗形勢》，薛培榕《東藩紀要》，佚名《朝鮮疆域紀略》、《入高紀程》、《巨文島形勢》等，均予收録。

明清時期另一藩屬國琉球，長期與中國保持友好關係，國人關於琉球記載較多。如明陳侃《使琉球録》，記述航路、海船、貿易、册封之情形，尤爲詳盡。他如清張學禮《使琉球記》，汪楫《使琉球雜録》、《中山沿革志》，徐葆光《中山傳信録》，潘相《琉球入學見聞録》，周煌《琉球國志略》，齊鯤、費錫章輯《續琉球國志略》，趙新輯《續琉球國志略》，李鼎元《使琉球記》等書，本編均予收録。

中國與日本一衣帶水，政治、經濟、文化往來頻繁。然日本進入江户時代後，奉行「鎖國」政策，僅允許中國「唐船」和荷蘭商船進入長崎港通商貿易，因而當時的相關記載就極顯珍貴。通商文書之外，國人也有一些記載。本編不但收録中國關涉日本的出使記録、遊歷見聞，還專門收録《長崎紀聞》和《袖海編》兩書。前者由紹興人童華撰，後者由徽州商人汪鵬撰，較爲翔實生動地反映清雍正、乾隆年間長崎的風土人情和對清朝與荷蘭的貿易情形，拾遺補缺尤多。

鴉片戰争後，國人眼界大開，或關注西洋之事，或遊歷西洋異域之地，介紹觀感之作不少，本編多予收録，一定程度上反映出當時中國人的世界觀。如晚清上海天主教會司鐸龔柴撰《地輿圖考》、《亞細亞洲圖考》等書，詳考亞洲各國之沿革、地理、風俗、物産等，尤著意於近代西方地理之學及中國沿海各海島情形，並附地圖多幅。龔氏又與徐邁、許彬合撰《五洲圖考》，考述五洲大小各國地理、風俗、政體、物産等，所附地圖五十七幅，甚爲精細。漢軍張德彝，曾肄業京師同文館，同治間遊歷印度、埃及、法國、英國、比利時、荷蘭、丹麥、瑞典、俄國、普魯士等國，凡所見聞之語言文字、風土人情、名勝古蹟等，皆詳載於日記。其《航海述奇》四卷爲首次出國所撰，嗣後數度遊歷各國，均有日記，依序成《再述奇》至《八述奇》。湖南新化人鄒代鈞，光緒間任會典館總纂、湖北輿圖總局總纂，並創辦「輿地學會」，編有《中外輿地全圖》，又曾隨使英、德，由上海出發，經東海、南海、馬六甲海峽、印度洋、亞丁灣、紅海、地中海，抵法國馬賽，所撰《西征紀程》四卷，詳述沿途航路、地勢、疆域、山川、海洋、風俗、物産等，訂正前人記載錯謬甚多。江蘇武進人余思詒曾隨使英國，接收清廷訂購之「致遠」等四艦，歸敘行程見聞，撰成《歸航陳跡》一卷，然未經刊行，本編收録是書稿本。光緒二年（一八七六）美國費城舉辦世界博覽會，時任職浙江海關的李圭受派參觀，經日本抵達，後繞道歐洲、地中海、紅海，歷錫蘭、新加坡、西貢等地返國，歷時八月，環球一周。所撰《環遊地球新録》四卷，詳記見聞，内容豐富生動。思想家王韜，一生經歷豐富，曾移居香港，遊歷歐洲，考察日本，撰成《漫遊隨録》以紀其遊覽見聞。浙江餘姚人洪勳爲光緒間海外遊歷使，奉命遊歷歐洲各國，歸後撰《遊歷聞見録》十八卷，詳述耳目所及之各國疆域、沿革、政體、民風、物産等，書後附《輿地圖》、《中法字母合譜》各一卷，其圖均以朱線標出遊歷往來海程。廣東博羅人李丹麟，光緒間隨公使出使秘魯、美國、日本等地，後又至日本、越南、南洋各國，歸後編繪圖説，撰成《遊歷圖記》一書，以紀述所至各國山川、人物、風土等，附圖近二百幅。貴州遵義人黎庶昌，光緒間隨郭嵩燾出使英、德、法，後又遊歷西、比、瑞、葡各國，依據見聞撰成《西洋雜誌》八卷，詳述各國社會、文化情形，爲近代中西交流重要史料。廣東南海人張蔭桓，光緒間奉命經日本出使美國、西班牙、秘魯，任滿取道歐洲返國，所撰《三洲日記》八卷，詳載行程道里、外交往來、參觀遊歷等，於各國華工境遇尤多措意。廣東番禺人劉錫鴻，光緒二年任駐英副使，所撰《英軺日記》二卷，詳載赴英之行程、見聞，於英國政制、工業、民風等記述尤多。廣東東莞人楊晟，早年留學德國，光緒三十一年任出使德國大臣，撰《使德述略》一卷，分憲法、議會、官制、陸海軍、學校、税法等篇，爲時人瞭解德國法律、軍政、教育情形的重要參考。浙江德清人傅雲龍，光緒間爲清廷委派遊歷日本及美洲各國，所至之處，均有日記，詳載見聞。歸國後，據實地調查記録，參以各類論著，撰成所遊各國圖經，其日記則編爲《遊歷圖經餘記》，詳記調查訪問情形。所撰《遊歷日本圖經》三十卷、《游歷美利加合衆國圖經》三十二卷、《遊歷加納大圖經》八卷、《遊歷古巴圖經》二卷、《遊歷秘魯圖經》四卷、《遊歷巴西圖經》十卷，多分天文、地理、國系、風俗、食貨、考工、兵制、政事、文學、敘例等類，類下又分子目數十種，皆敘述詳贍，堪稱實録。

本編收録的部分歷代史籍，於鑒證中國海防、海疆、海政等大有裨益。如明人陳侃撰《使琉球録》中有關臺灣附屬島嶼（釣魚島、黄尾嶼、赤尾嶼及東北諸島）的記述，可能是其地自古即屬中國領土之鐵證的最早記載。又如稍後的江蘇崑山人鄭若曾撰《籌海圖編》十三卷，附地圖一百一十餘幅，凡沿海地理形勢，明代海防部署、海防方略、海戰器具，中日交往始末乃至倭寇劫掠沿海的時間、路徑、武備、戰術以及平倭功績等，均有記述。其《沿海山沙圖》爲迄今所見中國最早且詳的沿海地圖與海防圖，書中詳輯禦海之策，倡導海陸策應、攻守兼施等海防方略，係研究明代海防的重要文獻；在所附《輿地全圖·福建七》中就有「釣魚嶼」的標示，將釣魚島的歸屬標識得十分明確。安徽休寧人汪楫，康熙二十二年以翰林院檢討充正使册封琉球，歸後撰《使琉球雜録》，書中有關赤尾嶼之記載，亦爲釣魚島歸屬中國之歷史明證。

此外，《三寶太監西洋記通俗演義》一書雖屬通俗文學作品，但因成書於明萬曆間，所述鄭和下西洋若干細節與所録碑文等均有較高史料價值，故附入本編。

本編統屬於《海上絲綢之路文獻集成》之下，所收文獻與其餘各分編有所避讓。歷代正史因有較好的整理本和「百衲本」等影印本可供參考，且部頭較大，資料分散，剪裁節選有悖體例，全數收録並無必要，故均不收入。

本編所收各書的版本，均經揀選，皆較完備。如晚清張德彝從事外交，遊歷歐洲多年，撰有《航海述奇》、《再述奇》以至《八述奇》，除《航海述奇》與《四述奇》曾付排印、《七述奇》已佚外，其餘均僅存稿本，藏於中國國家圖書館。流行頗廣的《走向世界叢書》本，雖經整理，也非足本。本編則據國圖所藏稿本收録，以見全貌。又如清邵大緯撰《薄海番域録》十二卷，流傳較廣的《小方壺齋輿地叢鈔》本僅一卷，本編則據清道光間邵氏家刻十二卷全本影印。其餘各種，也立意收録版本較優者。如晚清時學部編譯圖書局所編波斯、亞拉伯、印度、俾路芝、馬留土股、紐吉尼亞島、西里伯島、土耳其、阿達曼群島、婆羅島等地志書，均反映出時人對海上交通歷史面貌的認識，以從未影印，一般學者難以利用。清代以前重要著述雖多已編入《四庫全書》，但乾隆間修書時，卻將不利於清廷統治的書籍予以「全燬」和

「抽燬」，禁燬書如明茅瑞徵《皇明象胥録》八卷，遠較《明史·外國傳》爲詳。又因收入《四庫》者或有不同程度的删改，故本編所收各書，均不以《四庫》本爲底本，所選底本或爲明代舊刻，或爲清人精校精刻本，或爲淵源有自的名家抄本。如明張燮撰《東西洋考》十二卷，用國圖藏明萬曆間刻本；明鞏珍撰《西洋番國志》一卷，用國圖藏清彭氏知聖道齋抄本；明馬歡撰《瀛涯勝覽》，用福建省圖書館所藏明末山陰祁氏澹生堂抄本。故史料價值之外，又兼具版本價值，可作爲深入研讀和進一步整理的依據。

本編所收史籍中有衆多僅以稿抄本流傳而從未付刻者，其史料價值尤高。如國圖藏清方朔纂《談瀛徵實》稿本八卷，參稽衆書，備論五洲地理大略。上海圖書館藏清謝家福輯《柔遠全書六種》稿本，分《國初成案》、《道咸成案》、《和約彙編》、《善後襍鈔》、《中外紀事本末》、《備録》等，輯録清代與海外諸國交涉檔案。上海圖書館藏清胡宗文撰《渡海輿圖便覽》抄本一卷，記述臺海水程、島嶼等情況甚詳。上海圖書館藏清佚名輯《内外海運章程》抄本，輯録清道光間户部所頒有關海運各項事宜之規定，甚爲詳盡。

總之，本編所收有關海上絲綢之路的歷史文獻均經嚴格篩選，具有較高的史料與學術價值。各書之前均附簡要解題，以資參考。由於條件所限，尚有部分文獻未能收録，將來條件成熟時擬再出《補編》，予以完善。

范金民

二〇一八年六月

《海上絲綢之路文獻集成》歷代史籍編總目録

第一册

古海國遺書鈔十二卷附沿革攷一卷沿革表一卷 〔清〕陳運溶輯
嶺外代答十卷 〔宋〕周去非撰
南海百詠一卷 〔宋〕方信孺撰
諸蕃志二卷 〔宋〕趙汝适撰
島夷誌略一卷 〔元〕汪大淵撰
島夷誌略廣證二卷 〔清〕沈曾植撰

第六册

第七册

第八册

裔乘八卷　〔明〕楊一葵撰
東西洋考十二卷　〔明〕張燮撰
萬國總説三卷　〔清〕朱克敬撰

第九册

皇明象胥録八卷　〔明〕茅瑞徵撰
諸蕃類考不分卷（一）　〔清〕佚名纂

第一〇册

諸蕃類考不分卷（二）　〔清〕佚名纂
各處海島礁嶼便覽一卷自三江口起至北關止水訊灣澳一卷　〔清〕佚名撰

第一一册

海島逸誌六卷　〔清〕王大海撰

海録一卷　〔清〕謝清高口述　楊炳南筆述
海國紀聞一卷　〔清〕李明農撰
海國聞見録二卷　〔清〕陳倫炯撰
海國圖志一百卷（卷一至卷二一）　〔清〕魏源撰

第一二册

海國圖志一百卷（卷二二至卷五四）　〔清〕魏源撰

第一三册

海國圖志一百卷（卷五五至卷一〇〇）　〔清〕魏源撰

第一四册

海國圖志續集二十五卷首一卷　〔英〕麥高爾撰　〔美〕林樂知　〔清〕瞿昂來同譯
海國雜記一卷　〔清〕胡學峰撰
海國公餘輯録六卷海國公餘雜著三卷（海國公餘輯録卷一至卷四）　〔清〕張煜南撰

第一五册

第一六册

第一七册

第一八册

瀛環新志十卷 〔清〕李慎儒撰

第一九册

海國四説十四卷 〔清〕梁廷枏撰

談瀛徵實八卷（卷一） 〔清〕方朔纂

第二〇册

談瀛徵實八卷（卷二至卷五） 〔清〕方朔纂

第二一册

談瀛徵實八卷（卷六至卷八） 〔清〕方朔纂

第二二册

中外輿地彙鈔十三卷圖二卷（圖上至卷八） 〔清〕馬冠群撰

第二三册

中外輿地彙鈔十三卷圖二卷（卷九至卷一三）　〔清〕馬冠群撰

海國輿地釋名十卷首一卷　〔清〕陳士芑撰

五洲圖考不分卷（一）　〔清〕龔柴　徐勵　許彬撰述

第二四册

五洲圖考不分卷（二）　〔清〕龔柴　徐勵　許彬撰述

第二五册

波斯志不分卷　〔清〕學部編譯圖書局編

亞細亞洲疆域總説一卷洋務輯要疆域門不分卷　〔清〕王韜纂

亞細亞洲志一卷附新志一卷　〔清〕學部編譯圖書局編

第二六册

地輿圖考一卷亞細亞洲圖考四卷　〔清〕龔柴撰

第三〇册

琉球入學見聞録四卷　〔清〕潘相撰

第三一册

琉球國志略十六卷首一卷　〔清〕周煌撰

使琉球記六卷　〔清〕李鼎元撰

續琉球國志略五卷首一卷　〔清〕齊鯤　費錫章輯

續琉球國志略二卷首一卷　〔清〕趙新輯

中山見聞辨異二卷　〔清〕黄景福撰

宣和奉使高麗圖經四十卷　〔宋〕徐兢撰

朝鮮雜志一卷　〔明〕董越撰

朝鮮國紀一卷　〔明〕黄洪憲撰

第三二册

朝鮮志二卷附箕田考一卷　〔明〕佚名撰　〔朝鮮〕韓百謙撰

使朝鮮録二卷　〔明〕龔用卿撰

第三三册

第三四册

日本一鑑十六卷（卷六至卷一六）　〔明〕鄭舜功撰

倭志一卷　〔明〕王世貞撰

日本通中國考一卷　〔清〕王韜撰

扶桑遊記三卷　〔清〕王韜撰

袖海編一卷　〔清〕汪鵬撰

吾妻鏡補三十卷　〔清〕翁廣平撰

第三五册

日本國志四十卷首一卷　〔清〕黃遵憲撰

日本新政考二卷（卷一）　〔清〕顧厚焜撰

第三六册

日本新政考二卷（卷二）　〔清〕顧厚焜撰

東隅瑣記一卷　〔清〕李濬之撰

長崎紀聞一卷　〔清〕童華撰
東遊日記一卷　〔清〕沈翊清撰
東游日記不分卷　〔清〕蔣黼撰
癸卯東遊日記一卷　〔清〕林炳章撰
癸卯東游日記一卷　〔清〕張謇撰
東游紀念十卷（卷一至卷三）　〔清〕李宗棠撰

第三七册

東游紀念十卷（卷四至卷一〇）　〔清〕李宗棠撰

第三八册

東遊記一卷　〔清〕吴鍾史撰
東游紀程一卷　〔清〕朱綬撰
雲海東遊紀二卷　〔清〕江慕洵撰
丙午扶桑遊記三卷　〔清〕吴蔭培撰

東行初録一卷續録一卷三録一卷　〔清〕馬建忠撰
日本記游一卷雜記一卷　〔清〕佚名撰
使東述略一卷雜記一卷　〔清〕何如璋撰
談瀛録四卷　〔清〕王之春撰
東槎聞見録四卷　〔清〕陳家麟撰

第三九册

東遊叢録四卷　〔清〕吴汝綸撰

第四〇册

桂海虞衡志一卷　〔宋〕范成大撰
滇海虞衡志十三卷　〔清〕檀萃輯
安南志略二十卷（卷一至卷一三）　〔元〕黎崱撰

第四一册

第四二册

越事備考十二卷　〔清〕劉名譽輯
暹羅别記一卷　〔清〕季麒光撰
暹羅考一卷　〔清〕佚名撰
吕宋記略一卷　〔清〕葉羌鏞撰
新嘉坡風土記一卷　〔清〕李鍾珏撰
柔佛略述一卷　〔清〕佚名撰
檳榔嶼遊記一卷　〔清〕佚名撰
檳榔嶼志略一卷　〔清〕力鈞撰
遊婆羅洲記一卷　〔清〕佚名撰
白蠟遊記一卷　〔清〕佚名撰
義火可握國記一卷　〔清〕佚名撰
真臘風土記一卷　〔元〕周達觀撰
使緬録一卷　〔明〕張洪撰
阿達曼群島志一卷新志一卷婆羅島志一卷　〔清〕學部編譯圖書局編
蘇禄考一卷　〔清〕王錫祺輯

葛剌巴傳一卷　〔清〕佚名撰

第四三册

印度劄記二卷　〔清〕黄楙材撰

印度國志不分卷　〔清〕學部編譯圖書局編

第四四册

俾路芝志一卷馬留土股志一卷紐吉尼亞島志一卷西里伯島志一卷附新志一卷　〔清〕學部編譯圖書局編

阿富汗土耳基斯坦志一卷阿富汗斯坦志一卷阿富汗新志一卷土耳基斯坦志一卷東土耳基斯坦志一卷　〔清〕學部編譯圖書局編

海外紀事六卷　〔清〕釋大汕撰

使西紀程二卷　〔清〕郭嵩燾撰

乘槎筆記二卷　〔清〕斌椿撰

出洋瑣記一卷　〔清〕蔡鈞撰

第四五册

航海述奇四卷再述奇六卷三述奇八卷四述奇十六卷五述奇十二卷六述奇十二卷八述奇二十卷（航海述奇卷一至四述奇卷二）〔清〕張德彝撰

第四六册

航海述奇四卷再述奇六卷三述奇八卷四述奇十六卷五述奇十二卷六述奇十二卷八述奇二十卷（四述奇卷三至五述奇卷五）〔清〕張德彝撰

第四七册

航海述奇四卷再述奇六卷三述奇八卷四述奇十六卷五述奇十二卷六述奇十二卷八述奇二十卷（五述奇卷六至六述奇卷一二）〔清〕張德彝撰

第四八册

航海述奇四卷再述奇六卷三述奇八卷四述奇十六卷五述奇十二卷六述奇十二卷八述奇二十卷（八述奇卷一至卷二〇）〔清〕張德彝撰

第四九册

南洋述遇一卷　〔清〕佚名撰
紅毛番英吉利考略一卷　〔清〕汪文臺撰
遊歷圖記不分卷　〔清〕李丹麟撰
游歷聞見録十八卷（卷一至卷五）　〔清〕洪勳撰

第五〇册

游歷聞見録十八卷（卷六至卷一八）　〔清〕洪勳撰
歐游雜録二卷　〔清〕徐建寅撰
歐游隨筆二卷　〔清〕錢德培撰

第五一册

歸航陳跡一卷　〔清〕余思詒撰
游歷日本圖經三十卷（卷一至卷六）　〔清〕傅雲龍撰

第六〇册

出使九國日記十二卷　〔清〕戴鴻慈撰

西輶日記四種　〔清〕黄楙材撰

使德述略一卷　〔清〕楊晟撰

出使美日秘國日記十六卷（卷一至卷四）　〔清〕崔國因撰

第六一册

出使美日秘國日記十六卷（卷五至卷一六）　〔清〕崔國因撰

出使英法義比四國日記六卷　〔清〕薛福成撰

第六二册

出使日記續刻十卷　〔清〕薛福成撰

英軺日記二卷　〔清〕劉錫鴻撰

第六三册

曾惠敏公使西日記二卷　〔清〕曾紀澤撰

使德日記一卷　〔清〕李鳳苞撰

通商各國條約不分卷　〔清〕佚名輯

第六四册

通商約章類纂三十五卷（卷一至卷一七）　〔清〕徐宗亮編

第六五册

通商約章類纂三十五卷（卷一八至卷三五）　〔清〕徐宗亮編

中美新訂商約一卷中日新訂商約一卷附奏定約束出洋學生並鼓勵章程一卷　〔清〕吕海寰　張之洞纂

第六六册

四夷館考二卷　〔明〕王宗載撰

通商志不分卷　〔清〕杜俞撰

通商表四卷　〔清〕楊楷　錢恂　李圭輯
福建市舶提舉司志不分卷　〔明〕高岐輯
粤海關通轄口岸考一卷　〔清〕王文達撰
東方商埠述要一卷　〔清〕周逢源撰
粤海關志三十卷（卷一至卷七）　〔清〕梁廷枏纂

第六七册

粤海關志三十卷（卷八至卷三〇）　〔清〕梁廷枏纂
國朝柔遠記十八卷附編二卷（卷一至卷八）　〔清〕王之春輯

第六八册

國朝柔遠記十八卷附編二卷（卷九至附編卷二）　〔清〕王之春輯
柔遠全書六種（國初成案一至道咸成案二）　〔清〕謝家福輯

第六九册

柔遠全書六種（道咸成案三至六）　〔清〕謝家福輯

第七〇册

柔遠全書六種（道咸成案七至和約彙編一）　〔清〕謝家福輯

第七一册

柔遠全書六種（和約彙編二至五）　〔清〕謝家福輯

第七二册

柔遠全書六種（和約彙編六至善後襍鈔三）　〔清〕謝家福輯

第七三册

柔遠全書六種（善後襍鈔四至七）　〔清〕謝家福輯

第七四册

柔遠全書六種（善後襍鈔八至中外紀事本末一）〔清〕謝家福輯

第七五册

柔遠全書六種（中外紀事本末二至五）〔清〕謝家福輯

第七六册

柔遠全書六種（中外紀事本末六至九）〔清〕謝家福輯

第七七册

柔遠全書六種（中外紀事本末十至柔遠全書備録）〔清〕謝家福輯

柔遠新書四卷〔清〕朱克敬撰

大元海運記二卷〔元〕趙世延　揭傒斯等纂修〔清〕胡敬輯

元海運志一卷〔明〕危素撰

海運編二卷〔明〕崔旦撰

海運新考三卷　〔明〕梁夢龍撰

第七八册

海運紀事不分卷　〔明〕佚名輯

海運備採十四卷存四卷　〔清〕高培源撰

海運芻言一卷　〔清〕施彦士撰

内外海運章程不分卷　〔清〕佚名輯

第七九册

江蘇海運全案十二卷　〔清〕賀長齡等纂

第八〇册

海運續案六卷　〔清〕佚名輯

浙江海運全案初編十卷續編四卷重編八卷（初編卷一至卷一〇）　〔清〕黄宗漢　馬新貽纂

第八一册

浙江海運全案初編十卷續編四卷重編八卷（續編卷一至重編卷八）　〔清〕黄宗漢　馬新貽纂

第八二册

彙集水務便覽測海録外海紀要敏求誌各神暴風報颶颱風信日期備攷一卷　〔清〕佚名撰

航海圖説一卷　〔清〕胡鳳丹輯

庚子海外紀事四卷　〔清〕吕海寰編

洋務時事彙編八卷（卷一）　〔清〕葛士濬輯

第八三册

洋務時事彙編八卷（卷二至卷八）　〔清〕葛士濬輯

第八四册

大清一統輿圖海道集釋七卷　〔清〕陳運溶撰

亞歐兩洲沿岸海道紀要三卷　〔清〕陳運溶撰

中西紀事二十四卷　〔清〕夏燮撰

籌辦夷務始末二百六十卷（道光朝卷一至卷六）　〔清〕文慶　賈楨　寶鋆等纂修

第八五册

籌辦夷務始末二百六十卷（道光朝卷七至卷二九）　〔清〕文慶　賈楨　寶鋆等纂修

第八六册

籌辦夷務始末二百六十卷（道光朝卷三〇至卷五二）　〔清〕文慶　賈楨　寶鋆等纂修

第八七册

籌辦夷務始末二百六十卷（道光朝卷五三至卷七五）　〔清〕文慶　賈楨　寶鋆等纂修

第八八册

籌辦夷務始末二百六十卷（道光朝卷七六至咸豐朝卷二〇）　〔清〕文慶　賈楨　寶鋆等纂修

第八九册

籌辦夷務始末二百六十卷（咸豐朝卷二一至卷四三）　〔清〕文慶　賈楨　寶鋆等纂修

第九〇册

籌辦夷務始末二百六十卷（咸豐朝卷四四至卷六六）　〔清〕文慶　賈楨　寶鋆等纂修

第九一册

籌辦夷務始末二百六十卷（咸豐朝卷六七至同治朝卷八）　〔清〕文慶　賈楨　寶鋆等纂修

第九二册

籌辦夷務始末二百六十卷（同治朝卷九至卷二七）　〔清〕文慶　賈楨　寶鋆等纂修

第九三册

籌辦夷務始末二百六十卷（同治朝卷二八至卷四九）　〔清〕文慶　賈楨　寶鋆等纂修

第九四册

籌辦夷務始末二百六十卷（同治朝卷五〇至卷七一）　〔清〕文慶　賈楨　寶鋆等纂修

第九五册

籌辦夷務始末二百六十卷（同治朝卷七二至卷九三）　〔清〕文慶　賈楨　寶鋆等纂修

第九六册

籌辦夷務始末二百六十卷（同治朝卷九四至卷一〇〇）　〔清〕文慶　賈楨　寶鋆等纂修

籌辦夷務始末補遺不分卷（道光元年至十年）　蔣廷黻編

第九七册

籌辦夷務始末補遺不分卷（道光十一年至二十年）　蔣廷黻編

第九八册

籌辦夷務始末補遺不分卷（道光二十一年至咸豐二年）　蔣廷黻編

第九九册

籌辦夷務始末補遺不分卷（咸豐二年至十一年） 蔣廷黻編

第一〇〇册

籌辦夷務始末補遺不分卷（同治元年至四年） 蔣廷黻編

籌洋芻議一卷 〔清〕薛福成撰

第一〇一册

出使公牘十卷 〔清〕薛福成撰

出使奏疏二卷 〔清〕薛福成撰

籌海圖編十三卷 〔明〕鄭若曾輯

第一〇二册

籌海重編十二卷 〔明〕鄭若曾撰 〔明〕鄧鐘輯

鄭開陽雜著十一卷 〔明〕鄭若曾撰

第一〇三册

江防考六卷存四卷　〔明〕吴時來撰　王篆增補
温處海防圖略二卷　〔明〕蔡逢時撰
海防纂要十三卷圖一卷　〔明〕王在晋撰

第一〇四册

海防篇一卷　〔清〕蔡方炳撰
江防總論一卷海防總論一卷　〔清〕姜宸英撰
海防述略一卷　〔清〕杜臻撰
海防集要一卷　〔清〕韓奕撰
外海紀要不分卷　〔清〕李增階撰
防海紀略二卷　〔清〕王之春編
籌海初集四卷　〔清〕關天培輯
海防芻論一卷　〔清〕龔易圖撰
上海海口形勢考一卷　〔清〕佚名撰

第一〇五册

海防新論八卷　〔清〕知新館主編
海防經略纂要二卷　〔清〕章鑰輯
籌海二編不分卷　〔清〕佚名輯
防守江海要略二卷　〔清〕佚名輯

第一〇六册

海疆防緝各事宜不分卷　〔清〕佚名輯
來夏堂海防私籌不分卷　〔清〕丁大椿撰
中外時務海防策要四卷首一卷　〔清〕佚名輯

第一〇七册

籌議海防文稿一卷　〔清〕沈炳垣撰
防海輯要十八卷首一卷　〔清〕俞昌會撰

第一〇八册

洋防輯要二十四卷　〔清〕嚴如熤撰

第一〇九册

防海備覽十卷　〔清〕薛傳源撰

江防海防策一卷　〔清〕姚文枏撰

新海防事例一卷海防事例一卷大八成銓補章程一卷籌餉事例三卷現行常例一卷新海防武職條款銓補章程一卷　〔清〕佚名撰

中國海岸險要圖説不分卷　佚名撰

第一一〇册

新繪沿海長江險要圖一卷新編沿海險要圖説十六卷新編長江險要圖説五卷　〔清〕余宏淦撰

第一一一册

兩浙海防類考續編十卷　〔明〕范淶撰

浙江沿海圖説不分卷江蘇沿海圖説不分卷福建沿海圖説不分卷 〔清〕朱正元撰

第一一二册

廣東海防彙覽四十二卷（卷一至卷三一） 〔清〕陳鴻墀等纂

第一一三册

廣東海防彙覽四十二卷（卷三二至卷四二） 〔清〕陳鴻墀等纂
江防集要一卷 〔清〕趙寧輯
江防述略一卷 〔清〕張鵬翮撰
海防要覽二卷 〔清〕丁日昌 李鴻章撰
膠灣詳述一卷 〔清〕佚名撰
黄浦考一卷 〔清〕佚名撰
舟山考一卷 〔清〕佚名撰
三沙灣情勢記一卷 〔清〕佚名撰
沙門灣形勢説略一卷 〔清〕佚名撰

廣東海防形勝考一卷　〔清〕佚名撰
廣州灣圖説一卷　〔清〕吴桐林撰
廣州灣形勢考一卷　〔清〕佚名撰
虎門形勢一卷　〔清〕佚名撰
朝鮮日本圖説不分卷　〔明〕佚名撰
朝鮮海道圖説一卷　〔清〕王德均撰

第一一四册

日本海道圖説一卷　〔清〕王德均撰
海道經一卷附録一卷　〔明〕佚名撰
靖海紀略四卷　〔明〕曹履泰撰
澎臺海道圖説一卷　〔清〕王德均撰
中國海道圖説一卷　〔清〕王德均撰

第一一五册

靖海紀事二卷 〔清〕施琅撰
靖海紀二卷 〔清〕施世綸輯
靖海志四卷 〔清〕彭孫貽撰 〔清〕李延昰續補
海上見聞録定本二卷 〔清〕阮旻錫撰
平臺紀略一卷 〔清〕藍鼎元撰

第一一六册

臺海使槎録八卷 〔清〕黄叔璥撰
小琉球漫誌十卷 〔清〕朱仕玠撰
東槎紀略五卷 〔清〕姚瑩撰
臺灣鄭氏始末六卷 〔清〕沈雲撰
延平始末一卷 〔清〕佚名撰
閩海紀略不分卷 〔清〕夏琳輯
平南實録不分卷 〔清〕施琅撰

第一一七册

治臺必告録八卷　〔清〕丁曰健輯

延平王户官楊英從征實録不分卷（一）　〔清〕楊英撰

第一一八册

延平王户官楊英從征實録不分卷（二）　〔清〕楊英撰

臺灣雜記一卷　〔清〕黄逢昶撰

臺海見聞録四卷　〔清〕董天工撰

渡海輿圖便覽一卷　〔清〕胡宗文撰

採硫日記三卷　〔清〕郁永河撰

東瀛識略八卷　〔清〕丁紹儀撰

第一一九册

海東札記四卷　〔清〕朱景英撰

海寇議一卷　〔明〕萬表撰

采常吉倭變事略四卷　〔明〕采九德撰
海議一卷　〔明〕唐樞撰
嘉靖甲寅倭變紀略一卷　〔明〕董斯張撰
備倭記二卷　〔明〕卜大同撰
皇明馭倭録九卷附略二卷寄語略一卷　〔明〕王士騏纂
倭患考原一卷恤援朝鮮倭患考一卷　〔明〕黄俣卿纂輯
倭情考略一卷　〔明〕郭光復撰
吴淞甲乙倭變志二卷　〔明〕張鼐撰
嘉靖倭亂備抄不分卷　〔明〕佚名撰

第一二〇册

紀効新書十八卷首一卷　〔明〕戚繼光撰
洗海近事二卷　〔明〕俞大猷撰
虔臺倭纂二卷圖一卷　〔明〕謝杰撰
明倭寇始末不分卷　〔清〕谷應泰編

夷氛聞記五卷　〔清〕梁廷枏撰

第一二一册

鴉片事略二卷　〔清〕李圭撰
鴉片烟考一卷　〔清〕佚名輯
英吉利夷船入寇記二卷　〔清〕李鳳翔撰
煙海庚辛録不分卷（一）　〔清〕無得老人輯

第一二二册

煙海庚辛録不分卷（二）　〔清〕無得老人輯

第一二三册

煙海紀聞不分卷（一）　〔清〕佚名輯

第一二四册

煙海紀聞不分卷（二）　〔清〕佚名輯

第一二五册

煙海紀聞不分卷（三）　〔清〕佚名輯

海夷記略不分卷　〔清〕佚名輯

第一二六册

撫夷紀略不分卷　〔清〕黄恩彤撰

龍江船廠志八卷　〔明〕李昭祥撰

船政不分卷　〔明〕佚名輯

船政新書四卷　〔明〕倪涷撰

第一二七册

船政奏議彙編五十四卷（卷一至卷四二）　〔清〕左宗棠等撰

第一二八册

船政奏議彙編五十四卷（卷四三至卷五四）　〔清〕左宗棠等撰

船政奏議續編一卷　〔清〕總理船政事務衙門編

船政奏議别編不分卷　〔清〕左宗棠等撰

欽定福建省外海戰船則例二十三卷首一卷（卷首至卷八）　〔清〕佚名纂

第一二九册

欽定福建省外海戰船則例二十三卷首一卷（卷九至卷二三）　〔清〕佚名纂

［康熙］天津衛志四卷首一卷　〔清〕薛柱斗修　〔清〕高必大纂

［康熙］靖海衛志十卷增補一卷　〔清〕佚名纂

第一三〇册

［民國］膠澳志十二卷末一卷　趙琪修　袁榮叜纂

劉河鎮紀略十四卷（卷一）　〔清〕金端表輯

第一三一册

劉河鎮紀略十四卷（卷二至卷一一）〔清〕金端表輯

第一三二册

劉河鎮紀略十四卷（卷一二至卷一四）〔清〕金端表輯

〔民國〕上海縣志二十卷（卷一至卷四）　吴馨　江家嵋修　姚文枏纂

第一三三册

〔民國〕上海縣志二十卷（卷五至卷一三）　吴馨　江家嵋修　姚文枏纂

第一三四册

〔民國〕上海縣志二十卷（卷一四至卷二〇）　吴馨　江家嵋修　姚文枏纂

第一三五册

觀海衛志四卷　〔明〕周粟等纂

乍浦志六卷首一卷末一卷　〔清〕宋景關纂

第一三六册

鎮海縣新志備稿二卷　董祖義纂

〔民國〕定海縣志十六卷首一卷（卷首至卷一）　陳訓正　馬瀛纂修

第一三七册

〔民國〕定海縣志十六卷首一卷（卷二至卷一六）　陳訓正　馬瀛纂修

第一三八册

〔雍正〕特開玉環志四卷　〔清〕張坦熊纂修

〔道光〕長樂梅花志不分卷　〔清〕佚名纂

〔康熙〕安海志九卷　〔清〕佚名纂

〔嘉靖〕崇武所城志不分卷　〔明〕朱彤纂　〔明〕陳敬法增補

第一三九册

［民國］石碼鎮志十一卷　林鳳聲纂

澎湖紀略十二卷　［清］胡建偉纂

新刻全像三寶太監西洋記通俗演義二十卷（卷一至卷六）　［明］羅懋登撰

第一四〇册

新刻全像三寶太監西洋記通俗演義二十卷（卷七至卷二〇）　［明］羅懋登撰

本册目次

古海國遺書鈔十二卷附沿革攷一卷沿革表一卷

〔清〕陳運溶輯

《古海國遺書鈔》十二卷附《沿革攷》一卷《沿革表》一卷，清陳運溶輯。運溶（一八五八—一九一八）字子安，號芸畦，又號靈麓山人，湖南善化（今長沙）人。精輿地之學，以唐以前著述多佚，乃廣爲搜求，專輯有關古代海國之佚書，計吴萬震《南州異物志》，吴朱應《扶南異物志》，吴康泰《吴時外國傳》、《扶南土俗傳》，《交州以南外國傳》，《外國圖》，《外國事》，《西域諸國志》，晉釋道安《西域志》，竺芝《扶南記》，《扶南傳》，唐杜環《經行記》十二種，據之可考唐以前海外交通情形。後附自撰《古海國沿革攷》，博採史籍，考扶南、頓遜、天竺、大月氏、大秦、大宛、疏勒、罽賓、毗騫、安息、碎葉、石國、康國、苦國、大食、波斯、拂菻、摩鄰、師子等國之地理位置、沿革等。又附《古海國沿革表》，略舉暹羅、新嘉坡、印度、阿富汗、意大利、霍罕、喀什噶爾、克什米耳、波斯、庫車、哈薩克、阿剌伯、土耳其、阿非利加洲、錫蘭島等地之沿革。據中國國家圖書館藏《麓山精舍叢書》本影印。

古海國遺書鈔

附沿革攷表

宣統三年辛亥
靈麓山人校栞

古海國遺書鈔序

世言亞歐之通始明季然利瑪竇之東來乃傳教非通商也歐洲之俗斷髮而文身我中國吳越舊習也免冠而徒屣我中國鄒魯古風也海外諸邦殆我濱海之民漂泊而羣聚者乎鄒衍之稱大九州與今五大州說名異實同所謂裨海卽今中國渤海印度紅海歐洲地中海波羅的海也所謂大瀛海卽今東西大洋南北冰海也所謂地形如球海環其外也我中國濱海之民倚海水爲生涯爲漁爲商流轉大地當時或歸述風土衍最好事故博綜異聞以破存而不論論而不議之拘見然其時實未大通故人不之信漢以後漸通矣珍物寶貨互市海隅異俗殊風流傳中土史傳大秦最爲詳核曩歲閒暇嘗爲補注微憾作者如林書多亡佚今更裒輯各種以資證驗以古人之紀載稽近世之輿圖山川之曲折器物之形模今所號爲識時務者其言莫能異也人民顏色之異於古已分爲赤白紅黑則植物動物皆稟天地之氣以生者古今無異情中外無殊理也洋人之來我國指畫地勢我國士人或震異之葢宋以來閉塞不通古書無完帙無怪學者之無聞見世人乃展轉相笑以爲怪陋於是言行服飾必以外洋爲崇貴政學紀綱詘中國爲鄙僿今洋人之自言其國事有鄙

僾於我國者矣彼崇貴之者其怪陋乃滋甚也茲所編輯略具椎輪推而求之當今亦知西土政俗之行我國遊歷之士其由來亦已久矣光緒三十一年歲次乙巳孟春月

善化陳運溶謹序

古海國遺書鈔目錄

善化陳運溶芸畦輯刊

萬震南州異物志

案隋書經籍志云一卷吳丹陽太守萬震撰

朱應扶南異物志

案隋志云一卷朱應撰又 國朝章宗源經籍志考證云唐志同作朱應通典史記所引並稱宋膺異物志省扶南二字朱作宋應作膺未知孰是攷梁書諸夷傳云海南諸國大抵在交州南及西南大海洲上相去近者三五千里遠者二三萬里其西與西域諸國接漢元鼎中遣伏波將軍路博德開百越置日南郡其徼外諸國自武帝以來皆獻見後漢桓帝世大秦天竺皆由此道遣使貢獻及吳孫權時遣宣化從事朱應中郎康泰通焉其所經及傳聞則有百數十國因立記傳據此則確是朱應無疑

吳時外國傳

案史記引作康泰亦云康氏而御覽於扶南土俗引爲吳時康泰撰豈此亦康泰所作遂删去著書人姓名耶

交州以南外國傳
案隋志云一卷而唐志南誤作來
外國圖
案史記注云吳人撰
支僧載外國事
案此未詳
西域諸國志
案此未詳
釋道安西域志
案御覽釋部引高僧傳云釋道安姓衞氏常山扶柳人也七歲讀書再覽能誦年十二出家日誦萬言以晉太元十年卒年七十二

康泰扶南土俗傳
案梁書云吳時扶南王范旃遣親人蘇物使天竺天竺王呼令觀視國内仍差陳宋等二人以月支馬四匹報旃遣物等還積四年方至其時吳遣中郎康泰使扶南及陳宋等具問天竺土俗云佛道所興國也
竺芝扶南記
案此未詳

扶南傳
案此未詳
杜環經行記
案唐杜佑通典云族子環隨鎮西節度使高仙芝西征天寶十載至西海寶應初因賈商船舶自廣州而囘著經行記

南州異物志

吳　萬震　撰　　善化陳運溶芸畦輯

俚

廣州南有賊曰俚此賊在廣州之南蒼梧鬱林合浦寧浦高涼五郡中央地方數千里各有長帥無君王恃依山險不用城自古及今彌歷年紀民俗蠢愚唯知貪利無有仁義道理土俗不愛骨肉而貪寶貨及牛犢若見賈人有財物水牛者便以其子易之夫或鬻婦兄亦賣弟若鄰里有負其家債不時還者其子弟中愚者謂其兄曰我爲汝取錢汝但當善殯葬我耳其處多野葛爲鉤挽數寸徑到債

家門下謂曰汝負我錢不肯還我今當自殺因食野葛死債家門下其家便稱怨宗族人衆往債家汝不還我錢而殺我子弟今當擊汝債家慚懼因以牛犢財物謝之數十倍死家乃自收死者罷去不以爲恨（太平御覽卷七百八十五）

烏滸

交廣之界民曰烏滸（烏滸地名）東界在廣州之南交州之北恆出間道伺候二州行旅有單迥輩者輒出擊之利得人食之不貪其財貨也地有棘厚十餘寸破以作弓長四尺餘名狐弩削竹爲矢以銅爲鏃長八寸以射急疾不凡用也地有毒藥以傅矢金入則撻皮視未見瘡顧盼之間肌肉便皆壞爛須臾而死尋問此藥云取諸蟲有毒螫者合著管中曝之既爛因取其汁日煎之如射肉云在其地則裂外則不復裂也烏滸人便以肉爲殺俎又取其髑髏破之以飲酒也其伺候行人小有失輩出射之若人無救者便止以火燔燎食之若人有伴相救不容得食力不能盡擔去者便縱取手足以去尤以人手足掌蹠爲珍異以貽長老出得人歸家合聚鄰里懸死人中當四面向坐擊銅鼓歌舞飲酒稍就割食之春月方田尤好出索人貪得之以祭田神也（御覽卷七百八十六）

獠民

獠民亦謂文身國刻其胸前作華文以爲飾（御覽卷三百七十一）

扶南國

扶南國在林邑西三千餘里自立爲王諸屬皆有官長及王之左右大臣皆號爲崑崙（御覽卷七百八十六）

扶南海隅有人如獸（此人扶南之東緣海邊略如禽獸人無道理）身黑若漆齒白如素（扶南以外民皆漆齒使黑而此人身體雖黑獨不漆齒故正白也）隨時流移居無常處（此民不知安居屋宅乃隨寒暑素逐欲休夏則入水捕魚冬則登山射麋鹿也）食唯魚肉不識禾稼寒無衣服以沙自覆（此人無衣服若遇寒涼以沙自覆唯出面目耳）時或屯聚猪犬雜糅（此人或時權有可得停猶知立一小屋以自藉家中男女大小并止猪犬共息其中無復分別也）雖忝人形無蹤六畜（御覽卷七百九十）

斯調國

斯調海中洲名也在歌營東南可三千里上有王國城市街巷土地沃美 御覽卷七百八十七

斯調國又有中洲焉春夏生火秋冬死有木生於火中秋冬枯死以皮爲布 仝上

林陽國

林陽在扶南西七千餘里地皆平博民十餘萬家男女行仁善皆侍佛 御覽卷七百八十七

頓遜國

頓遜在扶南三千餘里本爲別國扶南先王范蔓有勇略

討服之今屬扶南 御覽卷七百八十八

無論國

無論國有大道左右種桃枇杷諸花果白日行其下陰涼蔽熱十餘里皆有井水食麥飯飲蒲桃酒如膠若飲以水和之其味甘美 御覽卷七百九十

句稚國

句稚國與遊八百里有江口西南向東北行極大崎頭出漲海中淺而多磁石 御覽卷七百九十

歌營國

歌營國在句稚南可一月行到其南大灣中有洲名蒲頭上有居人皆黑如漆齒耳白眼赤男女皆裸形 注云康泰扶南土俗文載西去常望海退則遮船將雞猪山果易鐵器 御覽卷七百九十

加陳國

加陳在歌營西南 御覽卷七百九十

師漢國

師漢國在句稚西從稚去行可十四五日乃到其國亦稱王上有神人及明月珠但仁善不忍殺生土地平博民有萬餘家 御覽卷七百九十

扈利國

扈利國在奴調洲西南邊海 御覽卷七百九十

姑奴國

姑奴國去歌營八千里民人萬餘戶皆乘四轅車駕二馬或四馬四會所集也船常有百餘艘市會萬餘人晝夜作市船皆鳴鼓吹角人民衣被中國 御覽卷七百九十

察牢國

察牢在安息中間大國也去天竺五千里人民勇健舉國人皆稱王種國無常王國人常選耆老有德者立爲王三歲一更舉土地所與天竺同慕其土地不出國遠行 御覽卷七百九十

天竺國

天竺地方三萬里佛道所出其國王居城郭宮殿皆雕文刻鏤街曲市里各有行列左右諸大國凡十六皆共奉之以天地之中也（史記大宛傳正義注）

天竺有恆水一號新淘水水特甘香有眞鹽也（御覽卷五十九）

大月氏國

大月氏在天竺東可七千里地高燥而遠國王稱天子國中騎乘常數十萬匹城郭宮殿與大秦國同人民赤白色便習弓馬土地所出及奇瑋珍物被服鮮好天竺不及也（史記正義大宛傳注）

大秦國

大秦屋舍以珊瑚爲柱琉璃爲牆壁水精爲楚舄海中斯調州上有木冬月往剝取其皮績以爲布極細手巾齊數匹與麻蕉布無異色小青黑若垢汚欲浣之則入火中便更精潔世謂之火浣布秦云定重參間門樹皮也（史記正義大宛傳注）

舟

外徼人隨舟大小或作四帆前後沓載之有盧頭木葉如牖形長丈餘織以爲帆其四帆不正前向皆使邪移相聚以取風吹風後者激而相射亦並得風力若急則隨宜增減之邪張相取風氣而無高危之慮故行不避迅風激波所以能疾（御覽卷七百七十一）

船

外域人名舟曰船大者長二十餘丈高去水三二丈望之如閣道載六七百人物出萬斛（御覽卷七百六十九）

氍毹

氍毹以羊毛雜羣獸之毳織鳥獸人物草木雲氣作鸚鵡遠望軒若飛也（御覽卷七百八）

大舶

漲海崎頭水淺而多磁石外徼人乘大舶皆以鐵鍱鍱之至此關以磁不得過（御覽卷九百八十八）

珠

合浦有民善遊採珠兒年十餘便教入水求珠官禁民採珠巧盜者蹲水底剖蚌得好珠吞之而出（藝文類聚卷八十四　御覽卷八百三）

合浦之人習水善游俛覗增潭如猿仰株入如沉黿出如輕鳧蹲泥剖蚌潛竊明珠（御覽卷三百九十五）

珊瑚

珊瑚生大秦國有洲在漲海中距其國七八百里名珊瑚樹洲底有磐石水深二十餘丈珊瑚生於石上初生白軟弱似菌國人乘大船載鐵網先沒在水下一年便生網目

中其色尙黃枝柯交錯高三四丈大者圍尺餘三年色赤便以鐵紗發其根繫鐵網於船絞車舉網還裁鑿恣意所作若過時不鑿便枯索蟲蠹其大者輸之王府細者賣之世說新語汰侈篇

瑇瑁

瑇瑁如龜生南方海中大者如籧篨背上有鱗大如扇發取其鱗因見其文欲取作器則煮之因以刀截任意所作冷乃以梟魚皮錯治之後以枯條木葉瑩之乃有光耀類聚卷八十四御覽卷八百七引作南方異物志

貝

交趾北南海中有大文貝質白而文紫天姿自然不假雕琢瑩而光色煥爛類聚卷八十四御覽卷八百七

乃有大貝奇姿難儔大貝文貝也交趾以南海中皆有之素質紫飾文若羅珠不磨不瑩彩耀光浮思雕莫加欲琢靡踰在昔姬伯用免其拘同上

琉璃

琉璃本質是石欲作器以自然灰治之自然灰狀如黃灰生南海濱亦可浣衣用之不須淋但投之水中滑如苔石不得此灰則不可釋類聚卷八十四御覽卷八百八

琉璃本是石以自然灰理之可爲器車渠馬腦並玉石類

是西國重寶大觀本草卷五

火齊

火齊出天竺狀如雲母色如紫金離別之卽如蟬翼積之如紗縠重沓御覽卷八百九

金鋼

金鋼石也其狀如珠堅利無疋外國人好以飾玦環服之能辟惡毒御覽卷八百一十三

斑布

五色斑衣以絲布古貝木所作此木熟時狀如鵝毳中有核如珠珣公後切細過絲綿人將用之則治出其核但紡不績任意小抽相牽引無有斷絕欲爲斑布則染之五色織以爲布弱輭厚緻上毳毛外徼人以斑布文最煩縟多巧者名曰城城其次小麤者名曰文縟又次麤者名曰烏鱗御覽卷八百二十

犀

犀如象火色黑頭似豪豬食草木也御覽卷八百九十

犀有特神者角有光耀白日視之如角夜暗之中理皆粹然光猶中出望如火炬欲知此角神異置之草野飛鳥走獸過皆驚昔行野中見一死人鳶鳥欲往啄之每至其頭輒驚走飛去怪而視之其頭中有犀簪近此角也同上

玄犀處自林麓食惟棘刺體兼五肉或有神異表靈以角含精吐烈望若華燭置之荒野禽獸莫觸 類聚卷九十五

象

俗傳象牙歲脫猶愛惜之掘地而藏之人欲取當假牙潛往易之覺則不藏故處鼻爲口役望頭若尾 初學記卷二十九

象身倍數牛而目不如豕鼻長六七尺大如臂其所食物皆以取之 同上

象之爲獸形體特詭身倍數牛目不逾豨鼻爲口役望頭若尾馴良承教聽言則跪素牙玉潔載籍所美服重致遠行如丘徙 初學記卷二十九

風母獸

風母獸一名平猴狀如猴無毛赤目若行逢人便叩頭狀如懼罪自乞人若撾打之恆然死地無復氣息小得風吹須臾能起 御覽卷九百八

果然

交州以南有果然獸其鳴自呼身如猨犬面身白色其體不過三尺而尾長四尺餘反尾度身過其頭視其鼻仍見兩孔仰向天其毛長柔細滑澤色以白爲質黑爲文視如蒼頭鴨脇邊斑文集十餘皮可得一褥繁文麗好細厚温煖 類聚卷九十五 御覽卷九百十

雞

狼盲之雞特稟異聲 狼盲地名 御覽卷九百一十八

雞有四距重翼者龍也殺之震死 同上

鸚鵡

鸚鵡有三種一種白一種青一種五色交州以南諸國盡有之白及五色者其性尤慧解 前漢書武帝紀顔師古注

翡翠

翠唯六翮毛長寸餘青茸翡大於鷰小於烏曰 御覽卷九百二十四

鰐

鰐齒綢羅則斷如刀鋸居水中以食魚爲本 初學記卷三十

螺

扶南海有大螺如甌從邊直旁截破因成杯形或合而用之螺體蜿蜒委曲酒在內自注傾覆終不盡以伺誤相罰爲樂又曰鸚鵡螺狀如覆杯頭如鳥頭向其腹視似鸚鵡故以爲名肉離殼出食飽則還殼中若爲魚所食殼乃浮出人所得質白而紫文如鳥形與觴無異故因其象鳥爲作兩目兩翼也又曰寄居之蟲如螺而有腳形如蜘蛛本無殼入空螺殼中戴以行觴之縮足如螺閉戶也火炙之乃出走始知其寄居也 類聚卷九十七

鼯鼠

鼺鼠出南海婦人難產割裂而出者手握此蟲此羊之產也生物中羊產最易大觀本草卷十八

水馬

交趾海中有蟲狀如馬形因名水馬婦人難產者手握此蟲或燒作屑服之則更易如羊之產也注云凡物之產羊為至易御覽卷九百五十

棘竹

棘竹節有棘刺御覽卷九百六十三

椰樹

椰樹大三四圍長六七丈通身無枝至百餘年有葉葉狀

如蒲長四五尺直竦指天實生葉間皮苞之如蓮狀皮肉硬過於核中肉白如雞子著皮而腹內空含汁大者含升餘實形團團然或如栝樓橫破之可為爵並堪器用南人珍之御覽卷九百七十二

榕

榕木初生少時緣摶他樹如外方杜芳藤形不能自立根本緣繞他木傍作連結如羅網相絡然皮理連合鬱茂扶疏高六七尺齊民要術卷十

摩廚

木有摩廚生於斯調國其汁肥潤其澤如脂膏馨香馥郁

可以煎熬食物香美如中國用油同上

甘蕉

甘蕉草類望之如樹株大者一圍餘葉長一丈或七八尺餘二尺許華大如酒杯形色如芙蓉著莖末百餘子大名為房根似芋塊大者如車轂實隨華長每華一闔各有六子先後相次子不俱生花不俱落此蕉有三種一種子大如手拇指長而銳有似羊角名羊角蕉味最甘好一種子大如雞卵有似牛乳名牛乳蕉味微減羊角一種大如藕長六七寸形正方少甘最不好也取其葉以灰練之績以為絺類聚卷八十七

鬱金香

鬱金香出罽賓國人種之先取上佛積日萎熇乃載去之然後取鬱金色正黃細與芙蓉華裏披蓮者相似可以香酒御覽卷九百八十一

雞舌香

雞舌出在蘇門云是草花可含香口同上

青木香

青木香出天竺是草根狀如甘草御覽卷九百八十二

霍香

霍香生曲遜國屬扶風香形如都梁可以著衣服中同上

沉水香

沉水香出日南欲取當先斫㰖樹著地積久外皮朽爛其心至堅者置水則沉名沉香其次在心白之間不甚堅精置之水中不沉不浮與水面平者名曰棧香其最小麄白者名曰繫香 同上

甲香

甲香螺屬也大者如甌面前一邊直攙長數寸圍殼呾唔有刺其掩可合眾香燒之皆使益芳獨燒則臰一名流螺謂之中流最厚味范華香方曰甲煎淺俗 同上

流黃香

流黃香出南海邊諸國今中國用者從西戎來 大觀本草卷三

扶南異物志

吳　朱應　撰　　善化陳運溶芸畦輯刊

大宛國

大宛國有大宛馬有肉角數寸或有解人語及知音舞與鼓節相應者 通典邊防八

大月氏國

大月氏國有牛尾重十斤割之供食尋生如故 同上

疏勒國

大頭痛小頭痛山皆在渠搜之東疏勒之西經之者身熱頭痛夏不可行行則致死唯冬可行尚嘔吐山有毒藥氣之所為也冬乃枯歇故可行也 通典邊防九

大秦國

秦之北附庸小邑有羊羔自然生於土中候其欲萌築牆繞之恐為獸所食其臍與地連割絕則死擊物驚之乃驚鳴臍遂絕則逐水草為羣又大秦金二枚皆大如瓜擲之滋息無極觀之如用則眞金也 史記大宛傳正義注

吳時外國傳

善化陳運溶芸畦輯刊

扶南國

扶南諸王殺其國人以刀斫刺往往有不入者以汁露塗刀刃斫之乃入國人名之曰蟬也 御覽卷三百四十五

扶南之先女人爲主名柳葉有摸跌國人字混愼好事神一心不懈神感至意夜夢人賜神弓一張教載賈人舶入海混愼晨入廟於神樹下得弓便載大船入海神迴風令至扶南柳葉欲刦取之混愼舉神弓而射焉貫船通渡柳葉懼伏混愼因王扶南 御覽卷三百四十七

扶南王范尋以鐵爲鬬雞假距與將博錢 初學記卷三十 類聚卷九十一

扶南王盤況少而雄桀聞山林有大象輒生捕取之教習乘騎諸國聞而伏之 類聚卷九十五

扶南人悉著鈎絡帶 御覽卷六百九十六

扶南有訟者燒鐵令赤以鉗舉箸手中行七步無罪者手不燒有罪者手卽焦 御覽卷七百六十四

扶南伐木爲船長者十二尋廣六尺頭尾似魚皆以鐵鑷露裝大者載百人人有長短橈及篙各一從頭至尾約有五十人或四十餘人隨船大小行則用長橈坐則用短橈水淺乃用篙皆撐上應聲如一 御覽卷七百六十九

扶南人若戶中亡器物者卽以米一升詣神廟乞神辨盜者以米著神足下明日取米呼戶中奴婢分令嚼之盜者口中血出米完不碎不盜者入口卽敗從日南至徼外悉爾 御覽卷七百八十六 案此引外國傳無吳時二字因語氣相類故錄之

扶南之東漲海中有大火洲洲中有樹得春雨時皮正黑得火燃樹皮正白紡績以作手巾或作燈柱用不知盡 同上

扶南國人最大居舍雕文刻鏤好布施多禽獸王好獵皆乘象一去月餘日 同上

扶南東有漲海海中有洲出五色鸚鵡其白者如母雞 類聚卷九十 初學記卷三十 御覽卷九百二十四

都昆國

都昆在扶南南三千餘里出藿香 類聚卷八十一 御覽卷九百八十二

流黃香出都昆國在扶南南三千餘里 同 注云南州異物志 御覽卷九百八十二

斯調國

斯調王作白珠交結帳金牀上天竺佛精舍天竺王見珠圓好意欲留焉臣下諫乃止 御覽卷六百九十九

諸簿國

諸簿國女子作白疊花布 御覽卷八百二十

五馬洲出雞舌香 御覽卷九百八十一

加營國

加營國王好馬月支賈人常以舶載馬到加營國國王悉爲售之若於路失羈靮但將頭皮示王王亦售其半價 御覽卷三百五十九案此引有康泰姓名

天竺國

黑白毦出天竺國 御覽卷三百四十一

天竺國出細靡氍毜 御覽卷七百八

張海洲有灣灣中常出自然白鹽嶧嶧如細石子天竺國有新陶水水甘美下有石鹽白如水精 注云南州異物志云鹽如石英 御覽卷八百六十五

吳時外國傳　七

大秦國

大秦國天竺國皆金縷織成 御覽卷八百十六

大秦國人皆著袴褶絡帶 御覽卷六百九十六

大秦國以水精爲瓦 御覽卷七百六十七

從加那調州乘大舶船張九帆時風一月餘日乃入大秦國也 御覽卷七百七十一

大秦有棗棕胡桃 御覽卷九百七十一

大秦國有蓮藕雜菓 御覽卷九百七十五

大秦國城郭皆青水精爲及五色水精爲壁人民多巧能化銀爲金國土市買皆金銀錢 史記正義大宛傳注案此引康泰無吳時二字

外國稱天下有三眾中國爲人眾大秦爲寶眾月氏爲馬眾 同上案此作康氏

吳時外國傳　八

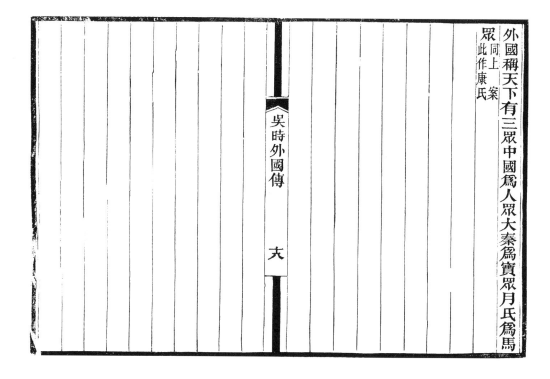

交州以南外國傳

善化陳運溶芸畦輯刊

西屠國

有銅柱表爲漢之南極界左右十餘國悉屬西屠有夷民所在二千餘家 御覽卷七百九十

金陳國

從扶南西去金陳二千餘里到金陳 同上 案以下所引止云外國傳無交州以南四字然考其語氣或係省文也

波遼國

從西屠南去百餘里到波遼十餘國皆在海邊 同上

屈都乾國

從波遼國南去乘船可三千里到屈都乾國地有人民可千餘家皆曰朱吾縣民叛居其中 同上

波延洲

後屈都乾國東去船行可千餘里到波延洲有民人二百餘家專採金賣與屈都乾國 同上

究原國

究原有獠民出錫鐵雜舌香及赤白五色鸚鵡鳥究原達永昌一歲 同上

奴後國

從林陽西去二千里奴後國可二萬餘戶與永昌接界 同上

外國圖

善化陳運溶芸畦輯刊

蒙雙民

高陽氏有同產而爲夫婦者帝怒放之於是相抱而死有神鳥以不死竹覆之七年男女皆活同頸異頭共身四足是爲蒙雙民 齊民要術卷十

毛民國

毛民國出名裘去朔方七千里 御覽卷六百九十四

羽民國

羽民羽飛不能遠其人卵產去九疑四萬里 御覽卷七百九十

三苗國

昔唐以天下授虞有苗之君非之苗之民浮黑水入南海是爲三苗氏去九疑三萬三千里 同上

交脛國

交脛民長四尺 同上

焦僥國

焦僥民善沒游善捕鷙鳥其草木夏死而冬生去九疑三萬里 同上

從啖水南曰焦僥其人長尺六寸一曰迎風則偃背風則伏不衣而野宿 同上

巫咸國

昔殷帝大戊使巫咸禱於山河巫咸居於此是爲巫咸民去南海萬千里 同上

無繼民

無繼民穴居食土無夫婦死則埋之心不朽百年復生去玉門四萬一千里 御覽卷七百九十七

錄民

錄民穴居食土無夫婦死則埋之其肺不朽百十年復生去玉門萬一千里 同上

無首民

無首民乃與帝爭神帝斬其首勑之北野以乳爲目臍爲口去玉門三萬里 同上

納民

納民陛居食土無夫婦死埋之其肝不朽八年復生去玉門五萬里 同上

大秦國

從隅巨北有國名大秦其種長大身丈五六尺 通典邊防九

大秦國人長一丈五尺猿背長脅好騎駱駞 御覽卷三百七十七

西王母國

西王母國前弱水中有玉山白兔 御覽卷三十八

君子國

君子之國多木槿之華人民食之去琅琊三萬里 類聚卷八十九

長人國

長人國妊六年乃生而白首兒則長大乘雲而不還龍類也 御覽卷三百六十一

員丘

員丘之上有不死樹食之乃壽有赤泉飲之不老蕭丘多大風無人民羣犬居之靑丘之民食穀衣野絲去琅琊萬三千里神丘有火穴其光照千里去琅琊三萬里 御覽卷五十三

方丘

方丘之上暑濕生男子三年而死有黃水婦人入浴出則乳矣去九疑二萬四千里 御覽卷三百九十五

風山

風山之首高三百里風穴方三十里春風自此出也 御覽卷五十四

桂林

桂林地多栋木無平土眾猴居之無人民去九疑四萬里龜林地險無平土眾龜居之 御覽卷五十七

崑崙

從大晉國正西七萬里得崑崙之墟諸仙居之 水經注河水一

亶州

亶州去琅琊萬里 史記秦本紀正義注案此云吳人外國圖

外國事

善化陳運溶芸畦輯刋

私訶條國

私訶條國在大海之中地方二萬里有大山山有石井井中生千葉白蓮花數種井邊靑石上有四佛足迹合有八迹月六日齋彌勒菩薩常與諸天神禮佛迹竟便飛去浮圖講堂皆七寶國王長者常作金樹銀花銀樹金花以供養佛 類聚卷七十六

私訶調國王供養道人日食銀三兩 御覽卷百八十二

私訶調國有大富長者條三彌與佛作金薄承塵一佛作

兩重承塵 御覽卷七百一

私訶調國全道遼山有毗呵羅寺寺中有石鼉至有神靈衆僧飲食欲盡寺奴輒向石鼉作禮於是食具 御覽卷九百三十二

毗呵羅寺有神龍住米倉中奴取米龍輒卻後奴若長取米龍不與倉中米若盡奴向龍拜倉卽盈溢 藝文類聚卷九十九

播黎曰國

播黎曰國者昔是小國耳今是外國之大都流沙之外悉稱臣妾 御覽卷七百九十七

舍衞國

舍衞國今無復王盡屬播黎曰國王遣小兒治國人不奉佛法 御覽卷七百九十七

罽賓國

罽密密疑賓譌小國耳在舍衞之西國王民人悉奉佛土地寒羅漢道人及沙門到冬月日未中前少飲酒過中後不復飲酒食果國屬大秦 同上

迦維羅越國

迦維羅越國今無復王也國人亦屬播黎曰國人尙精進昔太子生時有二龍一吐水一吐火一冷一煖今有二池尙一冷一煖 同上

迦維羅越國今無復王也城池荒穢惟有空處有優婆塞

姓釋可二十餘家是昔淨王之苗裔故爲四姓住在故城中爲優婆塞故尙精進猶有古風彼日浮圖壞盡條王彌更修治一浮圖私訶條王送物助成今有十二道人住其中太子始生時妙后所扳樹樹名須訶阿育以青石作后扳生太子像昔樹無復有後諸沙門取昔樹栽種之展轉相承到今樹枝如昔尙蔭石像又太子見行七步足迹今日文理見存阿育王以靑石挾足迹兩邊復以一長靑石覆上國人今日恒以香花供養尙見足七形文理分明今雖有石覆無異或人復以數重吉貝重覆貼著石上逾更明也太子生時以龍王夾太子左右吐水浴太子見一龍

吐水煖一龍吐水冷遂成二池今尚一冷一煖矣太子未出家前十日出往王田閻浮樹下坐樹神以七寶奉太子太子不受於是思惟欲出家也王田去宮一據據者晉言十里也太子以三月十五日夜出家四天王來迎各捧馬足爾時諸神天人側塞空中散天香花此時以至河南摩强水卽於此水邊作沙門河南摩强水在迦維羅越北相去十由旬此水在羅閱祇瓶沙國相去三十由旬菩薩於是暫過瓶沙王出見菩薩菩薩於瓶沙隨樓那果園中住一日日暮便去半達鉢愁宿半達晉言白也鉢愁晉言山也白山北去瓶沙國十里明旦便去暮宿曇蘭山去白山

六由旬於是徑詣貝多樹貝多樹在閱祇北去曇蘭山二十里太子年二十九出家三十五得道 水經注河水篇一

郍訶維國

郍訶維國土豐樂多民物在迦維羅越南相去三千里 御覽卷七百九十七

鳩留佛姓迦葉生郍訶維國 類聚卷七十六

碓國

迦葉佛生碓國今無復此國故處在舍衛國西相去三千里 同上

拘郍舍國

拘郍舍國牟尼佛所生也亦名拘郍舍在迦維羅越西相去復三千里 同上

波羅奈國

彌勒佛當生波羅奈國是尼阿羅經所說在迦羅越南 同上

拘宋婆國

拘宋婆國今見過去佛四所住處四屋迦葉佛住中教化四十年釋伽文佛住五年二佛不說 同上

拘私郍竭國

佛在拘私郍竭國佛欲入涅槃時自然有寶牀從地出有八萬四千國王爭將佛歸神妙天人曰應就此亡郍竭王

乃作金棺枬檀車送金佛喪積薪不燒自然王將舍利婆羅門分之乃用金升量舍利得八斛四斗諸國各得少許還國各立浮屠 同上

佛泥洹後天人以新白緤裹佛以香花供養滿七日盛以金棺送出王宮度一小水水名醢蘭那去王宮可三里許在宮北以栴檀木爲薪天人各以火燒薪薪了不然大迦葉從流沙還不勝悲號感動天地從是之後他薪不燒而自然也王斂舍利用金作斗量得八斛四斗諸國王天龍神王各得少許齎還本國以造佛寺阿育王起浮屠於佛泥洹處雙樹及塔今無復有也此樹名娑羅樹其樹花名

娑羅佉也此花色白如霜雪香無比也水經注河水篇一

維耶離國

維耶離國去王舍城五十由旬城周圍三由旬維詰家在大城裏宮之南去宮七里許屋宇壞盡惟見處所爾同上

摩竭提國

摩竭提國在迦維越之南相去四十由旬貝多樹去摩竭提三十里一名毗波梨佛唯在此一樹下坐滿六年長者女以金鉢盛牛乳糜上佛佛得乳糜往尼連禪河浴浴竟於水邊噉糜竟擲鉢水中逆流可百步許然後鉢復流河中架黎郍龍王接取鉢在宮中供養類聚卷七十二

毗婆梨佛在此一樹下六年長者女以金鉢盛乳糜上佛佛得乳糜住足尼連禪河浴浴竟於河邊噉糜竟擲鉢水中逆流百步鉢沒河迦梨郊龍王接取在宮供養先三佛鉢亦見佛於河傍坐糜訶菩提樹摩訶菩提樹去貝多二里於此樹下七日思惟道成魔兵試佛水經注河水篇一

大月氏國

佛鉢在大月氏國一名佛律婆越國是天子之都也起浮圖浮圖高四丈七層四壁裏有金銀佛像像悉如人高鉢處中央在第二層上作金絡絡鉢鍊懸鉢鉢是石也其色青類聚卷七十三

維那國

維那國去舍衞國五十由旬旬者晉言四十里維摩詰家在城內基井尚存類聚卷七十六

西域諸國志

善化陳運溶芸畦輯刊

月支國

月支國有佛澡灌受三升許青石名羅勒色碧玉斑白受水無定隨其多少 御覽卷七百一十二

拂箒在月支國長三尺許似孔雀尾也 御覽卷七百六十五 此引無諸國二字

天竺國

天竺以十一月六日為冬至則麥秀十二月十六日為臘則麥熟 御覽卷八百三十八

耆崛山在王舍城北四里山有兩崖鷲鳥常羣居其顛土人號為靈鷲山也 佛國志曰山石頭似鷲阿育王使鑿石假安兩翼兩腳今見存 御覽卷九百二十六 案此引作記

摩盧水邊沙中有短要蜂燒治以為琥珀 御覽卷八百八

屈茨國

屈茨國有山夜則有光火晝則恆煙焉 御覽卷八百七十一

乾陁越國

佛鉢在乾陁越國青玉也受三升許彼國寶之供養願終日花香不滿則如言也願亦把滿亦隨言 類聚卷七十三

鼠王國

有鼠王國鼠大如狗著金環小者如兔或如此間鼠者沙門過不呪願白衣不祠祀輒害人衣器也 御覽卷九百一十一

西域志

晉　釋道安　撰　善化陳運溶芸畦輯刊

拘夷國

拘夷國北去城數百里山上有石駱駝溺水滴下以金銅鐵及木作木器手掌承之皆漏唯瓢瓠不漏服之令人身臭毛皮盡脫得止其國有婆羅門守視御覽卷七百九十七

波羅奈斯國

波羅奈斯國佛轉法輪調達入地獄土陷處皆在其國同上

波羅祭斯國佛法轉輪處在此國也御覽卷七十六

鼠王國

于闐道中有鼠王國大者如狗小者如兔著金袈裟沙門不禮白衣不禮輒害人御覽卷七百九十七

摩訶賴國

摩訶賴國又南有訶賴國有阿耨達山王舍城在耨達山東南角竹園精舍在城西佛寺六年苦行貝多樹去城五十里同上

波麗越國

波衞國東西四百里至波麗越國卽佛外祖國也同上

雞城國

胡國北有雞城北有人皆冠象雞也同上

須剌國

須剌國有五百沙彌眞人寺望晦日寺前有方青石大人來下石上類聚卷七十六

扶南土俗傳

吳 康泰 撰　善化陳運溶芸畦輯刊

蒲羅中國

吳時康泰爲中郎表上扶南土俗曰利正東行極崎頭海邊有居人人皆有尾五六寸名蒲羅中國其俗食人 御覽卷七百八十七

優鈸國

優鈸國者在天竺之東南可五千里國土熾盛城郭珍玩謠俗與天竺國同 同上

橫趺國

橫趺國在優鈸之東南城郭饒樂不及優鈸也 同上

北攎洲

諸薄之東南有北攎洲出錫轉賣與外徼 同上

馬五洲

諸薄之東有馬五洲出雞舌香樹木多華少實 同上

薄歎洲

諸薄之西北有薄歎洲土地出金常以採金爲業轉賣與諸賈人易糧米雜物 同上

躭蘭洲

諸薄之西北有躭蘭之洲出鐵 同上

巨延洲

諸薄轉之東北有巨延洲人民無田種芋浮船海中截大蚶螺杯往扶南 同上

濱郍專國

濱郍專國出驢 都田切 馬及金俗民皆有衣被結髮也 同上

烏文國

烏文國皆泥濵初載賈人大船入海所成此國 同上

斯調國

斯調洲灣中有自然鹽累如細石子國人取之一車輸王餘自入 同上

林陽國

林陽國去扶南七千里土地奉佛有數千沙門持戒六齋日魚肉不得入國一日在市朝市諸雜米甘果石蜜暮市但貨香花 同上

歌營國

西去常望海退則遮船將雞豬山果易鐵器 御覽卷七百九十

嘾楊國

昔范旃時有嘾楊國人家翔梨嘗從其本國到天竺展轉流賈至扶南爲旃說天竺土俗道法流通金寶委積山川饒沃恣所欲左右大國世尊重之旃問云今去何時可到

幾年可囘梨言天竺去此可三萬餘里往還可三年踰及行四年方返以爲天地之中也水經注河水篇一案此引作康泰扶南傳恐卽一書也

迦那調洲

從迦那調洲西南入大灣可七八百里乃到枝扈黎大江口渡江逕西行極大秦也同上

恆水江口

發拘利口入大灣中正西北入可一年餘得天竺江口名恆水江口有國號擔袂屬天竺遣黃門字興爲擔袂王同上

盧容浦口

從林邑至日南盧容浦口可二百餘里從口南發往扶南諸國常從此口出也水經注溫水篇案此引作康泰扶南記

扶南記

竺芝　撰　善化陳運溶芸畦輯刊

扶南國

扶南去林邑四千里水步道通檀和之令軍入邑浦據船官口城六里者也自船官下注大浦之東湖大水運行潮上西流潮水日夜長七八尺從此以西朔望並潮一上七日水長丈六七七日之後日夜分爲再潮水長一二尺春夏秋冬厲然一限高下定度水無盈縮是爲海運亦曰象水又兼象浦之名水經注溫水篇

頓遜國

頓遜國屬扶南國王名崑崙國有天竺胡五百家兩佛圖天竺波羅門千餘人頓遜敬奉其道嫁女與之故多不去唯讀天神經以香花自洗精進不捨晝夜疾困便發願鳥葬歌舞送之邑外有鳥啄食餘骨作灰甖盛沈海鳥若不食乃藍盛火葬者投火餘灰函盛埋之祭祀無年限有酒樹有似安石榴取花與汁停甕中數日乃成酒美而醉人御覽卷七百八十八

頓遜國屬扶南西出海中國王名崑崙有天竺胡五百家兩佛圖婆羅門千餘人頓遜人敬奉其道以香花自精進不捨晝夜香有區撥摩花冬夏不衰日載數千車貨之燬

更香好 類聚卷七十六

毗騫國

毗騫國去扶南八千里在海中國王身長三丈頸長三尺自古以來不死知神聖未然之事亦有子孫子孫生死如常人唯此王不死耳號曰長頸王食器皆純金金如此間之石無缺限也不聽妄取有偷者知則殺食之長頸王亦能作天竺書自道宿命所經與佛語相似作書可三千言皆道世事如國有犯罪者共在王前食之平常不敢食也 御覽卷七百八十八

林郍國

林郍國蠻其延國未多日黎與毗騫同大洲放二萬里法俗是同 御覽卷七百九十

林陽國

林陽國去金陳國步道二千里車馬行無水道舉國事佛有一道人命過燒葬燒之數千束樵故坐火中乃更著石室中從來六十餘年尸如故不朽 水經注河水篇一

安息國

安息國去私訶條國二萬里國土臨海上 水經注河水篇二

扶南傳

善化陳運溶芸畦輯刊

扶南國

扶南國王以純金多羅遺毗騫王 御覽卷七百十七

雜貨布帛曰賄金二十四兩爲鎰 文選左太沖吳都賦注

扶南有訟者煮水令沸以金指環投湯中然後以手探湯其直者手不爛有罪入湯即燋 御覽卷七百十八

漲海中到珊瑚洲洲底有盤石珊瑚生其上也 御覽卷六十九

頓遜國

頓遜國人或鳥葬或火葬鳥葬者病困便歌儛送郭外有

鳥如鵝綠色飛來萬計啄食都盡斂骨焚之沈之於海此上行必生天鳥若不食自悲傷乃就火葬取骨埋之是次行也 御覽卷五百五十六

頓遜國有磨夷花末之爲粉大香 御覽卷七百十九

頓遜國人恆以香花事天神香有多種區撥葉逆花途致各遂花摩夷花冬夏不衰日載數千車於市賣之燥乃益香亦可爲粉以傅身體 御覽卷九百八十一

毗騫國

毗騫國食器皆以金爲之金如此間之石露出山邊無有限量 御覽卷八百十一

毗騫國王身長一丈二尺頸長三尺自古不死莫知其年知未然事號爲長頸王（御覽卷三百六十九）

安息國

安息國出五色罽（御覽卷八百十六）

安息國出酢皂莢可食味羨美（御覽卷九百六十）

安息國出甘蔗

舍衛國

舍衛國隸屬天竺伽尸國一名波羅奈國亦名皮羅奈斯國（通典邊防九）

經行記

唐　杜環　撰　　善化陳運溶芸畦輯刊

碎葉國

碎葉國從安西西北千餘里有勃達嶺嶺南是大唐北界嶺北是突厥騎施南界西南至葱嶺二千餘里其水嶺南流者盡過中國而歸東海嶺北流者盡經胡境而入北海又北行數日度雪海其海在山中春夏常雨雪故曰雪海中有細道道傍往往有水孔嵌空萬仞轉墮者莫知所在勃達嶺北行千餘里至碎葉川其川東頭有熱海茲地寒而不凍故曰熱海又有碎葉城天寶七年北庭節度使王正見薄伐城壁摧毀邑居零落昔交河公主所居止之處建大雲寺其川西接石國約長千餘里川中有異姓部落有異姓突厥各有兵馬數萬城堡間雜日尋干戈凡是農人皆擐甲冑專相虜掠以爲奴婢其川西頭有城名曰怛羅斯石國人鎮即天寶十年高仙芝軍敗之地從此至西海以來自三月至九月天無雲雨皆以雪水種田宜大麥小麥稻禾豌豆畢豆飲蒲萄酒麋酒醋乳（通典邊防九）

石國

石國其國城一名赭支一名大宛天寶中鎮西節度使高仙芝擒其王及妻子歸京師國中有二水一名眞珠河一

名質河並西北流土地平廠多果實出好犬良馬同上

康國

康國在米國西南三百餘里一名薩末建土沃人富國小有神祠名拔詣國事者本出於此同上

拔汗那國

拔汗那國在怛邏斯南千里東隔山去疏勒二千餘里西去本國千餘里城有數十兵有數萬大唐天寶十年嫁和義公主於此國主有波羅林林下有毬場又有野鼠遍於山谷土宜蒲萄馣羅果香棗桃李從此國至西海盡居土室衣羊皮疊布男子婦人皆著鞾婦人不飾金粉以青黛

塗眼而已通典邊防八

朱祿國

朱祿國在亞梅國西南七百餘里胡姓朱者茲土人也其城方十五里用鐵爲城門城中有鹽池又有兩所佛寺其境東西百四十里南北百八十里村柵連接樹木交映四面合匝總是流沙南有大河流入其境分渠數百溉灌一州其土沃饒其人淨潔牆宇高厚市鄽平正木既雕刻土亦繪畫又有細軟疊布羔羊皮裘估其上者値銀錢數百果有紅桃白棕遏白黃李瓜大者名尋支十餘人飡一顆輒足越瓜長四尺以上菜有蔓菁蘿蔔長葱顆葱芸臺胡瓜葛藍單達茴香英薤瓠蘆尤多蒲萄又有黃牛野馬水鴨石雞其俗以五月爲歲每歲以畫缸相獻有打毬節鞦韆節其大食東道使鎮於此從此至西海以來大食波斯參雜居此其俗禮天不食自死肉及宿肉以香油塗髮同上

苦國

苦國在大食西界周迴數千里造屋兼瓦壘石爲壁米穀殊賤有大川東流入亞俱羅商客糴此糶彼往來相繼人多魁梧衣裳寬大有似儒服其苦國有五節度有兵馬一萬以上北接可薩突厥可薩北又有突厥足似牛蹄好噉人肉通典邊防九

大食國

大食一名亞俱羅其大食王號暮門都此處其士女瓌偉長大衣裳鮮潔容止閒麗女子出門必擁蔽其面無問貴賤一日五時禮天食肉作齋以殺生爲功德繫銀帶佩銀刀斷飲酒禁音樂人相爭者不至毆擊又有禮堂容數萬人每日王出禮拜登高座爲衆說曰人生甚難天道不易姦非劫竊細行謾言安已危人欺貧虐賤有一於此罪莫大焉凡有征戰爲敵所戮必得生天殺其敵人獲福無量率土稟化從之如流法唯從寬葬唯從儉郛廓之內里閈之中土地所生無物不有四方輻輳萬貨豐賤錦繡珠貝

滿於市肆駝馬驢騾充於街巷刻石蜜爲廬舍有似中國寶轝每至節日將獻貴人琉璃器皿鍮石瓶鉢蓋不可數算粳米白麪不異中華其果有楄桃又千年棗其蔓菁根大如斗而圓味甚美餘菜亦與諸國同蒲萄大者如雞子香油貴者有二一名耶塞漫一名没匝女甲反師香草貴者有二一名查塞莘蒲孔反一名葜蘆茇綾絹機杼金銀匠畫匠漢匠起作畫者京兆人樊淑劉泚織絡者河東人樂隱呂禮又以橐駝駕車其馬俗云西海濱龍與馬交所産也腹肚小脚腕長善者日走千里其駝小而緊背有孤峰良者日馳千里又有駝鳥高四尺以上脚似駝蹄頸項

勝得人騎行五六里其卵大如三升又有薔樹實如夏棗堪作油食除瘴甚氣候温土地無冰雪人多瘧疾一年之内十中五死今吞滅四五十國皆爲所役屬多分其兵鎮守其境盡於西海　同上

波斯國

波斯自被大食滅至天寶末已百餘年矣　同上

拂菻國

拂菻國在苫國西隔山數千里亦曰大秦其人顏色紅白悉著素衣婦人皆服珠錦好飲酒尚乾餅多淫巧善織絡或有俘在諸國守死不改鄉風琉璃妙者天下莫比王城方八十里四面境土各數千里勝兵約有百萬常與大食相禦西枕西海南沇南海北接可薩突厥西海中有市客主同和我往則彼去彼來則我歸賣者陳之於前買者酬之於後皆以其直諸物傍待領直然後收物名曰鬼市又聞西有女國感水而生　同上

摩鄰國

摩鄰國在秋薩羅國西南渡大磧行二千里至其國其人黑其俗獷少米麥無草木馬食乾魚人飡鶻莽鶻莽即波斯棗也瘴癘特甚諸國陸行之所經山胡則一種法有數般有大食法有大秦法有尋尋法其尋尋蒸報於諸夷狄

中最甚當食不語其大食法者以弟子親戚而作判典縱有微過不至相累不食猪狗驢馬等肉不拜國王父母之尊不信鬼神祀天而已其俗每七日一假不買賣不出納唯飲酒謔浪終日其大秦善醫眼及痢或未病先見或開腦出蟲　同上

師子國

師子國亦曰新檀又曰婆羅門即南天竺也國之北人盡胡貌秋夏炎旱國之南人盡獠面四時霖雨從此始有佛法寺舍人皆儋耳布裹腰　同上

遺書鈔終　　　麓山精舍叢書

古海國沿革攷

善化陳運溶芸畦輯編

扶南國

晉書云扶南西去林邑三千餘里在海大灣中其境廣袤三千里

南齊書云扶南國晉宋世通職貢

梁書云扶南國在日南郡之南海西大灣中去日南可七千餘里在林邑西南三千餘里城去海五百里有大江廣十里西北流東入於海其國輪廣三千餘里土地洿下

隋書云赤土國扶南之別種也水行百餘日而達所都土

色多赤因以爲號東波羅剌國西波羅婆國南訶羅旦國北距大海地方數千里

新唐書云扶南在日本之南七千里地卑窪

元史云暹國當成宗元貞元年進金字表

明史云暹羅在占城西南順風十晝夜可至卽隋唐赤土國後分爲羅斛暹二國暹土瘠不宜稼羅斛地平衍種多穫暹仰給焉元時暹常入貢其後羅斛强併有暹地遂稱暹羅斛國洪武三年命使臣呂宗俊等齎詔諭其國

魏源海國圖志云暹羅與南掌皆介緬甸越南之間接壤雲南之普洱元江其曼谷國都則雲南瀾滄江入海之口卽古之扶南國

頓遜國

梁書云頓遜國在海崎上地方千里城去海十里有五王並羈屬扶南頓遜之東界通交州其西界接天竺安息徼外諸國往還交市所以然者頓遜迴入海中千餘里漲海無崖岸船舶未曾得逕過也其市東西交會日有萬餘人珍物寶貨無所不有

明史云滿剌加在占城南順風八日至龍牙門又西行二日卽至或云卽古頓遜國唐曰哥羅富沙其地無王亦不稱屬暹羅

海國圖志云英夷開闢新嘉坡富庶聞於中國已數十年皆不知爲古時何國閱海錄及英夷海圖始知卽柔佛滿剌加故墟葢明以前滿剌加爲南洋之都會英夷始移其貿易於柔佛皆暹羅之東南境海岸相連並非島嶼距大嶼山僅五六日程平衍數百里形如箕舌扼南洋之要衝

天竺國

後漢書云天竺國一名身毒在月氏之東南數千里俗與月氏同而卑溼暑熱其國臨大水乘象而戰其人弱於月氏修浮圖道不殺伐遂以成俗從月氏高附國以西南至

西海東至盤起國皆身毒之地身毒有別城數百城置長別國數十國置王雖各小異而俱以身毒爲名其時皆屬月氏月氏殺其王而置將令統其人土出象犀瑇瑁金銀銅鐵鉛錫西與大秦通有大秦珍物

魏書云南天竺國去代三萬一千五百里

梁書云中天竺國在大月支東南數千里地方三萬里一名身毒漢世張騫使大夏見邛竹枝蜀布國人云市之身毒身毒即天竺蓋傳譯音字不同其實一也國臨大江名新陶源出崑崙分爲五江總名曰恆水其水甘美下有眞鹽色正白如水精其西與大秦安息交市海中多大秦珍

物

新唐書云天竺國漢身毒國也或曰摩伽陀曰波羅門去京師九千六百里都護治所二千八百里居蔥嶺南幅員三萬里分東西南北中五天竺皆城邑數百南天竺瀕海出師子豹㹢橐駝犀象火齊琅玕石蜜黑鹽北天竺距雪山圜抱如壁南有谷通爲國門東天竺際海與扶南林邑接西天竺與罽賓波斯接中天竺在四天竺之會都城曰茶鎛和羅城濱迦毗黎河有別城數百皆置長別國數十置王曰舍衛國曰迦沒路國開戶皆東鄉中天竺王姓乞利咥氏世有其國不篡殺土溽熱稻四熟禾之長者沒橐駝以貝齒爲貨有金剛旃檀鬱金與大秦扶南交趾相貿易

宋史云天竺國舊名身毒太平興國七年益州僧光遠至自天竺以其王沒徙曩表來以釋迦舍利附光遠上進施護者烏塡曩國人其國屬北印度西行十二日至乾陀羅國又西行二十日至曩誐羅國又西行十日至嵐婆國又西行十二日至誐惹曩國又西行至波斯國得西海自北印度行百二十日至中印度中印度西行三程至呵囉尾國又西行十二日至末曩羅國又西行十二日至鉢賴野伽國又西行六十日至羅拏俱惹國又西行二十日至摩

羅尾國又西行二十日至烏然泥國又西行二十五日至羅羅國又西行四十日至蘇羅茶國又西行十一日至西海自中印度行六月程至南印度又西行九十日至供迦拏國又西行一月至西海自南印度南行六月程得南海皆施護之所述云

元劉郁西使記云印毒國去中國最近軍民一千二百萬戶所出細藥大胡桃珠寶烏木雞舌賓舌賓鐵諸物國中懸大鍾有訴者擊之司鐘者紀其事及時王官亦紀其名以防奸欺民居以蒲爲屋夏大熱人處水中

明史云榜葛剌即漢身毒國東漢曰天竺其後中天竺貢

於梁南天竺貢於魏唐亦分五天竺又名五印度宋仍名天竺榜葛剌則東印度也自蘇門答剌順風二十晝夜可至

黃楙材遊歷芻言云五印度爲古天竺國一名身毒幅員遼闊地勢三角形每邊六千里其間大小數十國從古不相統一明初賽馬爾罕王諦毋爾本元駙馬鐵木兒之後兼併西域諸回部遂南侵印度歸入版圖號曰大蒙古建都於中印度之德希城其國廣袤二萬里歲收賦稅二萬二千四百萬各國皆景仰焉正德時有葡萄亞人初至西邊海隅貿易既而荷蘭英吉利法郎機西班牙等國之商接踵而來然大蒙古之王威權重大人皆畏之其後衆子爭權內亂並起各部酋長乘間跋扈四分五裂國勢漸衰乾隆二十年孟加拉土酋與法人密約將境內之英人概行禁錮斃其大半英人欲雪此仇調傾國之師遣大將律記利夫統之駛入安額河竟獲全勝於是東印度各酋長望風歸服乘勝席捲中南諸部乾隆三十年復又背叛盡戮英人英遣薩伊姑底奪復疆域嘉慶十年盡驅法荷兩國駐印度之兵以據其地自是以後五印度之地歸英之囊括者十之七八蒙古王亦納款迄今後裔猶存食租衣稅徒擁虛號

而已其餘各部或設官置吏夷爲郡縣或輸賦納貢降爲藩服英人於沿海建立三碼頭一曰孟加拉所以控其東陲二曰曼打拉薩所以扼其南疆三曰孟買所以鈐其西北又於亞加拉烏得本若信地諸部及錫蘭島俱鎮以巨酋戍以重兵

大月氏國

前漢書云大月氏國王治監氏城去長安萬一千六百里不屬都護戶十萬口四十萬勝兵十萬人東行都護治所四千七百四十里西至安息四十九日行與罽賓接土地風氣物類所有民俗錢貨與安息同出一封橐駝大月氏本行國也隨畜移徙與匈奴同俗控絃十餘萬故彊輕匈奴本居敦煌祁連閒至冒頓單于攻破月氏而老上單于殺月氏以其頭爲飲器月氏乃遠去過大宛西擊大夏而臣之都嬀水北爲王庭其餘小衆不能去者保南山羌號小月氏

後漢書云大月氏國居藍氏城西接安息四十九日行東去長史所居六千五百三十七里去洛陽萬六千三百七十里戶十萬口四十萬勝兵十餘萬人初月氏爲匈奴所滅遂遷於大夏分其國爲休密雙靡貴霜肸頓都密凡五部翖侯後百餘歲貴霜翖侯邱就卻攻滅四翖侯自立爲

王國號貴霜王侵安息取高附地又滅濮達罽賓悉有其國至其子立復滅天竺置監領月氏自此之後最爲富盛諸國稱之皆曰貴霜王漢本其故號言大月氏云

魏書云大月氏國都盧監氏城在佛敵沙西去代一萬四千五百里北與蠕蠕接數爲所侵遂西徙都薄羅城去弗敵沙二千一百里其王寄多羅勇武遂興師越大山南侵北天竺自乾陁羅以北五國盡役屬之

又云小月氏國都富樓沙城其王本大月氏王寄多羅子也寄多羅爲匈奴所逐西徙後令其子守此城因號小月氏焉在波路西南去代一萬六千六百里

又云嚈達國大月氏之種類也亦曰高車之別種其原出於塞北自金山而南在于闐之西都馬許水南二百餘里去長安一萬一百里

隋書云挹怛國都烏滸水南二百餘里大月氏之種類也大業中遣使貢方物

新唐書云吐火羅或曰土豁羅曰覩貨邏元魏謂吐呼羅者居葱嶺西烏滸河之南古大夏地與挹怛雜處挹怛國漢大月氏之種大月氏爲烏孫所奪西過大宛擊大夏臣之治藍氏城大夏即吐火羅也嚈噠王姓也後裔以姓爲國訛爲挹怛亦曰挹闐俗類突厥

大清一統志云愛烏罕爲今葱嶺西南大國漢書所云南道踰葱嶺則出大月氏與今愛烏罕適合魏嚈噠隋挹怛皆月氏種類其所載都馬許水南及烏滸水南葢字畫之傳訛漢書稱其都嬀水烏滸與嬀其音固相近是嚈噠挹怛之與月氏同爲一地皆愛烏罕境也

徐繼畬瀛環志略云阿富汗一作愛烏罕回部大國也北界布哈爾東界印度南界俾路芝西界波斯東西二千餘里南北千餘里或謂愛烏罕爲大月氏北印度爲罽賓殊爲未確大月氏本湟中行國爲匈奴所破西擊大夏而臣都嬀水北爲王庭今攷嬀水即阿母河源分

十數支皆在雪山之北葱嶺之西匯流之後西北行約二千餘里又北折行約千里而入於鹹海（在裏海之東非裏海也）大月氏王庭既在嬀水之北則其部曲自在嬀水左右乃今布哈爾境土愛烏罕在嬀水之南距嬀水尚遠以地勢攷之似即古之罽賓其地與印度之克什米爾接壤風土物產亦相類以罽賓爲北印度始於唐釋元奘證之新唐書殊爲未合新唐書曰天竺居葱嶺南幅員三萬里分東西南北中五天竺南天竺濱海北天竺距雪山圍抱如壁東天竺際海與扶南林邑接西天竺與罽賓波斯接指畫地界確鑿分明證以泰西人地圖亦

絲毫不爽罽賓爲天竺接界之國則其不在天竺界內不待辨而明矣既在天竺之西則其爲今之愛烏罕又不待辨而明矣如舉北印度而屬之罽賓則天竺有東西南中而無北何以謂之五天竺不曰北印度卽罽賓而曰與罽賓接是二非一彰彰明甚

丁謙西域傳地理攷證云大月氏自中國邊界徙居西域一時强盛無敵其國東起後阿賴山西至阿母河又跨河而南兼有今布哈爾及阿富汗北境並蔥嶺山中諸小部地以嬀水北爲王庭所謂監氏城史記作藍市卽大夏故都今布哈爾城也

大秦國

詳見後漢書大秦國傳補註

大清一統志云大秦國又名犂靬後漢桓帝延熹初始通中國晉武帝太康中其王遣使貢獻至唐時改名拂菻貞觀十一年其王波多力遣使入貢開元七年又遣大德僧來朝嗣後無聞至元末其國人有揑古倫者入市中國明洪武四年召見命齎詔書還諭其王復命使臣普剌等齎敕書綵幣招諭其國乃遣使來貢後不復至萬歷時西洋人利瑪竇至京師

大宛國

史記云大宛在匈奴西南在漢正西去漢可萬里有城郭屋室其屬大小七十餘城

前漢書云大宛國王治貴山城去長安萬二千五百五十里東至都護治所四千三十一里北至康居卑闐城千五百一十里西南至大月氏六百九十里北與康居南與大月氏接別邑七十餘城多善馬

晉書云大宛去洛陽萬三千三百五十里武帝遣拜其王藍庾爲大宛王藍庾卒子摩之立遣使貢汗血馬

魏書云洛那國故大宛國也都貴山城在疏勒西北去代萬四千四百里太和三年遣使獻汗血馬自此每使朝貢

新唐書云寧遠者本拔汗那或曰鏺汗元魏時謂破洛那去京師八千里居西鞬城在眞珠河之北有大城六小城百天寶三載改其國號寧遠帝以外家姓賜其王曰竇又封宗室女爲和義公主降之十三載王忠節遣子薛裕朝請留宿衞習華禮聽之授左衞將軍其事唐最謹

大清一統志云霍罕漢爲大宛國地三國晉同北魏爲洛那國隋爲鏺汗國唐爲拔汗那國天寶初改國號曰寧遠東與布魯特錯處西至哈什干南至蔥嶺北至那林河那林河在蔥嶺西北經流數千里霍罕安集延諸國瀕之以居大小泉源支流不一並會此河其發源從

布魯特境西行過安集延城之北又西行過瑪爾哈朗城又西行過那木干城之北又西行過霍罕城南自此又西北行過賽瑪爾堪城之北（可證賽瑪爾罕即敖罕地）又折東南入於達里岡阿泊泊廣千餘里爲西境巨海無有涯際凡葱嶺以西之水咸歸之（案霍罕回部大國光緒二年爲俄所滅今但存其城名）

海國圖志云古大宛大夏明時爲賽馬爾罕地明末分裂敖罕得其十之二布哈爾得其十之八近日則大宛大夏皆幷於布哈爾焉

遊歷芻言云自伊犂西南經特穆爾圖泊千七百里入霍罕境古之大宛國納林河中境西流折西北注於鹹

海都城曰蕁思干西契丹建牙於此元初置阿毋河行省以控西域諸國所屬之城東曰馬爾噶朗曰霍什東北曰納木干曰安集延商賈所萃故獨擅名其西北之霍占科拉普塔什罕等久已割隸於俄羅斯近年復爲俄人所誘舉國降附之

疏勒國

漢書云疏勒國王治疏勒城去長安九千三百五十里東至都護治所二千二百一十里南至莎車五百六十里有市列西當大月氏大宛康居道也

舊唐書云疏勒國卽漢時舊地也西帶　葱嶺在京師西九千三百里俗事祆神有胡書文字

隋書云疏勒國都白山南百餘里漢時舊國也都城方五里國內有大城十二小城數十南有黃河西帶葱嶺東至龜茲千五百里西去撥汗國千里南去朱俱波八九百里東北去突厥牙千餘里東南去瓜州四千六百里大業中遣使貢方物

大清一統志云疏勒國後漢永平中爲龜茲所滅漢仍立之三國至隋皆爲疏勒國唐貞觀中置都督府備四鎭後沒於吐番長壽二年復置都督府宋爲疏勒國元及明皆爲喀什噶爾（元舊爲合失合兒明舊爲哈實哈兒今改正）其地東至

阿喇古接烏什界西北俱接葱嶺通　藩屬布魯特安集延界南至赫色勒布伊接葉爾羌界至　京師一萬一千九百二十五里

罽賓國

漢書云罽賓國王治循鮮城去長安萬二千二百里不屬都護戶口勝兵多大國也東北至都護治所六千八百四十里東至烏秅國二千二百五十里東北至難兜國九日行西北與大月氏西南與烏弋山離接昔匈奴破大月氏大月氏西君大夏而塞王南君罽賓塞種分散往往爲數國自疏勒以西北休循捐毒之屬皆故塞種也

魏書云罽賓國都善見城在波路西南去代一萬四千二百里居在四山中其地東西八百里南北三百里

隋書云漕國在葱嶺之北漢時罽賓國也其王姓昭武都城方四里國法嚴整東北去瓜州六千六百里

新唐書云罽賓隋漕國也居葱嶺南距京師萬二千而嬴南距舍衛三千里王居修鮮城常役屬大月氏地暑溼人乘象俗治浮屠法武德二年遣使貢寶帶金鎖水精醆頗黎貞觀中獻名馬遣果毅何處羅拔等厚齎賜其國并撫尉天竺處羅拔至罽賓王東向稽首再拜仍遣人導護使至天竺顯慶三年以其地爲修鮮都督府

又云箇失蜜或曰迦溼彌邏北距勃律五百里環地四千里山回繞之

海國圖志云克什彌爾爲唐宋之迦溼彌羅國千餘載不易有大雪山界其北得據爲北印度之罽賓

黃楙材印度劄記云克什米耳國爲北印度古罽賓國也唐書作迦溼彌羅元史作乞石米耳皆一音之轉昔屬塞哥國倫亞昇王所轄後將本若一部割隸於英僅餘克什米耳其幅員尚二千餘里東界後藏阿里西界阿富汗國南界本若省北界葱嶺都城曰色令那加建於谷內四山環繞形勢險要高於海面六百丈最高之峯一千七百丈然國富兵强民物繁庶自古稱爲大國新頭河（卽印度河上源）曲抱其三面瀕河有屬部曰辣達克古之蠟達國也懸度在其境內東北至和闐東南至阿里俱兩月餘程

毗騫國

梁書云頓遜之外大海洲中又有毗騫國去扶南八千里

海國圖志云扶南爲今暹羅國其南界三千餘里有頓遜國在海崎上斗入海中三千餘里則今之柔佛新甲埔也（卽新嘉坡）頓遜之外大海州中又有毗騫國去扶南八千里則未知爲今之婆羅大瓜哇島歟抑小瓜哇島歟

（卽葛留巴）至其東方連漲海中有諸薄洲再東有自然大洲則南洋諸嶠叢峙固難一一指實之矣

安息國

前漢書云安息國王治番兜城去長安萬一千六百里不屬都護北與康居東與烏弋山離西與條支接其屬小大數百城地方數千里最大國也臨嬀水商賈車船行旁國畫革旁行爲書記安息東則大月氏

後漢書云安息國居和櫝城去洛陽二萬五千里北與康居接南與烏弋山離接地方數千里小城數百戶口勝兵最爲殷盛其東界木鹿城號爲小安息去洛陽二萬里

魏書云安息在葱嶺西都尉搜城北與康居西與波斯相接在大月氏西

隋書云安國漢書安息國也王姓昭武與康國王同族都在那密水南城有五重環以流水宮殿皆爲平頭煬帝初遣杜行滿至其國

鄒代鈞西征紀程云今波斯北境卽漢書之安息國至蜀漢之建興四年波斯舊王裔復起兵滅安息自立爲波斯王號新波斯故此後有波斯無安息北史魏書隋書之安息蓋卽昭武九姓之安國實在今霍罕西北納林河西岸以爲漢之安息誤甚又魏隋唐書均以波斯

爲條支故地亦失攷

碎葉國

新唐書云有碎葉者出安西西北千里所得勃達嶺南抵中國北突厥騎施南鄙也西南直葱嶺贏二千里水南流者經中國入於海北流者經胡入於海北三日行度雪海春夏常雨雪繇勃達嶺北行贏千里得細葉川東曰熱海地寒不凍西有碎葉城天寶七載北廷節度使王正見伐安西毁之川長千里有異姓突厥兵數萬耕者皆擐甲相掠爲奴婢西屬怛邏斯城石常分兵鎭之自此抵西海矣三月訖九月未嘗雨以雪水溉田

通典云大唐貞觀四年以頡利破滅遂舉其屬七城來降因列其地爲西伊州同於編戶至武太后如意初武威軍總管王孝傑大破吐番復龜茲于闐疏勒碎葉四鎭自是諸國朝貢倖於前代矣神龍以後黑衣大食强盛漸幷諸國至於西海分兵鎭守焉

大清一統志云漢爲龜茲國後漢建武中莎車攻滅其地數歲復立永元中內屬晉太康中爲焉耆所併後復立唐初入朝貞觀二十一年徙安西都護府於其都統碎葉于闐疏勒號四鎭高宗時以其地爲龜茲都督府後復置安西都護府宋爲龜茲國或稱西州龜茲元及

明爲巴什伯里地　本朝爲庫車其地冬至哈喇沙爾界西至賽喇木界南至沙雅爾北至伊犂界至　京師一萬八十里

石國

隋書云石國居於藥殺水都城方十餘里南去潑汗六百里東南去瓜州六千里

新唐書云石或曰柘支曰柘折曰赭時漢大宛北鄙也去京師九千里東北距西突厥西北波臘南二百里所抵俱戰提西南五百里康也圓千餘里右涯素葉河王姓石治柘折城故康居小王窳匿城地西南有藥殺水入中國謂

之珍珠河亦曰質河東南有大山生瑟瑟

大清一統志云漢為康居五小王地魏晉為康居地後魏為者舌國隋唐為石國自後無聞今為右哈薩克部其地東至左哈薩克界西至塔什罕界南至布魯特安集延諸部界北至俄羅斯國界東至伊犂界

西域傳地理攷證云石國今塔什干柘支柘折赭時皆塔什轉音塔什譯言石干者城也是其名至今未改

康國

前漢書云康居國王冬治樂匿越地到卑闐城去長安萬二千三百里不屬都護至越匿地馬行七日至王夏所居

蕃內九千一百四里東至都護治所五千五百五十里與大月氏同俗東羈事匈奴

晉書云康居國在大宛西北二千里與粟弋伊例隣接其王居蘇薤城地和暖饒桐柳蒲萄出好馬泰始中遣使獻善馬

魏書云康國康居之後也自漢以來相承不絕王都薩寶水上阿祿迪城米國史國曹國何國安國小安國那色波烏那曷國穆國皆歸附之大延中始遣使貢方物

隋書云康國大業中遣使貢方物

唐書云康者一曰薩末韃亦曰颯秣建元魏所謂悉萬斤者其南距史百五十里西北距西曹百餘里東南屬米百里北中曹五十里在那密水南大城三十小堡三百君姓温本月氏人始居祁連北昭武城為突厥所破稍南依葱嶺即有其地枝庶分王曰安曰曹曰石曰米曰何曰火尋曰戊地曰史世謂九姓皆氏昭武隋時其王屈木支娶西突厥女遂臣突厥武德十年始遣使來獻貞觀五年遂請臣自是歲入貢高宗永徽時以其地為康居都督府

大清一統志云漢為康居國冬治樂越慝地到卑闐城後漢為康居國及粟弋國地魏為康國堅昆國及者舌國東境地隋為康國唐為黠戛斯自後無聞今為左哈

薩克部其地東至塔爾巴噶台界西至右哈薩克部界南至伊犂界北至俄羅斯國界

西域傳地理攷證云康居為西域游牧行國凡游牧者皆夏居北而冬居南俄屬游記言喀支司人春間出覓水草自南而北夏日所駐地距冬幾二千里喀支司即哈薩克實康居突厥之後是其俗至今未改

苦國

新唐書云大食之西有苦者亦自國北距突厥可薩部地數千里有五節度勝兵萬人土多禾有大川東流入亞俱羅商賈往來相望

西域傳地理攷證云苫之北與可薩接必即高喀斯山南俄屬額里輓諸部地蓋亞州西境東流大川舍庫拉河外無他水也

大食國

新唐書云大食本波斯地隋大業中有波斯國人牧于俱紛摩地那山有獸曰山西三穴有利兵黑石而白文得之者王走𧡮如言石文言當反乃詭衆裒亡命于恆曷水劫商旅保西鄙自王移黑石寶之國人往討之皆大敗還于是遂彊滅波斯破拂菻康石皆往臣之其地廣萬里東距突厥騎施西南屬海

宋史云大食國本波斯別種隋大業中據有波斯西境唐永徽後屢入朝貢乾德四年僧行勤游西域因賜其王書以招懷之開寶中太平興國貢方物自後屢朝職貢不絕其從者目深體黑謂之崑崙奴

西征記程云杜環經行記曰大食一名亞俱羅其號慕門都按亞俱羅即阿剌之轉音蓋西文剌字之前有轉舌音故變爲俱羅而省伯字耳慕門都即阿剌伯教祖謨罕驀德慕謨門驀都德皆一聲但省罕字耳是大食爲今阿剌伯蓋阿剌伯國即明史所謂天方默伽兩國也元史郭侃傳及劉郁西使記所云壬子歲（宋淳祐十二年）皇帝旭烈兀統諸軍奉詔西征凡八年拓竟幾萬里癸丑（寶祐元年）至木乃奚破其兵下一百二十八城惟檐寒西一山名乞都卜孤峯峻絕不能矢石丙辰（寶祐四年）攻克之木乃奚在西域中最爲兇悍威脅鄰國霸四十餘年既克誅之無遺類丁巳（寶祐五年）取報達國（即帕古達唐之黑衣大食也）東北二千里其王曰合里法其城有東西城中有大河（即低格里河）合里法以舸走獲焉其俗富庶爲西域冠宮殿皆沈檀烏木降眞爲之壁皆以黑白玉爲之其國六百餘年傳四十主（計自黑衣大食立國爲始）自報達之西馬行二十日至天房（明史作天方即今阿剌伯之麥地那城）下其城內有天使神胡之祖葬處也（即摩哈默死葬麥地拏回教之徒每歲詣麥地拏禮拜者數千里接踵）又西行四十里至密昔兒（當爲今阿剌伯之麥加即明史之默伽國西文加之柔音讀若加之韻爲亞則轉而爲兒但麥加在麥地那西南不止四十里是當時計里差及傳寫之誤劉郁以密昔兒爲唐之拂菻不知拂菻即西里亞在麥地拏之東北二千里而誤指耳）降之戊午（寶祐六年）旭烈命侃西渡海（紅海也）收富浪國（當爲埃及國別部）師還至失羅子（即今波斯國法爾斯部之什拉自城）至賓鐵（即今波斯國吉德羅部之賓鐵城）皆敗之己未（開慶元年）破兀林（當在今俾路支國竟內）游兵降之得城一百二十四至乞里灣（即今俾路支國之惹拉灣部瀛寰志略作倭拉灣）西域平是也

波斯國

魏書云波斯國都宿利城在忸密西古條支國也

隋書云波斯國都達曷水之西蘇藺城卽條支故地

新唐書云波斯居達遏水西距京師萬五千里而贏東與吐火羅康國接北鄰突厥可薩部西南皆瀕海西北贏四千里接拂菻界人數十萬其先波斯匿王大月氏別裔王因以姓又爲國號治二城有大城十餘隋末西突厥葉護可汗討殘其國其孫奔拂菻國人迎立之貞觀十二年遣使朝貢其王爲大酋所逐奔吐火羅半道大食擊殺之吐火羅以兵納其子龍朔初又訴爲大食所侵是時天子方遣使者到西域分置州縣以疾陵城爲波斯都督府俄爲大食所滅雖不能國咸亨中猶入朝使其子泥涅師爲質

調露元年詔裴行儉將兵護還將復王其國以道遠至安西碎葉而還泥涅師因客吐火羅景龍初西部獨存開元天寶間遣使者十輩獻瑪瑙牀火毛繡舞筵乾元初從大食襲廣州焚倉庫廬舍浮海走大歷時復來獻

龔柴波斯考略云波斯西方大國也漢世爲安息唐季稱大食波斯宋世仍之元時改名哈烈四裔考稱伊蘭或作義蘭後人直謂之波斯別名包社又稱伯爾西粵東呼爲大白頭以別印度小白頭因國中風俗皆以白布纏頭故有是名壤地遼闊東界阿富汗俾路芝北連西域回部及俄羅斯西接東土耳其南踰海灣跨阿剌伯東西相距二千五百七十里南北二千三百四十里

遊歷芻言云波斯國名最古南枕海灣（卽波斯灣一名墨生丁海又名東紅海）北面大澤（卽裏海一名加斯比安海）分十二部藩臣擅權各世其職舊時建都伊士伯興今遷於得希蘭城西北一隅與俄國藩部高加索相接其耳利空那格什空等城爲俄所佔東境哥蘭森部內有眉什奚城卽元史所稱木乃奚國眉什奚之東爲哈烈國一名黑臘又名亞加業坦元駙馬塞因帖木耳遣其子哈魯沙據此城境宇日拓漸成强國明時西域諸國貢使每序哈烈於首其後波斯轉强降爲附庸今又入於阿富汗而波斯屢起師

征之哈烈求助於英俄乃免然北境與機哇布哈爾密邇爲鄰恐終爲俄人捷足先得也波斯之西爲土耳其國分二部東部在亞細亞洲西部在歐羅巴洲都城曰君士但丁建於黑海海峽扼兩海之咽喉據二洲之衝要考土耳其波斯皆古安息地境其南之亞剌伯則條枝也

拂菻國

新唐書云拂菻古大秦也居西海上一曰海西國去京師四萬里在苫西北直突厥可薩部西瀕海有遲散城東南接波斯地方萬里城四百勝兵百萬十里一亭三亭一置

臣役小國數十以名通者曰澤散曰驢分澤散直東北不得其道里東度海二千里至驢分國貞觀十七年王波多力遣使獻赤玻璃綠金精下詔荅賚大食稍彊遣大將軍摩拽伐之拂菻約和遂臣屬乾封至大足再朝獻開元七年因吐火羅大酋獻師子羚羊

瀛寰志略云美索不達迷亞在西里亞之東北倚黎巴嫩山兩河迴繞爲東土（一阿付臘底斯河　一底格里士河）

又云唐宋以來皆以拂菻爲大秦不知拂菻乃大秦東鄙屬部猶之稱浩罕爲安集延也然自宋以後拂菻爲回部所據幷不屬大秦中國不知其原委故仍不改耳

西域傳地理攷證云羅馬國自東晉孝武帝末年分爲東西至宋後廢帝元徽四年西羅馬滅獨存東羅馬中國史書每以大秦拂菻相牽合葢未悉羅馬分東西故也近洪氏鈞攷云拂菻之名始見唐書其國都城名康思灘丁諾潑里斯上四字王名潑里斯猶言城諾爲連屬字猶華文之字今省文稱諾潑爾東羅馬本國之書則稱康思灘丁諾潑凝其地土人省文惟稱潑凝急讀之音如潑菻阿剌比人（卽大食）稱之爲拂菻本城名假爲國號唐時阿剌比人滅波斯侵印度環葱嶺地悉歸役屬方言流播遂入中華此唐書拂菻所由來也居西海上謂所都在黑海馬海之西故曰海西國

西征紀程云舊唐書言大食於龍朔初擊破波斯拂菻

按拂菻見於唐書卽西史所言西里亞之腓尼基葢腓尼與拂菻本一聲之轉三代時爲名國後爲亞歷山德所滅至西里亞與屬西里亞自唐以來中國人知有拂菻不知有西里亞以拂菻爲自古名勝之區也究之凡言拂菻者卽指西里亞也其地在今黎巴嫩山麓徐松龕以唐之拂菻爲耶路撒冷城近之而未確耳

摩鄰國

新唐書云自拂菻西南度磧二千里有國曰磨鄰曰老勃

薩其人黑而性悍地瘴癘無艸木五穀飼馬以槁魚人食鶻莽波斯棗也不恥烝報于夷狄最甚號曰尋其君臣七日一休不出納交易飲以窮夜

瀛寰志略云今考磨鄰卽美林德老勃薩卽蒙巴薩皆在桑給巴爾境內是爲史籍言阿非利加之始所云度磧二千里無艸木乃指自猶太（卽拂菻）至兩部之路計程不止二千里史葢約略言之耳

又云阿非利加洲一土在亞細亞之西南其地極廣約得亞細亞三分之一南北一萬八千里東西闊處一萬六千里東距印度海西距大西洋海南抵大南海東北

距紅海北面距地中海中間有陸地一綫地名蘇爾士與亞細亞回部相連地雖廣而沙磧居半又當赤道南北炎熇特甚瘴癘尤毒天時地氣人物在四大土中爲最劣其北境古多名國今皆回部東境沿印度海迤北回族與黑夷雜居迤南皆黑夷

師子國

梁書云師子國天竺旁國也其地和適無冬夏之異五穀隨人所種不須時節其國舊無人民止有鬼神及龍居之諸國商賈來共市易鬼神不見其形但出珍寶顯其所堪價商人依價取之諸國人聞其土樂因此競至或有停住

者遂成大國

新唐書云師子國居西南海中延袤二千餘里有稜伽山多奇寶以寶置洲上商舶償直輒取去後鄰國人稍往居之能馴養師子因以名國總章三年遣使者來朝天寶初王尸羅迷迦再遣使獻大珠鈿金寶

元王大淵島夷志略云僧加剌壘山環翠洋海橫峙其山腰有佛殿巋然則釋迦佛舍利所在

明史云錫蘭山或云即古狼牙修梁時曾通中國自蘇門答剌順風十二晝夜可達永樂中鄭和使西洋至其地其國地廣人稠貨物多聚亞於瓜哇東南海中有山三四座總名曰翠藍嶼大小七門門皆可通舟中一山尤高大番名梭篤蠻山其人皆巢居穴處赤身髡髮自此山西行七日見鸚哥嘴山又二三日抵佛堂山即入錫蘭國境

西域記附注云僧伽羅國古之師子國又曰無憂國即南印度其地多奇寶又名曰寶渚昔釋迦牟尼佛化身名僧迦羅國人推尊爲王以大神通力破大鐵城滅羅剎女拯恤危難於是建都築邑化導四方示寂留牙在於茲土國有凶荒災異懇祈隨應今之錫蘭山即古之僧伽羅國也

海國圖志云五印度之地惟南印度斗出大海形如箕舌猶中國之登萊而補落迦山則猶登州之成山其錫

蘭島之楞伽山則四面皆海猶瓊州臺灣也

圖志又云南印度之楞伽島舊爲羅剎所居人不敢至佛爲說法尚不能戒殺見於法苑珠林所載梁書亦言其爲龍與鬼神所居何以後世竟爲耕桑商舶之地惟西域記附注言僧伽剌王仗佛力以滅羅剎之事得其實矣

薛福成出使日記云錫蘭島之克倫伯一作格崙坡大埠也距新嘉坡一千五百九十七海里奉佛教者名剎有三一曰開來南廟距岸七英里余乘馬車往游焉廟有如來臥像一尊長二丈外僧云百五十年前所塑又侍者

坐佛二尊其一云係二千四百年前所塑入廟者皆脫帽獻花爲禮此地當卽古之獅子國爲釋迦如來佛成道之所或係涅槃之所而非釋氏生長之地也巨塔一座高十餘丈圍四五丈謂係釋氏眞身所在或曰爪也寺僧約十餘人經文旁行皆以貝葉繩貫而版夾之余購貝葉經數部每部或百餘葉或六七十葉或二三十葉不等院內有菩提樹大可逾抱高三四丈相傳佛氏降生時先棲此樹亦二千數百年前舊物今人呼之爲聖樹云凡登岸赴廟者必過一浮橋以船聯成名曰船橋此江名開來南江水頗深寬四丈許

沿革攷終

古海國沿革表

善化陳運溶芸畦輯編

暹羅國

三國吳	扶南國
晉	扶南國
南齊	扶南國
梁	扶南國
唐	扶南國
元	暹國
明	暹羅國

新嘉坡

三國吳	頓遜國
晉	頓遜國
梁	頓遜國
唐	哥羅富沙
元	柔佛國
明	柔佛國

印度國

後漢	天竺國　一名身毒
北魏	天竺國
梁	天竺國　一名身毒
唐	天竺國
宋	天竺國
元	印毒國
明	五印度

阿富汗國

前漢	大月氏國
後漢	大月氏國
北魏	大月氏國
隋	挹怛國
唐	大月氏地

富汗國							
	貴霜王	乙旨嚈噠					

意大利國

漢	晉	北魏	唐	宋	元	明
大秦國	大秦國	大秦國	大秦國	大秦國	大秦國	意大里亞

意大利國

霍罕

漢	晉	北魏	隋	唐	元	明
大宛國	大宛國	洛那國	鏺汗國	拔汗那國	賽瑪爾堪	賽瑪爾堪
				天寶初改國號曰甯遠	舊音撒麻耳干一作薛迷思干	舊音撒馬兒罕

霍罕

喀什噶爾

漢	晉	北魏	隋	唐	元	明
疏勒國	疏勒國	疏勒國	疏勒國	疏勒國	喀什噶爾	喀什噶爾
					舊音合失合兒一作可失哈耳	舊音哈實哈兒

喀什噶爾

克什米耳

漢	北魏	隋	唐	宋	元	明
罽賓國	罽賓國	漕國	罽賓國	迦濕彌羅	乞石米耳	

克什米耳

波斯國

漢	蜀漢	北魏	隋	唐	元	明
安息國	波斯國	波斯國	波斯國	波斯國	哈烈國	哈烈國
	蜀漢建興四年波斯起兵滅安息自立爲波斯王此後有波斯無安息			一名大食波斯		

波斯國

庫車

兩漢	後漢	晉	唐	宋	元	明
龜茲國	龜茲國	龜茲國	碎葉國	龜茲國	巴什伯里	巴什伯里
			貞觀中置安西都護府於其地統龜茲於闐碎葉疏勒號四鎮		舊音別失八里	

庫車

哈薩克

前漢	後漢	北魏	隋	唐
康居國	康居國	康國	康國	黠戛斯
	粟弋國	堅昆國		
		者舌國		

哈薩克

阿刺伯國

阿剌伯國

唐	宋	元	明
大食國	大食國	天房	天方國
			默伽國（即麥加）

土耳其國（東土黎巴嫩山）

唐	宋	元	明
拂菻國	拂菻國	拂菻國	拂菻國

阿非利加洲

阿非利加（東上桑給）

唐
阿摩隣國

巴爾

錫蘭島

梁	唐	宋	元	明
師子國	師子國	師子國	僧加剌山（即僧伽那之轉音）	錫蘭山

沿革表終

跋

遺書之鈔共十二種其中所紀各國多有世不經見史無可稽惟自扶南以下約十餘國其沿革倘存因援引歷史以證之復序列朝代以明之因流溯源可知中西之開通在漢唐之盛世宋爲遼金所隔紀述無聞元忽崛起北方遠征西域不獨亞洲全土盡入版圖而歐洲邊隅半歸封建所惜方言各異地名不同遂易古國之號改從蒙古之音及至前明譒譯多訛閉塞如故矣所以明季海船之來詫爲開闢未有之事皆由於世無博古之才人鮮通今之學鄒衍談天之論斥爲荒渺難稽張騫絕域之通每謂鑿

空不實不知古書具在事蹟堪徵風土人情猶能彷彿於古山川形勢依然停峙於今盍觀亞歐疆界之分皆緣葱嶺兩洲人民之跡自古往來唐人所謂碧眼波斯非即今西人之形貌哉余所輯各種遺書既有攷以資博覽又有表以紀沿流古今各國之稱已得所歸宿中外一統之說將見於斯時也夫光緒三十一年歲次乙巳仲秋月善化

陳運溶謹跋

嶺外代答十卷

〔宋〕周去非撰

《嶺外代答》十卷，宋周去非撰。去非字直夫，永嘉（今屬浙江）人，隆興元年（一一六三）進士。淳熙中通判桂林，親訪博問，隨事筆録，記地方風俗、物産、疆場、經國紀聞等四百餘條。秩滿東歸，重加删次成書，以答客問，故名「代答」。書分二十門，有標目者十九，曰地理、邊帥、外國、風土、法制、財計、器用、服用、食用、香、樂器、寶貨、金石、花木、禽獸、蟲魚、古蹟、蠻俗、志異，其一門佚其標目，存子題十二條於外國門下。凡二百九十四條，記載當時嶺南（今兩廣）山川、古蹟、物産及少數民族社會經濟、生活習俗等情形，兼及域外如占城、真臘、蒲甘、三佛齊、闍婆、大秦、大食、木蘭皮等。原書已佚，清乾隆間修《四庫全書》時自《永樂大典》中輯出。據中國國家圖書館藏《知不足齋叢書》本影印。

嶺外代答

嶺外代答序

入國問俗禮也矧嘗仕焉而不能舉其要廣右二十五郡俗多夷風而疆以戎索海北郡二十有一其列于西南方者蜿蜒若長蛇實與夷中六詔安南爲境海之南郡又內包黎獠遠接黃支之外僕試尉桂林分教寧越蓋長邊首尾之邦疆埸之事經國之具荒忽誕漫之俗瑰詭譎怪之產耳目所洽與得諸學士大夫之緒談者亦云廣矣蓋嘗隨事筆記得四百餘條秩滿束擔東歸邂逅與他書棄遺置勿復稱也迺親故相勞苦問以絕

域事驟莫知所對者蓋數數然至觸事而談或能舉其一二事類多而臆得者浸廣晚得范石湖桂海虞衡志又於藥裹得所鈔名數因次序之凡二百九十四條應酬倦矣有復問僕用以代答雖然異時訓方氏其將有考於斯淳熙戊戌冬十月五日永嘉周去非直夫記

嶺外代答目錄

臣等謹案嶺外代答宋淳熙中桂林通判周去非撰去非字直夫永嘉人隆興癸未進士書分二十門今有標目者凡十九其一門存其子題而佚其標目所言則軍制戶籍之事也自序謂本范成大桂海虞衡志而益以耳目所治錄存二百九十四條蓋因有問嶺外

事者倦于應酬書此示之故曰代答其書條分縷析視嵇含劉恂諸書敘述爲詳所紀西南諸夷多據當時譯者之詞音字未免舛訛而邊帥法制財計諸門實足補正史所未備不但紀土風物產徒爲談助已也馬端臨文獻通考作十卷永樂大典併爲二卷蓋非其舊今仍釐爲十卷列目如右乾隆三十八年七月恭校上

嶺外代答卷一

宋　周去非　撰

地理門

百粤故地

自秦皇帝并天下伐山通道略定揚粤爲南海桂林象郡今之西廣秦桂林是也東廣南海也交阯象郡也漢武帝平南海離秦桂林爲二郡曰鬱林蒼梧離象郡爲三曰交阯九眞日南又稍割南海象郡之餘壤爲合浦郡乃自徐聞渡海略取海南爲朱崖儋耳二郡置刺史

于交州漢分九郡視秦苦多其統之則一交州刺史耳至吳始分爲二於是交廣之名立焉時交治龍編廣治番禺唐太宗分天下爲十道合交廣爲一置採訪使于番禺其規模猶漢時唯帥府易地也高宗始置安南都護府于交州本朝皇祐中置安撫經略使于桂州西道帥府始於此至今八桂番禺龍編鼎峙而立復秦之故云

並邊

廣西西南一方皆迫化外令甲邕宜欽廉融瓊州吉陽萬安昌化軍靜江府係沿邊柳賓貴横鬱林化雷係次邊總廣西二十五州而邊州十七靜江屬縣半抵猺峒猺峒者五陵蠻之别也自靜江稍西南曰融州其境抗扼王江樂善宜良丈盈洪源從允牂牁夜郎諸蠻自融稍西南曰宜州宜處羣蠻之腹有南丹州安化三州一鎭荔波蠃河五峒茅灘撫水諸蠻南丹者所謂莫大王者也自宜稍西南曰邕州邕境極廣管溪峒羈縻州縣峒數十右江直西南其外則南詔也左江直正南其外則安南也自邕稍東南曰欽州欽之西南接境交阯陸

則限以七峒水則舟楫可通自欽稍東曰廉州廉之海直通交阯自廉東南渡海曰瓊州萬安昌化吉陽軍中有黎母山環山有熟黎生黎若夫浮海而南近則占城諸蕃遠則接于六合之外矣

廣西省併州

廣西地帶蠻夷山川曠遠人物稀少事力微薄一郡不當浙郡一縣異時偏方割據境土褊小故並建荒爲州縣而務觀美逮夫正統有歸六合混一乃省併晏州荔州今靜江府荔浦縣是也龍州今柳州龍城縣是也龔

州今藤州鐔津縣是也皆廢於唐之貞觀瀼州今靜江府興安縣也廢於本朝之乾德嚴州今象州之來賓縣也澄州今賓州上林縣也巒州今橫州永淳縣也牢州黨州今鬱林州南流縣也南藝州今藤州岑溪縣也繡州今容州普寧縣也禺州北流縣也順州陸川縣也潘州今高州茂名縣也南亭州玉州今欽州靈山縣也姜州今廣州合浦縣也皆廢於開寶珠州今融州融水縣也鎮寧州今宜州帶溪寨也竇州今高州信宜縣也蒙州今昭州立山縣也皆廢於熙寧龔州今潯州平南縣

也平州今融州懷遠縣也白州今鬱林州博白縣也觀州今宜州高峯寨也溪州馴州敘州今宜州北遐鎮思立寨也皆廢於紹興夫州大矣廢而為縣若寨又不加大焉又有不專縣寨者顧有廢二州而僅成一縣且或廢鎮寨或廢一州而併入近縣者然則昔之為州無乃強名乎

五嶺

自秦世有五嶺之說皆指山名之考之乃入嶺之途五耳非必山也自福建之汀入廣東之循梅一也自江西之南安踰大庾入南雄二也自湖南之郴入連三也自道入廣西之賀四也自全入靜江五也乃若漳潮一路非古入嶺之驛不當備五嶺之數桂林城北二里有一坵高數尺植碑其上曰桂嶺及訪其實乃賀州實有桂嶺縣正為入嶺之驛全桂之間皆是平陸初無所謂嶺者正秦漢用師南越所由之道桂嶺當在臨賀而全桂之間實五嶺之一途也

湖廣諸山

南方多佳山竊謂其本根自衡山來勢如木之有餘枝

條枝也東南一幹為廣東之韶石雲關參天鎮篋據地望之使人肅然想有虞張樂之盛綿延至英州羣峯玉立堅潤而秀乃其枝柯也散布為德慶之三洲巖惠之羅浮山與其他不知名之奇山又其條枝也西南一幹發為道之九疑崢嶸峻極峯岫挺異縈紆盤礴惆不可測綿延為桂林之山羣峯拔地森立四野亦皆其枝柯也至伏地而行乎黃茅赤土之下突出為西融州之老君洞天容之勾漏洞天潯之白石洞天茲亦其條枝也東南方至陽天地之美具焉草木之生必向榮於南枝

衡山之陽亦猶是耳

桂山

山谷詩云桂嶺連城如雁蕩平地蒼玉忽嵯峨唐人謂兩地不如陽朔好碧蓮峯裏住人家雁山屢游矣桂山得雁山之秀雁山不若桂山之多若置諸大龍湫龍鼻泉之側則雄偉之氣亡矣桂山之高曾不及雁山之半故無尊雄之勢謂可與相頡頏者過矣乃若陽朔諸山唯新林鋪左右十里內極可賞愛青山綠水團欒映帶煙霏不斂空翠撲人面面相屬人住其間眞住蓮花心

也桂林負郭諸山頗不及耳夫其尖翠特立無不拔地而起綿延數百里望之不見首尾亦云盛哉

桂林巖洞

石湖嘗評桂山之奇宜為天下第一及攷唐韓退之詩云水作青羅帶山如碧玉簪柳子厚訾家洲記云桂州多靈山發地峭竪林立四野觀前人品題桂林之意端不誣矣山皆中空故峯下多佳巖洞神刓鬼刻高者憑崖如化城下者穿隧若水府大者可建五丈旗小者猶可容十客或浮為洲渚或內通舟楫去城不過七八里近二三里几杖間可以徧覽巖穴有名可紀者三十餘所今述于後巖則曰讀書曰曡綵曰伏波曰龍隱曰劉仙曰屏風曰佛子曰雉巖洞則曰白龍曰華景曰水月曰龍隱曰棲霞曰元風曰曾公曰南潛曰北潛曰隱山六洞曰虛秀曰石乳峯則曰立魚曰獨秀其他不可枚數矣（按范成大桂海虞衡志所載巖洞與此同惟白龍乃洞名龍隱則巖洞俱有又有虛秀無靈秀此本舊有錯誤今俱改正）

靈巖

洞穴有水然後稱奇桂林諸洞無慮百所率近在城外

數里俱有可觀若水東之曾公巖與安之石乳洞皆有流水自洞而出施直橋橫檻其上遨遊者得以徙倚其間異于他洞者空明幽邃而已雖然未若城南之水月洞東江之龍隱巖也水月中通形如半規江流貫之中有石橋可以觴客龍隱修曲而高明江流貫之鼓棹而入仰視洞頂夭矯乎眞龍之脊膂也范石湖謂二洞奇賞絕世融州老君洞亦通川流中有一洲其旁高岑有乳石滴成老君之形鬚眉衣冠無一不具張于湖榜曰天下第一眞仙之洞以是知凡洞必以川流為貴也雖

然二賢所賞水深數尺廣纔丈餘耳若夫桂之靈川縣有靈巖者二賢未知也是巖也大江洞其腹水闊二十丈深當倍之余嘗攝邑靈川天久不雨往禱于巖方舟造洞遙望大江平闊直抵山根横有一線之光邇而望之乃知洞穴表裏明徹而然也即其洞口水面阽阽正將枕山不可得入者舟子擊水伏而進仰視洞頂與水面相去纔丈餘水與洞頂皆平如掌舟入漸深楫聲隱隱震動罔巳駭人心目人聲一發山水皆應大音叱咤洞虛砉裂當巖之中洞頂穹窿如寶蓋然其下即神龍

所居也余斂板焚香巫者以脩綆下瓶汲深奉之以歸輒有感應是江也西通猺峒日寫良材貫巖而下水深不可施篙撐拄巖頂而後得出余求之事實謂此江古來遶出山外忽雷雨數日神龍穿破山腹以定窟宅遂命曰靈巖縣曰靈川亦以是得名今洞旁山脊尚有故江跡存噫此巖水色洸碧雄深巖靜人至其閒若有神靈左右之者誠非遊觀之地去城三十里不若諸洞之邇於人所以未蒙賞音惜哉

羅叢巖

羅叢巖在潯州西南六十里巖中明快可容數百人每遇重九合鄰郡之人而集焉以爲登高之樂巖內有三聖殿殿側有石鐘其大合抱自然天成殿東則有碧虛洞由石穴而入通行平坦其屈曲約半里餘出于巖之東洞內則有石佛石磬石獅子石牀石鐘殿西則有靈源洞由石穴而入通行平坦其屈曲約一二里出于巖之西洞內則有石羅漢石象石馬石魚石筍石鼓凡遊兩洞者必秉火炬以觀聯巖之外西則有水月巖約深數丈約闊十五丈泉源清徹四時不涸中有異魚存焉

巖口則有龍王殿入巖中則有觀音堂或遇水旱里人禱之甘雨必應由大巖之中皆用石板平砌而出巖門則有鐘樓樓之西倚巖則以石甃高數丈爲方丈樓之外則有三門門之外則有超然亭亭之左右則用石板爲路速袤一二里四圍皆植松竹實潯之勝槩云

黎母山

海南四州軍中有黎母山其山之水分流四郡熟黎所居半險半易生黎之處則巳阻深然皆環黎母山居耳若黎母山巔數百里常在雲霧之上雖黎人亦不可至

也秋晴清澄或見尖翠浮空下積鴻濛其上之人壽考逸樂不接人世人欲窮其高往往迷不知津而虎豹守險無路可攀但見水泉甘美耳此豈蜀之菊花潭老人村之類耶

廣西水經

凡廣西諸水無不自蠻夷中來静江水曰灕水其源雖自湘水來然湘本北行秦史祿決爲支渠南注之融江而融江實自猺峒來漢武帝平南越發零陵下灕水葢泝湘而上沿支渠而下入融江而南也灕水自桂歷昭

而至蒼梧融州之水牂牁江是也其源自西南夷中來武帝發夜郎下牂牁卽出此也宜州之水自南丹州合集諸蠻溪谷而來東合于牂牁歷柳歷象而至潯邕州之水其源有二一爲左江自交趾來一爲右江自大理國戚楚府大槃水來江合于邕歷横歷貴與牂牁合于潯而東行歷藤而與灕水合于蒼梧蒼梧者諸水之所會名曰三江口實南越之上流也水自是安行入于南海矣

牂牁江

西融州城外江水卽牂牁江之下流也江面頗闊昔嘗有大水泛出蜀南州牌漢武平南越發夜郎下牂牁非由融州則何自而至南越哉今静江府桑江寨其水亦合于融江之上流或云桑江亦牂牁音之訛也大抵融州之西爲蜀之南地本接連但隔於蠻猺不可通耳

靈渠

湘水之源本北出湖南融江本南入廣西其間地勢最高者静江府之興安縣也昔始皇帝南戍五嶺史祿於湘源上流灕水一派鑿渠踰興安而南注于融以便于

運餉葢北水南流北舟踰嶺可以爲難矣祿之鑿渠也於上流砂磧中壘石作鏵觜鋭其前逆分湘水爲兩依山築堤爲溜渠巧激十里而至平陸遂鑿渠遶山曲凡行六十里乃至融江而俱南今桂水名灕者言離湘之一派而來也曰湘曰灕往往行人於此銷魂自鏵觜分水入渠循堤而行二里許有洩水灘苟無此灘則春水怒生勢能害堤而水不南以有灘殺水猛勢故堤不壞而渠得以溜湘餘水綫達于融可以爲巧矣渠水遶迤興安縣民田賴之深不數尺廣可二丈足泛千斛之舟

渠內置斗門三十有六每舟入一斗門則復閘之俟水積而舟以漸進故能循崖而上建瓴而下以通南北之舟楫嘗觀祿之遺跡竊嘆始皇之猜忍其餘威能罔水行舟萬世之下乃賴之豈唯始皇祿亦人傑矣因名曰靈渠

癸水

灕水自癸方來直抵靜江府城東北角遂並城東而南古記云賴有癸水遶東城永不見刀兵又有石記云湘南南粤北此地居然自牛肋直饒四面血成池一騎刀

兵入不得五代靜康之亂大盜滿四方獨不至靜江風水之說固有驗矣昔於城東北角溝灕水遶城而西復南東合于灕厥後居民壅之溝遂廢范石湖帥桂乃浚斯溝漣漪如帶於溝口伏波巖之下八桂堂之前刱為危亭名以癸水此溝未廢桂人屢有登科既廢二十年閒幾類天荒石湖以淳熙甲午復溝乙未科果有蔣汝霖戊戌科有蔣來叟辛丑科二人登科今石湖癸水亭記但言癸水之為樂土福地耳復溝之效未續論也

龍門

潯象之閒有龍門春水大至鱘鰉大魚自海逆流而上漁師於龍門之下迴瀾之中設網橫江舉而得之有嘲之者曰是殆南邊之龍門也蒼梧上流亦有龍門灘其形勢甚可畏

象山

象州郡治西樓正面西山山腹忽起白雲狀如白象移時不滅然不可常見案秦象郡乃交阯非象州也今象州城門乃畫一白象不審何義然象州自昔不遭兵革凡有大盜皆相戒以不宜犯象鼻然則城門之畫象豈

謂此耶

天威遙

欽之士人曾果得唐人天威遙碑文義駢儷誠唐文也碑旨言安南靜海軍地皆濱海海有三險巨石屹立鯨波觸之晝夜震洶漕運之舟涉深海以避之少為風引遵崖而行必瓦碎於三險之下而陸有川遙頑石梗斷焉伏波嘗加功力迄不克就厥後守臣屢欲開鑿以便漕運錐钁一下火光熖然高駢節度安南齋戒禱祠將施功焉一夕大雨震電于石所者累日人自分淪沒矣

既霽則頑石破碎水深丈餘旁有一石猶存未可通舟楫又虔禱俄復大雨震電悉碎餘石遂成巨川自是舟運無艱名之曰天威遙退而求諸傳載天威遙事略同但不若是詳爾

天分遙

欽江南入海凡七十二折南人謂水一折爲遙故有七十二遙之名七十二遙中有水分爲二川其一西南入交阯海其一東南入瓊廉海名曰天分遙人云五州昔與交阯定界于此言若天分然也今交阯於天分遙巳

自占又於境界數百餘里吳婆竈之東以立界標而採捕其下欽人舟楫少至焉

三合流

海南四郡之西南其大海曰交阯洋中有三合流波頭濆湧而分流爲三其一南流通道于諸蕃國之海也其一北流廣東福建江浙之海也其一東流入于無際所謂東大洋海也南舶往來必衝三流之中得風一息可濟苟入險無風舟不可出必瓦解于三流之中傳聞東大洋海有長砂石塘數萬里尾閭所洩淪入九幽昔嘗

有舶舟爲大西風所引至于東大海尾閭之聲震洶無地俄得大東風以免

象鼻砂

欽廉海中有砂磧長數百里在欽境烏雷廟前直入大海形若象鼻故以得名是砂也隱在波中深不數尺海舶遇之輒碎去岸數里其磧乃闊數丈以通風帆不然欽殆不得而水運矣嘗聞之舶商曰自廣州而東其海易行自廣州而西其海難行自欽廉而西則尤爲難行蓋福建兩浙濱海多港忽遇惡風則急投近港若廣西

海岸皆砂土無多港澳暴風卒起無所逃匿至於欽廉之西南海多巨石尤爲難行觀欽之象鼻其端倪已見矣

天涯海角

欽州有天涯亭廉州有海角亭二郡蓋南轅窮途也欽遠於廉則天涯之名甚於海角之可悲矣斯亭並城之東地勢頗高下臨大江可以觀覽昔余襄公守欽爲直釣軒於亭之東偏即江濱之三石命曰釣石醉石臥石富爲吟咏載在篇什

潮

江浙之潮自有定候欽廉則朔望大潮謂之先水日止一潮二弦小潮謂之子水頃刻竟落未嘗再長瓊海之潮半月東流半月西流潮之大小隨長短星初不係月之盛衰豈不異哉案二弦似誤

邊帥門

廣西經略安撫使

漢帥府在交州唐在廣州天寶中嶺南桂容邕交與廣咸屬桂州採訪昭宗始陞桂管爲節度本朝皇祐中儂

智高平詔狄青分廣西邕宜融爲三路用武臣充知州兼本路安撫都監而制經略安撫使於桂州選兩制以上官爲知州兼領使事於是八桂遂爲西路雄府矣厥後罷邕宜融爲郡宜融州守臣兼本路兵馬都監邕守兼本路安撫都監沿邊守臣並帶溪峒都巡檢使盡隸于經略安撫使帥府既內兼西南數十州之重外鎮夷蠻幾數百族事權不得不重矣廣西諸郡凡有邊事不申憲漕唯申經略司此昔日陝西制也

瓊州兼廣西路安撫都監

漢武帝斬南越遣使自徐聞渡海略地置珠崖儋耳二郡今雷州徐聞縣遞角場直對瓊管一帆濟海半日可到即其所由之道也元帝時以海道阻絕棄之梁復置崖州隋時領縣十是時海南止一州耳唐貞觀五年置瓊州今瓊管靖海軍節度是也武德五年置儋州今昌化軍龍朔二年置萬安州今萬安軍武德五年置振州後改曰崖州今吉陽軍四州軍乃海上一洲耳中有黎母大山四州軍環處其四隅地方千里路如連環欲歷其地非一月不可遍瓊管再渡海至吉陽所謂再涉鯨

波者也夫廣西去朝廷固遠矣海外州軍又加遠焉不得不置小帥以臨之瓊守權能摘發四州軍官吏今兼本路安撫都監提轄海外逐州軍公事良以此也

邕州兼廣西路安撫都監

自唐分天下爲十道二廣不分東西天寶中始置邕州經略使懿宗始陞邕管爲西道節度使本朝皇祐中儂智高平詔狄青分廣邕宜融爲三路守臣兼本路兵馬都監而置經略安撫使于桂州以統之今邕守兼本路安撫都監州爲建武軍節度有左右兩江左江在其南

外抵安南國右江在西南外抵六詔諸蠻兩江之間管羈縻州峒六十餘用爲內地藩而內宿全將五千人以鎮之凡安南國及六詔諸蠻有疆埸之事必由邕以達而經略安撫之諮詢邊事亦唯邕是賴朝廷南方馬政專在邕邊方珍異多聚邕矣

宜州兼廣西路兵馬都監

廣西控扼夷蠻邕屯全將宜屯半將本朝皇祐間分宜州爲一路帥所統多夷州後罷爲郡今守臣猶兼廣西都監爲慶遠軍節度宜之西境有南丹州安化三州一

鎮又有撫水五峒龍河茅灘荔波等蠻及陸家砦其外有龍羅方石張五姓謂之淺蠻又有西南韋蕃及蘇綺羅坐夜回（按桂海虞衡志作面）計利流求謂之生蠻其外又有羅殿毗那大蠻皆有徑路直抵宜城宜之境上舊有觀溪馴敘四州乃昔之邊也權力弱不足以爲邊紹興四年罷爲寨今宜有高峯帶溪北遐思立鎮寧五寨是也高峯一寨古之觀州正抵南丹其或犯邊高峯則其咽喉宜之府庫月支南丹安化諸峒錢米鹽料有差

融州兼廣西路兵馬都監

大觀初置融州爲黔南經略使所管皆夷州帥府地狹割柳之柳城宜之天河桂之古縣以益之厥後罷融爲郡三縣復仍其舊至今黔南帥司官屬朱記在靜江府軍資庫融州城下江卽牂牁江也江之上流與王江合王江之間羣猺居之又其上流羣蠻居之猺卽五陵溪之別也蠻則諸葛亮所征漢武帝所開者也在融則外置列寨以備之融守兼廣西都監爲淸遠軍節度每歲聖節蠻酋赴宴頗多舊日帥府規模尚可觀矣

欽廉溪峒都巡檢使

欽廉皆號極邊去安南境不相遠異時安南舟楫多至廉後爲溺舟乃更來欽今廉州不管溪峒猶帶溪峒職事者蓋爲安南備爾廉之西欽也欽之西安南也交人之來率用小舟既出港遵崖而行不半里卽入欽港正使至廉必越欽港亂流之際風濤多惡交人之至欽也自其境永安州朝發暮到欽於港口置抵棹寨以誰何之近境有木龍渡以節之沿海巡檢一司迎且送之此其備諸海道者也若乃陸境則有七峒於如昔峒置戍以固吾圉

嶺外代答卷一

嶺外代答卷二

宋　周去非　撰

外國門上

安南國

交阯本秦象郡漢唐分置已見於百粵故地首篇境内僞置四府十三州三寨府曰都護大通清化富良州曰永安永泰萬春豐道太平清化乂安遞風茶盧安豐蘇州茂州諒州寨曰和寧大盤新安大抵清化遞風乂安永安皆邊海而永安與欽州爲境茶盧與占城爲境蘇州茂州皆與邕管爲境其國東西皆大海東有小江過海至欽廉西有陸路通自衣鑾南抵占城北抵邕管自欽西南舟行一日至其永安州由玉山大盤寨過永泰萬春即至其國都不過五日自邕州左江永平寨南行入其境机榔縣過烏皮桃花二小江至湳定江亦名富良江凡四日至其國都乃郭逵師所出也又自太平寨東南行過丹特羅江入其諒州六日至其國都若自右江溫潤寨入其國則迂矣交人自謂至其國都曰入峒謂吾民曰上京地里止此而文移動以數月葢故爲遷

延以示道里之遠國初其部內亂有丁部領(按宋史作部領)者與其子璉率衆討平之衆立爲帥三年而私命璉爲節度使開寶六年璉遣使貢方物制以璉特進檢校太師充靜海軍節度觀察處置等使安南都護兼御史大夫上柱國濟陰郡開國公仍賜推誠順化功臣八年又封交阯郡王璉死黎桓(按原本作亘避欽宗諱今依宋史改正)簒立太平興國中桓以交州叛朝廷因以撫之桓死子至忠立大中祥符三年至忠卒有子才十歲李公蘊目姓黎殺之自稱留後遣使請命授以黎氏官公蘊死子德政立來告

哀自稱留後天聖六年授安南都護交阯郡王寶元初進南平王德政死子日尊立自稱大越國李氏第三帝日尊死子乾德立自號明王乾德初立權移臣下大臣李上吉首建叛議而廣西白州進士徐伯祥者有功于州不得官導以犯邊陷邕欽廉三州朝廷遣郭逵致討幾覆其國乃以表乞降會王師大疫逵受表班師時熙寧八年也乾德死有遺腹子在占城奉而立之曰天祚(按宋史紹興二年乾德卒子陽煥嗣八年陽煥卒子天祚嗣此有誤)紹興二十六年入貢乾道癸巳朝旨符廣西帥司下交阯買馴象天祚因乞

以象貢許之未入貢而天祚死嗣子龍翰不以聞而冒天祚名稱貢封爲安南國王既受封乃以天祚名乞國印及上天祚遺表朝廷命廣西提刑廖遴爲使至欽州弔祭復立龍翰爲安南國王其國僭僞自李日尊始僞謚其祖曰太祖神武自號曰大越國僞年曰天貺繼以十八字尊號乾德立乃犯邊朝廷遣郭逵爲招撫使趙卨副之進至渝定江乾德奉表請降納之掛爲法制雖曰甚鄙而上下頗安之母妻皆稱后子皆稱太子本族稱大王族長稱承嗣餘族稱支嗣其官有內外職內職

治國官之長曰輔國太尉猶宰相也外職治兵官之長曰樞密使金吾太尉都領兵其文移至邊有判安南都護府者亦外職也其入仕之途或任子或取士或以貲有御龍武勝等八軍皆在左右每軍二百人橫刺字於額曰天子兵又有雄略勇健等九軍以充給使其宮室有水精宮天元殿制皆僭擬別有一樓牓曰安南都護府屋其國最重科舉凡入貲先爲吏敘遷至書狀又入皆爲保義郎即可爲知州矣凡莅官不支俸唯付以一方之民俾得屬役耕漁以取利兵士月一更暇則耕種

自給歲正月七日每一兵支錢三百紬絹布各一匹兵士月給禾十束元日以大禾飯魚鮓犒軍蓋其境土多占禾故以大禾爲元日之犒正月四日國王宴官僚七月五日號大節人民相慶官僚以生口獻王王次日宴酬之門前有樓置大鐘爲民訴冤爲盜者斬手足指背國逃亡者斬手足謀叛者埋身露頭旁植勁竹挽竿繫首以利刃剗之首歘起揭竿標矣欽州探海往其郡永安州投公文不容民間交語館之驛亭速遣出境防之甚密其國入貢自昔由邕或欽入境蓋先遣使議定移

文經略司轉以上聞有旨許其來則專使上京不然則否舊制安南使者班在高麗上建炎南渡李天祚乞入貢朝廷嘉其誠優詔答之紹興二十六年乞入貢許之乃遣使由欽入正使安南右武大夫李義副安南武翼郎郭應以五象充常進綱外更進昇平綱以安南太平州刺史李國爲使所獻方物甚盛表章皆金字貢金器凡一千二百餘兩以珠寶飾之者居半貢珍珠大者三顆如茄子次六顆如波羅蜜核次二十四顆如桃核次十七顆如李核次五十顆如棗核凡一百顆以金瓶盛

之貢沈香一千斤翠羽五十隻深黃盤龍段子八百五十匹御馬六匹鞍轡副之常進馬八匹馴象五頭二綱衙官各五十八使者頗以所進盛多自矜後乞入貢朝廷輒卻之乾道九年朝旨符廣西下安南買馴象天祚因乞以象貢許之以五象進奉大禮正使安南承議郎李邦正副安南忠翊郎阮文獻又以十象賀登寶位安南中衛大夫尹子思爲使自邕州右江永平寨入象綱所過州縣頗有宴犒夫腳象屋之費而諸郡兵衛單弱不足以聳外夷比至靜江見迓卒鎧甲之盛進退行伍

之肅使者失聲嘆曰吾至此方見大朝威儀參府之次就戟門外上下馬庭參甚恭時范石湖爲帥屬威嚴以臨之而盛其犒宴饋遺視紹興二十六年禮遇頗殺使者不敢較也帥司津遣入朝李邦正題詩郵亭有此去優成賜國名之句比到闕偶得賜國之寵使者滿意而歸過靜江復庭參致謝乞自欽州歸國許之比至欽留兩月其國以舟楫旗幟迓之而歸是役也貢象之外附貢金銀洗盤犀角象齒沈箋之屬計所直不滿二三萬緡似非紹興入貢之盛而其國掃府庫僅能集事朝廷

賜予優厚復叨異恩交使衙官百八所過州縣批劵得米以充糧食得錢則人日給十文餘皆籍歸國一路州縣應副夫腳八百人擎負貢物者固無幾而皆爲使者負販至都象實能浮象奴所至水津索舟以載得錢然後驅以濟押伴官如加禮使者愈慢後不加禮乃聽命旣僥倖賜國復有乞印之舉其後謝使繼至欽又數乞入貢莫之許矣其國人烏衣黑齒椎髻徒跣無貴賤皆然其酋平居亦然但珥金簪上黃衫下紫裙耳其餘平居上衣則上緊蟠領皁衫四裾如背子名曰四顛下衣

則皁裙也或珥鐵簪或曳皮履手執鶴羽扇頭戴螺笠其文身如銅鼓款識其軍人橫刺字於額曰天子兵其婦人乃皙白異於男子皁裙男子之蕃飾也以香膏沐髮如漆裹烏紗巾頂圓而小自額以上細褶如縫上徹於頂身著大蟠領皁衫加於小蟠領衫之上足加鞾韈遊於衢路與吾人無異但其巾可辨耳其來投文書也紫袍象笏趨拜雍容使者之來文武官皆紫袍紅鞓通犀帶無魚自貢象之後李邦正再使來欽乃加金魚甚長大其俗之轎如布囊而使者至欽則乘涼轎雨晴皆用之

海外黎蠻

海南有黎母山內爲生黎去州縣遠不供賦役外爲熟黎耕省地供賦役而各以所邇隸於四軍州生黎質直獷悍不受欺觸本不爲人患熟黎多湖廣福建之姦民也狡悍禍賊外雖供賦于官而陰結生黎以侵省地邀掠行旅居民官吏經由村峒多舍其家峒中有王二娘者黎之酋也夫之名不聞家饒於財善用其衆力能制服羣黎朝廷賜封宜人瓊管有令於黎峒必下王宜人

無不帖然二娘死女亦能繼其業昔崇寧中王祖道經略廣西撫定黎賊九百七峒結丁口六萬四千開通道路一千二百餘里自以爲漢唐以來所不臣之地皆入版圖官僚皆受厚賞淳熙元年五指山生黎峒首王仲期率其旁八十峒丁口一千八百二十人歸化諸峒首王仲文等八十一人詣瓊管公參就顯應廟斫石歃血約誓改過不復抄掠瓊管犒遣歸峒大抵黎俗多猜客來不遽見之而於隙間察客儼然不動然後遣奴出布席客即席坐移時主乃出見不交一談少焉置酒先以

惡穢味嘗客客忍食不疑則喜繼以牛酒否則遣客其親故聚會椎鼓歌舞三杯後請去備猶以弓刀置身側也性好讎殺謂之作拗遇親戚之仇即械繫之要牛酒銀瓶謂之贖命婚姻以折箭爲信商旅在其家黎女有不潔者父母反對鄰里誇之其親死殺牛以祭不哭不飯唯食生牛肉其葬也舁櫬而行前一人以雞子擲地不破即吉地也居處皆柵屋土産名香檳榔椰子小馬翠羽黃蠟蘇木吉貝之屬四州軍征商以爲歲計商賈多販牛以易香黎裝椎髻徒跣裸袒而腰繚吉貝首珥

銀釵或銅或錫首或以絳帛綵帛包髻或帶小花笠或加雞尾而皆簪銀篦二枝亦有著短織花裙者熙寧中王祖道撫定黎峒其酋亦有補官今其孫尚服錦袍銀束帶蓋其先世所受賜而服之云猺人執黎弓垂箭箙戴兜鍪佩黎刀刀刃長二尺而柄甚長以白角片長尺許如雞尾爲靶子飾兜鍪織藤爲之其婦人高髻繡面耳帶銅環垂墜至肩衣裙皆吉貝五色爛然無有袴襦徒繫裙數重裙製四圍合縫以足穿之而繫諸腰羣浴於川黎人半能漢語十百爲羣變服入州縣墟市人莫辨焉日將晚或吹牛角爲聲則紛紛聚會結隊而歸始知其爲黎也

海外諸蕃國

諸蕃國大抵海爲界限各爲方隅而立國國有物宜各從都會以阜通正南諸國三佛齊其都會也東南諸國闍婆其都會也西南諸國浩乎不可窮近則占城眞臘爲窊裏諸國之都會遠則大秦爲西天竺諸國之都會又其遠則麻離拔國爲大食諸國之都會又其外則木蘭皮國爲極西諸國之都會三佛齊之南南大洋海也

海中有嶼萬餘人莫居之愈南不可通矣闍婆之東東大洋海也水勢漸低女人國在焉愈東則尾閭之所泄非復人世稍東北向則高麗百濟耳西南海上諸國不可勝計其大略亦可考姑以交阯定其方隅直交阯之南則占城眞臘佛羅安也交阯之西北則大理黑水吐蕃也於是西有大海隔之是海也名曰細蘭細蘭海中有一大洲名細蘭國渡之而西復有諸國其南爲故臨國其北爲大秦國王舍城天竺國又其西有海曰東大食海渡之而西則大食諸國也大食之地甚廣其國甚

多不可悉載又其西有海名西大食海渡之而西則木蘭皮諸國凡千餘更西則日之所入不得而聞也

占城國

占城漢林邑也境上有馬援銅柱在唐曰環王王所居曰占城以名其國地產名香犀象土皆白砂可耕之地絕少無羊豕蔬茹人採香為生國無市肆地廣人少多買奴婢船舟以人為貨北抵交阯南抵眞臘臣事交阯而日與眞臘為仇乾道癸巳閩人有以西班到選得官吉陽軍都監者泛海之官颶至占城見其國與眞臘乘

象以戰無大勝負乃說王以騎戰之利教之弓弩騎射占城王大悅具舟送至吉陽厚齎隨以買馬得數十匹以戰則克次年復來人徒甚盛吉陽軍因卻以無馬乃轉之瓊管瓊管不受遂怒而歸後不復至也異時諸國船舟類為其所虜蓋其俗本好剽掠其屬有賓瞳朧國賓陁陵國目連舍基在賓陁陵或云即王舍城建隆二年嘗貢方物三年八月又來貢哲宗元祐元年十二月又進貢有詔賜錢二千六百緡其慕化抑可嘉也

眞臘國

眞臘國遠於占城而近於諸蕃其旁有窋裏國西棚國三泊國麻蘭國登流眉國第辣撻國眞臘為之都會北抵占城最產名香登流眉所產為絕奇諸蕃國香所不及也其國僧道呪法靈甚僧之黃衣者有室家紅衣者寺居戒律精嚴道士以木葉為衣國中望天一隅常有少痕其人云昔女媧所不至也本朝徽宗宣和二年嘗遣使入貢

蒲甘國

蒲甘國自大理國五程至其國自窋裏國六十程至之

隔黑水淤泥河則西天諸國不可通矣蒲甘國王官員皆戴金冠狀如犀角有馬不鞍而騎王居以錫為瓦以金銀裹飾屋壁有寺數十所僧皆黃衣國王早朝其官僚各持花獻王僧作梵語祝壽以花戴王首餘花歸寺供佛徽宗崇寧五年二月嘗入貢

三佛齊國

三佛齊國在南海之中諸蕃水道之要衝也東自闍婆諸國西自大食故臨諸國無不由其境而入中國者國無所產而人習戰攻服藥在身刃不能傷陸攻水戰奮

擊無前以故鄰國咸服焉蕃舶過境有不入其國者必出師盡殺之以故其國富犀象珠璣香藥其俗縛排浮水而居其屬有佛羅安國國主自三佛齊選差地亦產香氣味腥烈較之下岸諸國此爲差勝有聖佛三佛齊國王再歲一往燒香禱祝開基建隆元年九月三佛齊王悉利大霞里壇（按宋史悉利下有胡字）遣使來貢方物二年五月復遣使進貢三年三月又來貢十二月又貢方物至神宗元豐二年七月遣詹卑國使來貢哲宗元祐三年閏十二月又遣使入貢五月復來貢慕義來庭與他國

不侔矣

闍婆國

闍婆國又名莆家龍在海東南勢下故曰下岸廣州自十一月十二月發舶順風連昏旦一月可到國王撮髻腦後人民剃頭留短髮好以花樣縵布繳身以椰子并撻樹漿爲酒蔗糖其色紅白味極甘美以銷銀鍮錫雜鑄爲錢其錢以六十箇准爲一兩金用三十二錢爲半兩金土產胡椒檀香丁香白荳蔻肉荳蔻沈香國人尚氣好鬭戰王及官豪有死者左右承奉人皆願隨死焚

則躍入火中棄骨於水亦踏水溺死不悔

故臨國

故臨國與大食國相邇廣舶四十日到藍里住冬次年再發舶約一月始達其國人黑色身纏白布鬚髮伸直露頭撮髻穿紅皮履如畫羅漢腳踏者好事弓箭遇鬭戰敵時以綵纈纏髻國王身纏布出入以布作軟兜或乘象國人好奉事佛其國有大食國蕃客寄居甚多每洗浴畢用鬱金塗身欲象佛之金身也監篦國遞年販象牛大食販馬前來此國貨賣國王事天尊牛殺之償死中國舶商欲往大食必自故臨易小舟而往雖以一月南風至之然往返經二年矣

注輦國

注輦國是西天南印度也欲往其國當自故臨國易舟而行或云蒲甘國亦可往其國王冠有明珠異寶多與西天諸國戰爭國有戰象六萬皆高七八尺戰時象背立屋載勇士遠則用箭近則用槊戰勝者象亦賜號以旌其功至有賜錦帳金槽者每日象亦朝王國王及官民皆撮髻繞白布以金銀爲錢出指環腦子蕃貓兒睛

之類也眞珠象牙雜色琥珀色絲布妓女近萬家每日輪妓三千入朝祗役國人尙氣輕生有不相伏者日數十對在王前用短刀格鬬死而無悔父子兄弟不同釜而爨不共器而食然甚重義眞宗大中祥符八年注輦國王遣使貢眞珠等譯者道其言曰願以表遠人慕化之心至神宗熙寧十年六月此國亦貢方物上遣內侍勞問之乃此國也

嶺外代答卷二

嶺外代答卷三

宋　周去非　撰

外國門下

大秦國

大秦國者西天諸國之都會大食蕃商所萃之地也其王號麻囉弗以帛織出金字纏頭所坐之物則織以絲罽有城郭居民王所居舍以石灰代瓦多設簾幃四圍開七門置守者各三十人有他國進貢者拜於階𠆤之下祝壽而退屋下開地道至禮拜堂一里許王少出惟

誦經禮佛遇七日即由地道往禮拜堂拜佛從者五十人國人罕識王面若出遊騎馬打三簷青繖馬頭項皆飾以金玉珠寶遞年大食國王號素丹遣人進貢如國內有警即令大食措置兵甲前來撫定所食之物多飯餠肉不飲酒用金銀器以匙挑之食已即以金盤貯水濯手土產琉璃珊瑚生金花錦縵布紅馬腦眞珠天竺國其屬也國有聖水能止風濤若海揚波以琉璃瓶盛水灑之即止

大食諸國

大食者諸國之總名也有國千餘所知名者特數國耳

有麻離拔國廣州自中冬以後發船乘北風行約四十日到地名藍里博買蘇木白錫長白藤住至次冬再乘東北風六十日順風方到此國產乳香龍涎眞珠琉璃犀角象牙珊瑚木香沒藥血竭阿魏蘇合油沒石子薔薇水等貨皆大食諸國至此博易國王官民皆事天官豪皆以金線挑花帛纏頭搭項以白越諾金字布爲衣或衣諸色錦以紅皮爲履居五層樓食麪餅肉酪貧者乃食魚蔬地少稻米所產果實甜而不酸以蒲桃爲酒以糖煮香藥爲思酥酒以蜜和香藥作眉思打華酒暖補有益以金銀爲錢巨船富商皆聚焉哲宗元祐三年十一月大食麻囉拔國遣人入貢卽此麻離拔也

有麻嘉國自麻離拔國西去陸行八十餘程乃到此是佛麻霞勿出世之處有佛所居方丈以五色玉結甃成牆屋每歲遇佛忌辰大食諸國王皆遣人持寶貝金銀施捨以錦綺蓋其方丈每年諸國前來就方丈禮拜幷他國官豪不拘萬里皆至瞻禮方丈後有佛墓日夜常見霞光人近不得往往皆合眼走過若人臨命終時取墓上土塗胷卽乘佛力超生云　有白達國係大食諸國之京師也其國王則佛麻霞勿之子孫也大食諸國用兵相侵不敢犯其境以故其國富盛王出張皁蓋金柄其頂有玉獅子背負一大金月耀人目如星遠可見也城市衢陌居民豪侈多寶物珍段皆食餅肉酥酪少魚菜米產金銀碾花上等琉璃白越諾布蘇合油國人皆相尙以好雪布纏頭所謂軟琉璃者國所產也　有吉慈尼國皆大山圍繞鑿山爲城方二百里環以大水其國有禮拜堂百餘所內一所方十里國人七日一赴

堂禮拜謂之除(或作廚)幭其國產金銀越諾布金絲錦五色駞毛段碾花琉璃蘇合油無名異摩娑石人食餅肉乳酪少魚米民多豪富居樓閣有五七層者多畜牧駞馬地極寒自秋至春雪不消淺近西北故也　有眉路骨惇國居七重之城自上古用黑光大石疊就每城相去千步有蕃塔三百餘內一塔高八十丈內有三百六十房人皆纏頭搭項寒卽以色毛段爲衣以肉麪爲食以金銀爲錢所謂鮫綃薔薇水梔子花摩娑石硼砂皆其所產也　有勿斯離國其地多名山秋露既降日出

照之凝如糖霜採而食之清涼甘腴此眞甘露也山有天生樹一歲生粟次歲生沒石子地産火浣布珊瑚

木蘭皮國

大食國西有巨海海之西有國不可勝計大食巨艦所可至者木蘭皮國爾蓋自大食之陁盤地國發舟正西涉海一百日而至之一舟容數千人舟中有酒食肆機杼之屬言舟之大者莫木蘭若也今人謂木蘭舟得非言其莫大者乎木蘭皮國所産極異麥粒長二寸瓜圍六尺米麥窖地數十年不壞産胡羊高數尺尾大如扇

春剖腹取脂數十斤再縫而活不取則羊以肥死其國相傳又陸行二百程日晷長三時秋月西風忽起人獸速就水飲乃生稍遲以渴死

西天諸國

西方諸國大率冠以西天之名凡數百國最著名者王舍城天竺國中印度蓋佛氏所生故其名重也傳聞其地之東有黑水淤河大海越之而東則西域吐蕃大理交阯之境也其地之西有東大食海越之而西則大食諸國也其地之南有洲名曰細蘭國其海亦曰細蘭海

昔張騫使大夏聞身毒國在大夏東南一千里余聞自大理國至王舍城亦不過四十程案賈耽皇華四達記云自安南通天竺又達摩之來浮海至番禺此海道可通之明驗也

西天南尼華囉國

西天南尼華囉國城有三重其人早晚必浴以鬱金塗身面效佛金色國人多稱婆羅門以爲佛眞子孫屋壁坐席塗以牛糞家置壇崇三尺三級而升每晨以牛糞塗焚香獻花供養道通西域西域忽有輕騎來劫但閉

門距之數日乏糧自退

東南海上諸雜國

東南海上有沙華公國其人多出大海刼奪得人縛而賣之闍婆又東南有近佛國多野島蠻賊居之號麻囉奴商船飄至其國擒人以巨竹夾而燒食之賊首鑽齒陷以黃金以人頭爲食器其島愈深其賊愈甚又東南有女人國水常東流數年水一泛漲或流出蓮肉長尺餘桃核長二尺人得之則以獻於女王昔嘗有船舟飄落其國羣女攜以歸數日無不死有一智者夜盜船亡

命得去遂傳其事其國女人遇南風盛發裸而感風咸生女也

崑崙層期國

西南海上有崑崙層期國連接大海島常有大鵬飛蔽日移晷有野駱駝大鵬遇則吞之或拾鵬翅截其管堪作水桶又有駱駝鶴身項長六七尺有翼能飛但不高耳食雜物炎火或燒赤熱銅鐵與之食及產大象牙犀角又海島多野人身如黑漆拳髮誘以食而擒之動以千萬賣爲蕃奴

波斯國

西南海上波斯國其人肌理甚黑鬢髮皆拳兩手鈐以金串纏身以青花布無城郭其王早朝以虎皮蒙杌疊足坐羣下禮拜出則乘軟兜或騎象從者百餘人執劒呵護食餅肉飯盛以甆器掬而啗之

蜑蠻

以舟爲室視水如陸浮生江海者蜑也欽之蜑有三一爲魚蜑善舉網垂綸二爲蠔蜑善沒海取蠔三爲木蜑善伐山取材凡蜑極貧衣皆鶉結得掬米妻子共之夫婦居短篷之下生子乃猥多一舟不下十子兒自能孩其母以軟帛束之背上蕩槳自如兒能匍匐則以長繩繫其腰於繩末繫短木焉兒忽墮水則緣繩汲出之兒學行往來篷脊殊不驚也能行則已能浮沒蜑舟泊岸羣兒聚戲沙中冬夏身無一縷真類獺然蜑之浮生似若浩蕩莫能馴者然亦各有統屬各有界分各有役於官以是知無逃乎天地之間廣州有蜑一種名曰盧停善水戰

三伏馱

交阯之南有山曰播流環數百里若大鐵圍不可攀躋中皆良田唯有一竅可入有種類居之交阯所不得而臣號曰三伏馱安南屢欲滅之其人守險萬方不可入三伏馱自言曰縱安南有強兵我自有不可食盡謂其不可滅也

猺人

猺人者言其執徭役於中國也靜江府五縣與猺人接境曰興安靈川臨桂義寧古縣猺人聚落不一最強者曰羅曼猺人麻園猺人其餘曰黃沙曰甲石曰嶺屯曰

褒江曰贈腳曰黄村曰赤水曰藍思曰巾江曰竦江曰定花曰冷石坑曰白面曰黄意曰大利曰小平曰灘頭曰丹江曰縻江曰閃江曰把界山谷彌遠猺人彌多盡隸於義寧縣桑江寨猺人椎髻臨額跣足帶械或袒裸或鵝結或斑布袍袴或白布巾其酋則青巾紫袍婦人上衫下裙斑斕勃窣惟其上衣斑文極細俗所尚也地皆高山而所產乃輜重欲運致之不可肩荷則爲大囊貯物以皮爲大帶挽之於額而負之於背雖大木石亦負於背猺人耕山爲生以粟豆芋魁充糧其稻田無幾

年豐則安居巢穴一或饑饉則四出擾攘土產杉板滑石蜜蠟零陵香燕脂木靜江五縣沿邊唯興安義寧縣官任滿有邊賞

西南夷

西南五姓蕃部曰龍羅方石張自昔許上京入貢龍羅方石自宜州入境張蕃自邕州入境或三年或四五年計五姓人徒凡九百六十人所貢氈馬丹砂朝廷支賜錦衫銀帶與其他費凡二萬四千四百餘緡回答之物不與焉熙寧八年令五姓蕃五年一進奉納方物於宜州宜州估時價回答又有西南韋蕃亦五年一進奉宜州受其方物回答之費凡一千二百餘緡羈縻州亦有進奉者宜州管下安化三州一鎮舊許三年一上京進奉額二百九十三人後令納方物於宜州懸立寨而親赴州領賜西南夷大率椎髻跣足或衣斑花布或披氈而背刀帶弩其髻以白紙縛之云猶爲諸葛武侯制服也武侯之烈遠矣哉

通道外夷

中國通道南蠻必由邕州横山寨自横山一程至古天

縣一程至歸樂州一程至唐興州一程至睢殿州一程至七源州一程至泗城州一程至古那洞一程至龍安州一程至鳳村山獠渡江一程至上展一程至博文嶺一程至羅扶一程至自杞之境名曰磨巨又三程至自杞國自杞四程至古城郡三程至大理國之境名曰善闡府六程至大理國矣自大理國五程至蒲甘國去西天竺不遠限以淤泥河不通亦或可通但絕險耳凡三十二程若欲至羅殿國亦自横山寨如初行程至七源州而分道一程至馬樂縣一程至恩化縣一程至羅奪

州一程至圍慕州一程至阿姝蠻一程至硃砂蠻一程至順唐府二程至羅殿國矣凡十九程若欲至特磨道亦自橫山一程至上安縣一程至安德州一程至羅博州一程至陽縣一程至隘岸一程至那郎一程至西寧州一程至富州一程至羅拱縣一程至歷水鋪一程至特磨道矣自特磨一程至結也蠻一程至大理界虛一程至最寧府六程而至大理國矣凡二十程所以謂大理欲以馬至中國而北阻自杞南阻特磨者其道里固相若也聞自杞特磨之間有新路直指橫山不涉二國

今馬既歲至亦不必由他道也

航海外夷

今天下沿海州郡自東北而西南其行至欽州止矣沿海州郡類有市舶國家綏懷外夷於泉廣二州置提舉市舶司故凡蕃商急難之欲赴愬者必提舉司也歲十月提舉司大設蕃商而遣之其來也當夏至之後提舉司征其商而覆護焉諸蕃國之富盛多寶貨者莫如大食國其次闍婆國其次三佛齊國其次乃諸國耳三佛齊者諸國海道往來之要衝也三佛齊之來也正北行

舟歷上下竺與交洋乃至中國之境其欲至廣者入自屯門欲至泉州者入自甲子門闍婆之來也稍西北行舟過十二子石而與三佛齊海道合於竺嶼之下大食國之來也以小舟運而南行至故臨國易大舟而東行至三佛齊國乃復如三佛齊之入中國其他占城眞臘之屬皆近在交阯洋之南遠不及三佛齊國闍婆之半而三佛齊闍婆又不及大食國之半也諸蕃國之入中國一歲可以往返唯大食必二年而後可大抵蕃舶風便而行一日千里一遇朔風爲禍不測幸泊於吾境猶

有保甲之法苟泊外國則人貨俱沒若夫默伽國勿斯里等國其遠也不知其幾萬里矣

沿邊兵

按此下十二條當另爲一門原本脫去標目

祖宗分置將兵廣西得二將爲邊州邕管爲上宜次之欽次之融又次之靜江帥府元屯半將二千五百人又駐泊兵二千人効用五百人又殿前排鋒軍五百人又有雄略忠敢等軍軍容頗盛無事足以鎮撫有事足以調發邕屯全將五千人以三千人分戍橫山太平永平古萬四寨及遷龍鎮其二千人留州更戍安州屯半將

二千五百人乃靜江一將之分屯者高峯帶溪北遐思立鎮寧諸寨之戍乃多用天河思恩河池三縣之土丁而宜州在城與夫溪峒都巡檢兵蓋不滿千人欽之澄海與夫管界沿海二巡檢合集不過五百人而如昔之戍出於峒丁抵棹之戍出於土丁融州舊撥靜江府馬軍二百人都巡檢兵亦不過二三百輩祖宗時以廣右事力緜薄而邊防急切故歲賜錢一百一十餘萬緡而諸郡稅賦以之養兵積威宜有餘裕南渡以來歲賜已絕又歲取廣西鹽鈔錢四十萬緡經總制錢數十萬緡

歷年滋久故諸郡銷兵以自足爾

土丁戍邊

邕欽與交阯為境自昔二郡土丁雜官軍戍邊邕州土丁戍邊之事未詳欽之抵棹寨以安遠縣土丁百人更戍季一替厥後宜有南丹莫公晟之擾大觀元年始詔宜州土丁依邕欽例戍邊正兵長戍二百人土丁更戍三百人以天河思恩河池三縣土丁父子全不分番戍守其間河池一縣最近高峯與南丹對境要害地也而河池一縣土丁止可分為兩番一季一替乃於腹裏之宜山忻城二縣三丁抽一分為三番月一替是則宜之土丁其役更重於邕欽也宜之守臣屢請於朝乞差次邊柳象賓橫州土丁與宜之土丁更戍以紓極邊之民不報而宜之戍至今不已

峒丁戍邊

羈縻州之民謂之峒丁強武可用溪峒之酋以為兵衛謂之田子甲官欲用其一民不可得也唯欽州七峒峒丁為官戍邊蓋七峒權力弱於邕管故聽命也舊制欽峒置防巡使臣一名以官軍百人戍如昔峒以備交阯

因官軍虐之峒酋乞不用官軍願自以峒丁更戍以故欽州獨有峒丁之戍

田子甲

邕州溪峒之民無不習戰刀弩鎗牌用之頗精峒民事讎殺是以人習於戰鬬謂之田子甲言耕其田而為之甲士也又朝廷馬政正在其地所謂良馬彼多得之峒豪頗習驍騎峒官出入前騶千人後騎數十整整不亂亦謂之馬前排靖康之變峒兵有勤王者遺老猶能言之曰峒民素儉勤王之役日得劵錢積而不用比歸人

有二三百緡之積至今以為美談嘗有官員自儂峒借人夫至欽所從數人道閒麋與於前能合而取之鳶飛於天能仰而落之一夕逆旅劫盜人有懼色唯峒人整暇以待盜不敢前昔漢高祖用板楯蠻以取關中武王伐商亦用微盧彭濮人正使今日有疆埸之事而用之當必有功

峒丁

邕州左右江提舉峒丁與夫經略司買馬幹官兼提舉皆此職也熙寧中係籍峒丁四萬餘人今其籍不可攷

矣官名提舉實不得管一丁而生殺予奪盡出其酋欽州峒丁雖不如邕管之巳甚所以奉其酋者亦類此嘗聞道家有言人罪重者謫為邊民罔有藝極峒丁日各以職供水陸之產為之力作終歲而不得一飽為之效死戰爭而復加科斂一有微過遣所親軍斬之上流而自於下流閱其尸也日曛酋醉酣杖劍散步峒丁避不及者手刃焉類以此為服人之威何其酷也

寨丁

環羈縻溪峒置寨以臨之皆吾民也謂之寨丁靜江府有桑江寨融州有融州寨武陽寨與潯江文村茶溪臨溪四堡宜州有高峯寨帶溪寨北遐寨思立寨鎮寧寨邕州有橫山寨溫潤寨太平寨永平寨古萬寨遷隆鎮欽州有如昔寨抵棹寨瓊州有寶西寨西峯寨延德寨萬安軍有萬全寨吉陽軍有通遠寨凡諸寨之戍或用官軍或峒丁或寨丁寨官或巡防使臣或都監或諸寨或一寨有長貳官屬是皆係乎寨之大小也諸寨行事動關化外法制不得不少寬威權不得不稍重夫諸寨迥居於諸峒之中寨丁更戍不下百人彼寨之境山谷

阻深異材生之今邊境晏然亦未免有採山之役

土丁保丁

自儂智高平朝廷聯一路之民以為兵戶滿五丁者以一為土丁二丁者以一為保丁熙寧六年詔依河北義勇例修立條制如禁軍置都虞候以下六階以隸之因其民之資序而為之階級專屬經略司調發其保丁則隸於州縣而以保正統之八年廣西諸司乞以土丁教閱今保丁亦教閱也每歲農隙會土保丁越州若縣教以坐作進退號令旗鼓之法一季而罷立法之意蓋以

廣民彫弱人無固志若素教其民一旦有警則百萬之師可以遽集今乃州縣私役於教閱之餘寖失初意然有不可不役者廣西城壁皆以土爲周覆以屋一歲不葺多致腐壓爲郡將者先盡教閱之道以體立法之意乃約城屋當用之工分部竭作不容私役旬月集事卽日散之民亦樂從而不以爲勞矣

効用

廣右効用蓋諸郡山川廣莫生齒不蕃強弱不侔又四方之姦民萃焉於是諸郡所在假強武之民以効用名

之豪民亦借官爲重自王宣凌鐵謝實爲變賴効用立功厥後經略司乃置効用五百人於靜江凡強盜貸死逃卒亡命與其強武願從之民咸集焉善接短刃以鏖賊隱然形勢有足取者靜江効用自成一軍若乃諸郡効用散在民閒猶存而不廢

土宣

廣西郡兵卒歲有押馬綱賞累至受宣押馬往來販賣至多貲亦有累賞補官者厥後朝廷減賞只許轉至十將不許受宣於是邊州守臣便宜出帖補副都虞候謂之土宣其閒亦有以私恩不令陟階級而補副都虞候者雖不請厚祿而爲排軍矣

五民

欽民有五種一曰土人自昔駱越種類也居於村落容貌鄙野以唇舌雜爲音聲殊不可曉謂之蔞語二曰北人語言平易而雜以南音本西北流民自五代之亂占籍於欽者也三曰俚人史稱俚獠者是也此種自蠻峒出居專事妖怪若禽獸然語音尤不可曉四曰射耕人本福建人射地而耕也子孫盡閩音五曰蜑人以舟爲

室浮海而生語似福廣雜以廣東西之音蜑別有記

惰農

深廣曠土彌望田家所耕百之一爾必水泉冬夏常注之地然後爲田苟膚寸高仰共棄而不顧其耕也僅取破塊不復深易乃就田點種更不移秧既種之後旱不求水澇不疏決既無糞壤又不耔耘一任於天既穫則束手坐食以卒歲其妻乃負販以贍之己則抱子嬉遊慵惰莫甚焉彼廣人皆半羸長病一日力作明日必病或至死耳

僧道

南中州縣有寺觀而無僧道人貧不能得度牒有祠部牒者無幾餘皆童行以供應聖節爲名判公憑於州縣權行剃髮戴冠遂爲眞僧道如出公據其說謂被盜遭火失去度牒官爲給據爲憑遂以剃戴

嶺外代答卷三

嶺外代答卷四

宋　周去非　撰

風土門

廣右風氣

南人有言曰雨下便寒晴便熱不論春夏與秋冬此語盡南方之風氣矣桂林氣候與江浙頗相類過桂林城南數十里則便大異杜子美謂宜人獨桂林得之矣欽陰雨則寒氣淅淅襲人晴則溫氣勃勃蒸人陰溼晦冥一日數變復頃刻明快又復陰合冬月久晴不離葛衣紈扇夏月苦雨急須襲被重裘大抵早溫晝熱晚涼夜寒一日而四時之氣備九月梅花盛開臘夜已食青梅初春百卉蔭密楓槐榆柳四時常青草木雖大易以蠹腐五穀濤而不甘六畜淡而無味水泉腥而黯慘蔬茹瘦而苦硬人生其閒率皆半羸而不耐作苦生齒不蕃土曠人稀皆風氣使然也北人至其地莫若少食而頻餐多衣而屢更惟酒與色不可嗜也如是則庶免乎瘴然而腑臟日與瘴𭀚水土接毒氣浸淫終當有疾但有淺深耳久則與之俱化

雪雹

杜子美詩五嶺皆炎熱宜人獨桂林梅花萬里外雪片一冬深蓋桂林嘗有雪稍南則無之他州土人皆莫知雪爲何形欽之父老云數十年前冬常有雪歲乃大災蓋南方地氣常燠草木柔脆一或有雪則萬木殭死明歲土膏不興春不發生正爲災雪非瑞雪也若春夏有雹歲乃大熟蓋春夏蒸氣能抑之反得和平而百物倍收非若中土春夏遇雹而陽氣微也天地之閒氣異乃爾

瘴地

嶺外毒瘴不必深廣之地如海南之瓊管海北之廉雷化雖曰深廣而瘴乃稍輕昭州與湖南靜江接境士夫指以爲大法場言殺人之多也若深廣之地如横邕欽貴其瘴殆與昭等獨不知小法場之名在何州嘗謂瘴重之州率水土毒爾非天時也昭州有恭城江水竝城而出其色黯慘江石皆黑横邕欽貴皆無石井唯欽江水有一泉乃土泉非石泉也而地產毒藥其類不一安得無水毒乎瘴疾之作亦有運氣如中州之疫然大槩水毒之地必深廣廣東以新州爲大法場英州爲小法場因併存之

瘴 挑草子附

南方凡病皆謂之瘴其實似中州傷寒蓋天氣鬱蒸陽多宜洩冬不閉藏草木水泉皆稟惡氣人生其閒日受其毒元氣不固發爲瘴疾輕者寒熱往來正類痁瘧謂之冷瘴重者純熱無寒更重者蘊熱沈沈無晝無夜如臥灰火謂之熱瘴最重者一病則失音莫知所以然謂之瘂瘴冷瘴未必死熱瘴久必死瘂瘴治得其道閒亦

可生冷瘴以瘧治熱瘴以傷寒治瘂瘴以失音傷寒治雖未可收十全之功往往愈者過半治瘴不可純用中州傷寒之藥苟徒見其熱甚而以朴硝大黃之類下之苟所稟怯弱立見傾危昔靜江府唐侍御家仙者授以青蒿散至今南方瘴疾服之有奇驗其藥用青蒿石膏及草藥服之而不愈者是其人稟弱而病深也急以附子丹砂救之往往多愈夫南方盛熱而服丹砂非以熱益熱也蓋陽氣不固假熱藥以收拾之爾痛哉深廣不知醫藥唯知設鬼而坐致殂殞閒有南人熱瘴挑草子

而愈者南人熱瘴發一二日以針刺其上下脣其法捲脣之裏刺其正中以手捻去脣血又以楮葉擦舌又令病人並足而立刺兩足後腕横縫中青脈血出如注乃以青蒿和水服之應手而愈冷瘴與雜病不可刺矣熱瘴乃太陽傷寒證刺出其血是亦得汗法耳人之上下脣是陽明胃脈之所經足後腕是太陽膀胱脈之所經太陽受病三日而陽明受病南人之針可以暗合矣有發瘴過經病已入裏而瀕死刺病人陰莖而愈竊意其内通五臟故或可以愈也然施於壯健尚可施於怯弱者豈不危哉

屋室

廣西諸郡富家大室覆之以瓦不施棧板唯敷瓦于椽閒仰視其瓦徒取其不藏鼠日光穿漏不以爲厭也小民壘土墼爲牆而架宇其上全不施柱或以竹仰覆爲瓦或但織竹笆兩重任其漏滴廣中居民四壁不加塗泥夜閒焚膏其光四出於外故有一家點火十家光之譏原其所以然蓋其地煖利在通風不利堙窒也未嘗見有茅屋然則廣人雖于茅亦以爲勞事

巢居

深廣之民結柵以居上設茅屋下豢牛豕柵上編竹爲棧不施椅桌牀榻唯有一牛皮爲裀席寢食於斯牛豕之穢升聞於棧罅之閒不可向邇彼皆習慣莫之聞也考其所以然蓋地多虎狼不如是則人畜皆不得安無乃上古巢居之意歟

踏犁

靜江民頗力于田其耕也先施人工踏犁乃以牛平之踏犁形如匙長六尺許末施横木一尺餘此兩手所捉

處也犁柄之中於其左邊施短柄焉此左腳所踏處也踏可耕三尺則釋左腳而以兩手翻泥謂之一進迤邐而前泥壟悉成行列不異牛耕予嘗料之踏犁五日可當牛犁一日又不若牛犁之深於土問之乃惜牛耳牛自深廣來不耐苦作桂人養之不得其道任其放牧未嘗餵飼夏則放之水中冬則藏之巖穴初無欄屋以禦風雨今浙人養牛冬月密閉其欄重藁以藉之煖日可愛則牽出就日去穢而加新又日取新草於山唯恐其一不飯也浙牛所以勤苦而永年者非特天產之良人

爲之助亦多矣南中養牛若此安得而長用之哉若夫無牛之處則踏犂之法胡可廢也又廣人荆棘費鋤之地三人二踏犂夾掘一穴方可五尺宿根巨梗無不翻舉甚易爲功此法不可以不存

舂堂

靜江民間穫禾取禾心一莖藁連穗收之謂之清冷禾屋角爲大木槽將食時取禾舂于槽中其聲如僧寺之木魚女伴以意運杵成音韻名曰舂堂每旦及日昃則舂堂之聲四聞可聽

送老

嶺南嫁女之夕新人盛飾廟坐女伴亦盛飾夾輔之迭相歌和含情淒惋各致殷勤名曰送老言將別年少之伴送之偕老也其歌也靜江人倚蘇幕遮爲聲欽人倚人月圓皆臨機自撰不肯蹈襲其間乃有絕佳者凡送老皆在深夜鄉黨男子羣往觀之或於稠人中發歌以調女伴女伴知其謂誰亦歌以答之頗竊中其家之隱慝往往以此致爭亦或以此心許

方言

方言古人有之乃若廣西之蠻語如稱官爲溝主母爲米囊外祖母爲低僕使曰齋捽喫飯爲報崖若此之類當待譯而後通至城郭居民語乃平易自福建湖湘皆不及也其間所言意義頗善有非中州所可及也早曰朝時晚曰晡時以竹器盛飯如篋曰箄以瓦瓶盛水曰罌相交曰契交自稱曰寒賤長於我稱之曰老兄少於我稱之曰老弟丈人行呼其少曰老姪呼至少者曰孫泛呼孩提曰細子謂慵惰爲不事產業謂人讐記曰彼期待我力作而手倦曰指窮貧困無力曰力匱令人先

行曰行前水落曰水尾殺泊舟曰埋船頭離岸曰反船頭舟行曰船在水皮上大腳脛犬曰大蟲腳若此之類亦云雅矣余又嘗令譯者以禮部韻按交阯語字字有異唯花字不須譯又謂北爲朔因并誌之

俗字

廣西俗字甚多如𣍐音矮言矮則不長也𡘙音穩言大坐則穩也奀音勌言瘦弱也歪音終言死也𠕅音臘言不能舉足也仦音嫋言小兒也𡚦徒架切言姊也閂音㮑言門橫關也𥓐音磡言岩崖也氽音泅言人在水上

也氼音魅言沒人在水下也毜音鬍言多髭硏東敢切言以石擊水之聲也大理國間有文書至南邊猶用此圀字圀武后所作國字也

法制門

奏辟

廣西奏辟不限資格唯材是求自守闕副尉下班之類一經奏辟皆得領兵民之寄大率初辟巡尉知寨次辟沿邊知縣都監次可辟左右江提舉等而上之沿邊知州軍皆可辟也守倅舊許帥司奏辟今多與都司聯銜

具奏帥司又可專辟沿邊州軍主兵官前官將替半年便許量才選辟辟書一上便可就權往往非注補官之人皆由之而並進俟成命之下就權年月皆理為在任不成則不過解職而去耳誠仕宦速化之地比之吏部格法何啻霄壤也

定擬

廣西去朝廷遠士夫難以一一到部令漕司奉行吏部銓法謂之南選諸郡之闕吏部以入殘零一月無人注授卻發下漕司定擬待次士夫擬得一闕先許就權吏部考其格法無害則給告劄付之理前月日為任南中士夫甚樂之廣西經任人多不欲注曹官唯欲授破格職官初任人不欲授監當簿尉唯欲授破格曹官謂如吏部注中州四選闕率一官而四人共之唯廣西闕無人注授及發下定擬唯許寄居隨侍曾任本路人參選員少闕多率是見次選人於此可養資考豈吏部注擬之所常有者故落南士夫多不出嶺良以此也

試場

二廣試場有三曰科舉曰銓試曰攝試今銓試廢矣唯

攝試科舉而已嶺外科舉尤重於中州蓋有攝官一門存焉始也攝官屬漕司廣西於靜江開場試斷案五世之大法家按宋史淳熙中祕書郎李巘請令習大法者兼習經義詔自今第一第二第三場試斷案第四場經義第五場刑統律義世試音同疑傳寫之誤以闕員為額差靜江法司人吏祗應斷案未免或出其手科舉考官有出身人不足許差恩蔭人赴試者少而解額頗寬雖左右江溪峒亦有解額二名諸州得解士人俟再得舉則試攝為假版官唯靜江士子不屑就焉故數有登科者

攝官

二廣兩得解士人許赴漕司試攝以闕員爲額綴名者漕司給公據服綠參南選出而莅民矣今律所謂假版官是也攝官有三等一待次攝官二正額攝官三解發攝官待次歷兩任無過漕司再給公據印紙爲正額又兩任無過漕司解發吏部補迪功郎自是通行仕路矣當其未補眞命也歷任之中有犯贓私該徒流罪猶加眞刑逮入階官乃作經任人注擬佳闕六考以舉狀改官夫二廣士子少年得舉卽可補攝數年而受眞命見次厚賞資歷易深匪改甚捷有官至正郎任數子者大

率以荒僻海邦監當簿尉令存留爲攝官闕吏部又收其闕之稍厚者以注命官始以五十員爲額今減爲三十員無復往時之速化矣二廣士夫苟能克己自奮又何藉於假版聞昔有賀州楊攝官者始參南選隨例見於銓吏吏不加禮楊怒拔手版擊吏取綠衣攝帖焚之而去次年乃登科所在稱職使攝官者如之奚患二廣風俗士氣之不振

南海役法

自免役法行天下無復有鄉差爲吏之州獨海南四郡不行焉聞仕於海南者曰海南名爲鄉差實募人爲吏彼受募者已世其業民閒反謂免役爲便願輸役錢而不可得夫權利之心人皆有之地邇京師則人以功名爲權利去朝廷遠人絕榮望惟知利之爲權利耳廣西州縣之吏皆鄉落大姓能爲一鄉之禍福人莫不尊敬之與江浙之恥爲吏者大異遠方之貴吏猶江浙之貴仕也況南海之遠乎向之所知殆一二受募吏輩自固之言嘗謂免役之法聖人所謂順非而澤者也人生天地之閒生於憂患而死於安樂富民爲吏豈不艱苦然

而甲乙執役必能自愛其鄉黨雖不保其不爲非必不至舞文以毒民如今日之吏就使斯民得輸錢免役以自逸而心厭作吏之賤舉先王良法美意納之於斯民厭惡之心俾募雇爲吏者長子孫於害民之閒而斯民有無窮之患豈不甚可痛哉自免役之法一行有志於世之士至終不敢復蓋民之所安者在是聖人所謂順非而澤者其是法乎鄉差之法非役民以自養也與民長慮而全其生也今日舉世之民受吏之害幸海南四郡遺法尚存吾懼繼此有搖撼欲去之而行免役者乎

亡禮遂亡矣

常平

常平米斛見存無幾所在皆是也廣右諸郡唯靜江常平米止支諸司人吏俸米自餘諸郡不以軍糧不足借支不還則以久不賑發腐損耗失軍糧不足而借支所至皆然非獨廣右且廣西斗米五十錢穀賤莫甚焉夫其賤非誠多穀也正以生齒不蕃食穀不多耳田家自給之外餘悉糶去曾無久遠之積富商以下價糴之而舳艫銜尾運之番禺以罔市利名曰穀賤其實無積貯

爾州郡久不賑發一遇大凶年米斗僅至二百錢則人民已有流離之禍州縣拱手無策以處之然則穀賤之果不足恃也如此若夫以新易陳在州郡所得爲之事曰斂曰散曷不於樂歲廣糴以爲之備乎

嶺外代答卷四

嶺外代答卷五

宋　周去非　撰

財計門

廣右漕計

今日廣右漕計在鹽而已鹽場濱海以舟運於廉州石康倉客販西鹽者自廉州陸運至鬱林州而後可以舟運斤兩重於東鹽而商人猶艱之自改行官賣運使姚孝資頤重實當是任乃置十萬倉於鬱林州官以牛車自廉州石康倉運鹽貯之庶一水可散於諸州凡請鹽

之州曰靜江府融宜邕賓橫柳象貴鬱林昭賀梧藤潯容州各以歲額來請靜江歲額八千籮融二千七百籮宜四千三百九十邕七千五百賓二千五百柳三千五百有奇象三千橫二千七百貴三千一百有奇鬱林三千昭三千九百賀五千梧二千藤二千五百潯三千容三千凡五萬八千二百籮有奇（按此文原本有錯簡今移正）取其息以八分歸漕司二分歸本州又海南四州軍及欽廉雷化高皆產鹽州軍昔賣漕司二分鹽亦以八分息歸漕司通前十六州請鹽於十萬倉者凡七萬餘籮絕長補

短漕司歲得錢六十五萬五千六百餘緡而歲支錢七十三萬二千餘緡又以向者存留鹽本錢充之每籮八百足七萬餘籮當得七萬餘緡省以充漕計厥後張南軒爲帥乃請于朝以三分鹽息予諸州而免諸州民戶苗米每一石取二斗之耗後以諸郡實賣數奏請其額稍減

廣西鹽法

廣西土瘠民貧並邊多寇自儂智高平朝廷歲賜湖北衣絹四萬二千匹湖南絁一萬五千匹綿一萬兩廣東

米一萬二千石提鹽司鹽一千五百斤韶州涔水場銅五十萬斤付本路鑄錢一十五萬緡總計諸處贍給廣西凡一百一十餘萬緡祖宗蓋以廣右西南二邊接近化外養兵積威不可不素具故使常有餘力也自南渡以來廣西以鹽自給宣和五年已詔廣東西路各置提舉官歲賣鹽固無定額至是漕司乃得取其贏餘紹興八年詔二廣鹽通行客鈔專置提舉一員於廣州盡領兩路鹽事又以西路遠闊又令廣西提刑兼領西路鹽事時楊幺擾洞庭淮鹽不通於湖湘故廣西鹽得以越界一歲賣及八萬籮每籮一百斤朝廷遂爲歲額每一籮鈔錢五緡歲得四十萬緡歸於大農內有八萬四千四百緡付廣西經略司買馬三萬緡應副湖北靖州十萬緡以贍鄂州大軍餘悉上供於是漕計大絀無以備邊乃取諸郡民間稅米等第撥往邊州輸納別以錢和糴充諸郡歲計每一石爲錢五百足邊州宿兵歲餉二十三萬二千餘石而邊州止管稅米一十一萬九千餘石故不免科撥他郡至紹興十一年民以病告乞將支移邊州米就本州納錢漕司上請從之每石折錢四緡

足盡貯於漕司辛字庫用以支付邊州漕計大優議者謂邊郡米一石價止數百錢遂裁減至二緡而漕計猶有餘也時淮鹽已通於湖湘客鈔遂不登額提刑兼司極力招誘歲止賣及五萬籮言事者又謂客鈔既不登額不若復令漕司自賣官鹽而除民折米和糴之擾於是廣西漕臣復領本路鹽事而東鹽不得入西路矣廣東鹽額大虧屢請於朝乞復通客鈔以爲廣東產鹽多而食鹽少廣西產鹽少而食鹽多東鹽入西散往諸州有一水之便西路產鹽之州水陸不便異時西路客人

樂請東鹽占額爲多今西路以鹽利自專則東鹽坐虧課額朝廷從其請又爲廣西畫所以爲歲計者曰舊額廣東十萬籮廣西八萬籮增收鈔錢一緡省可得一十八萬緡省謂之漕計錢舊法廣西鹽戶納鹽一籮官支本錢一千八百足後爲官吏侵刻止支二三百今實支一千足官截取八百足謂之存留鹽本錢計西路八萬籮又得八萬二千緡省而西路元額八萬籮客人入納四十萬緡省如是則通可得六十六萬二千緡盡付廣西漕司內取二十餘萬緡充買馬并鄂靖州之費餘四

十五萬餘緡以之充廣西歲計廣西舊額八萬籮止及五萬今遂指爲實賣之數又於上收增鈔錢減刻鹽本錢是以虛數較之實數歲當虧錢二十一萬六千緡此豈細事也哉范石湖作帥抗疏請復官賣其說曰官自賣鹽不過奪商人之利以利官而民無折米之患往日西路賣及八萬籮今爲虛數矣只以實賣及五萬籮爲率而權以廣西鹽價每一斤以一百四十文足爲率歲可得七十餘萬緡足計九十餘萬緡省霈乎其有餘矣其道約而易行其說簡而易明嚴抑配之法杜侵欺之弊俾法久而不壞誠長利也朝廷始疑而後從之廣東申乞不已又爲東路歲認發東鹽入界鈔錢之數二萬四千六百餘緡其議遂定然漕計優裕實范公之力也

經略司買馬

自元豐間廣西帥司已置幹辦公事一員于邕州專切提舉左右江峒丁同措置買馬紹興三年置提舉買馬司于邕六年令帥臣兼領今邕州守臣提點買馬經幹一員置廨于邕者不廢也實掌買馬之財其下則左右江二提舉東提舉掌等量蠻馬兼收買馬印西提舉掌

入蠻界招馬有同巡檢一員亦駐劄橫山寨候安撫上邊則率甲兵先往境上警護諸蕃入界有知寨主簿都監三員同主管買馬錢物產馬之國曰大理自杞特磨羅殿毗那羅孔謝蕃滕蕃等每冬以馬叩邊買馬司先遣招馬官齎錦繒賜之馬將入境西提舉出境招之同巡檢率甲士往境上護之既入境自泗城州行六日至橫山寨邕守與經幹盛備以往與之互市蠻幕譙門而坐不與蠻接也東提舉乃與蠻首坐于庭上羣蠻與吾六校博易等量于庭下朝廷歲撥本路上供錢經制錢

鹽鈔錢及廉州石康鹽成都府錦付經略司為市馬之費經司以諸色錢買銀及回易他州金錦綵帛盡往博易以馬之高下視銀之重輕鹽錦綵繒以銀定價歲額一千五百匹分為三十綱赴行在所紹興二十七年令馬綱分往江上諸軍後乞添綱令元額之外凡添買三十一綱蓋買三千五百匹矣此外又擇其權奇以入內廄不下十綱馬政之要大略見此

宐州買馬

馬產于大理國大理國去宐州十五程爾中有險阻不

得而通故自杞羅殿皆販馬于大理而轉賣于我者也羅殿甚邇於邕自杞實隔遠焉自杞之人強悍歲常以馬假道於羅殿而來羅殿難之故數至爭然自杞雖遠於邕而邇於宐特隔南丹州而已紹興三十一年自杞與羅殿有爭乃由南丹徑驅馬直抵宐州城下宐人峻拒不去帥司為之量買三綱與之約曰後不許此來自是有獻言于朝宐州買馬良便下廣西帥臣議前後帥臣皆以宐州近內地不便本朝隄防外夷之意可為深矣高麗一水可至登萊必令自明州入貢者非故迂之

也政不欲近耳今邕州橫山買馬諸蠻遠來入吾境內見吾邊面闊遠羈縻州數十為國藩蔽峒丁之強足以禦侮而橫山負然遠在邕城七程之外置寨立關傍引左右江諸寨丁兵會合彈壓買馬官親帶甲士以臨之然後與之為市其形勢固如此今宐州之境虎頭關也距宐城不三百里一過虎關險阻九十里不可以放牧過此即是天河縣平易之地已逼宐城矣此其可哉

馬綱

蠻馬入境自泗城州至橫山寨而止馬之來也涉地數

千里瘠甚蠻縛其四足拽仆之啗鹽二斤許縱之旬日自肥矣官既買馬分定綱數經略司先下昭賀藤容高雷化欽廉宐柳融貴潯鬱林州差見任使臣三十三人前來橫山押馬不足聽募寄居待闕官常綱馬一綱五十匹進馬三十匹每綱押綱官一員將校五人獸醫一人牽馬兵士二十五人進馬綱則十五人蓋一人牽二馬也諸州差官兵既定押馬官借請贍家錢二百餘緡將校軍兵各有借請前往橫山寨提點買馬司公參既領綱則自橫山七程至邕州又十八程至經略司公參

呈驗綱馬經略司覆量尺寸加以火印養之馬務以觀馬之羸壯體察押馬使臣之能否而進退之遂再分綱責領發往行在或江上諸軍交納沿路州縣皆有馬務爲之宿程有口食券草料爲八馬之須費旣至朝廷又有賞罰以勸懲之凡全綱不死損者押綱官轉一官減三年磨勘死損三分者有降官之罰其餘賞罰有差將校軍兵各以所牽馬爲賞罰賞則補以階級不願則請錢罰則加杖而遣之然而押馬亦有法焉其法買鹽酉以自隨每日晚以鹽數兩啗之自然水草調而無疾此

求全綱之法也大抵押馬乃武臣軍校速化之途而副尉畀以賞轉至正使者不可勝數

邕州橫山寨博易場

蠻馬之來他貨亦至蠻之所齎麝香胡羊長鳴雞披氈雲南刀及諸藥物吾商賈所齎錦繒豹皮文書及諸奇巧之物於是譯者平價交市招馬官乃私置場于家盡攬蠻市而輕其征其入官場者什纔一二耳隆興甲申滕膺子昭爲邕守有智數多遣邏卒於私路口邀截商人越州輕其稅而留其貨爲之品定諸貨之價列賈區於官場至開場之日羣商請貨于官依官所定價與蠻爲市不許減價先售悉驅譯者導蠻恣買遇夜則次日再市其有不售許執覆監官減價博易諸商之事旣畢官乃抽解併收稅錢賞信罰必官吏不敢乞取商亦無他糜費且無冒禁之險時邕州寬裕而人皆便之

邕州永平寨博易場

邕州右江永平寨與交阯爲境隔一澗耳其北有交阯驛其南有宜和亭就爲博易場永平知寨主管博易交人日以名香犀象金銀鹽錢與吾商易綾綿羅布而去

凡來永平者皆峒落交人遵陸而來所齎必貴細唯鹽麤重然鹽止可易布爾以二十五斤爲一籮布以邕州武緣縣所產狹幅者其人亦淳朴非若永安州交人至欽者之狡若右江又有滴江柵與交阯蘇茂州爲鄰亦時有少博易則滴江巡防主之

欽州博易場

凡交阯生生之具悉仰於欽舟楫往來不絕也博易場在城外江東驛其以魚蚌來易斗米尺布者謂之交阯蜑其國富商來博易者必自其邊永安州移牒于欽謂

之小綱其國遣使來欽因以博易謂之大綱所齎乃金銀銅錢沉香光香熟香生香眞珠象齒犀角吾之小商近販紙筆米布之屬日與交人少少博易亦無足言唯富商自蜀販錦至欽自欽易香至蜀歲一往返每博易動數千緡各以其貨互緘踰時而價始定既緘之後不得與他商議其始議價天地之不相侔吾之富商又日遣其徒爲小商以自給而築室反耕以老之彼之富商頑然不動亦以持久困我二商相遇相與爲杯酒歡久而降心相從儈者乃左右漸加抑揚其價相去不遠然

後兩平焉官爲之秤香交錦以成其事既博易官止收吾商之征其征之也約貨爲錢多爲虛數謂之綱錢每綱錢一千爲實錢四百即以實錢一緡征三十焉交人本淳朴吾人詐之於權衡低昂之閒其後至三遣使較定博易場秤邇年永安州人狡特甚吾商之詐彼也率以生藥之僞彼則以金銀雜以銅至不可辨香則漬以鹽使之能沉水或鑄鉛于香竅以沉之商人率墮其術中矣

嶺外代答卷五

嶺外代答卷六

宋　周去非　撰

器用門 附舟楫

端硯

余屢過端溪必登硯巖論之詳矣石品不一大槩有三曰巖石曰坑石曰黃步石巖上也坑次也黃步其下也凡此皆三品之佳者論之耳若其不佳等爲棄物不足論也黃步麤而有紋善秏墨亦善敗筆正可作良砥非文房中所寶坑石有二南坑新坑南坑石眼青暗新坑

石眼中有朱點而亦暗然皆體硬叩之鏗然雖細潤久則不宜於墨忽得一至潤良材乃復大奇雖巖硯無以遠過巖石有三上巖中巖下巖高在山之胷乳閒曰上巖深入至與平地等曰中巖深入至水府曰下巖上巖石理燥渴中巖溫潤宜人歲久亦滑墨至於下巖則奇絕一世石理如玉望之似藴德君子循之則濡滑滋潤欲識其眞要不可言傳也若夫山心石根韜藏深潤其大如斗中有子石宜筆宜墨百年不枯蓋世之寶在是三巖者雖有三竅而中則相通其實以高下定石之等

耳人之深入蛇自竅口疊木爲小級道委蛇曲折入於黃泉以數百人高下排比以大竹筒傳水以乾其洞然後續膏燭幽而施錐鑿其得之也可以爲難矣是宜寶之

筆

廣西多闍鷄羽毛甚澤人取其頸毛絲而聚之以爲筆全類兔毫一枝直四五錢然毫短鋒齊軟而無力止宜細書芍字大半寸難書矣嶺外亦有兔其毫乃不堪爲筆靜江府羊毫筆則絕佳蓋馳聲於深廣也

墨

容州多大松其人能製墨佳者一笏不盈百錢其下則一斤止直錢二百商人舉數則搭賣之交阯墨雖不甚佳亦不至甚腐交人以墨與角硯鷄筆併垂腰間

茶具

雷州鐵工甚巧製茶碾湯甌湯匱之屬皆若鑄就余以比之建寧所出不能相上下也夫建寧名茶所出俗亦雅尚無不善分茶者雷州方啜登茶奚以茶器爲哉

螺杯

南海出大螺南人以爲酒杯螺之類不一有哆口而圓長者曰螺盃有闊而淺形如荷葉者則曰潋灩盃有剖半螺色紅潤者曰紅螺盃有形似鸚鵡之睡朱喙綠首者曰鸚鵡盃

羽扇

靜江人善捕飛禽卽以其羽爲扇凡扇必左羽取羽張之以線索繫住俟肉乾筋定乃可用鷲大禽也以其羽爲扇長數尺黑色多風勇士用之頗壯觀鷺羽潔白輕質而風細士夫多用之以膠漆塗其筋骨而丹之頗亦

雅尚交阯人又用鶴羽以線編比羽管而別施柄其說謂交阯地多蛇鶴能食蛇蛇聞鶴羽之氣必遠避之用鶴以却蛇也

蠻刀

猺人刀及黎刀略相類皆短刃而長靶黎刀之刃尤短以斑藤織花纏束其靶以白角片尺許如鷄尾飾靶之首猺刀雖無文飾然亦銛甚左右江峒與界外諸蠻刀相類刃長四尺而靶二尺一鞘而中藏二刃葢一大一小焉靶之端爲雙圓而相竝峒刀以黑皮爲鞘黑漆飾

靶黑皮爲帶蠻刀以褐皮爲鞘金銀絲飾靶朱皮爲帶峒刀以湅州所作爲佳蠻刀以大理所出爲佳猺刀黎刀帶之於腰峒刀蠻刀佩之於肩峒人蠻人寧以大刀贈人其小刀必不與人蓋其日用須臾不可闕忽遇藥箭急以刀剜去其肉乃不死以故不以與人今世所謂吹毛透風乃大理刀之類蓋大理國有麗水故能製良刀云

蠻甲胄

諸蠻甲胄皆以皮爲之猺人以熊皮爲甲胄其土有木

葉似漆以之塗飾亦復堅善猺人之剽掠介胄者止數人以爲前行其餘悉袒裼亦足見其易與矣而靜江鄉民未嘗有甲所以望風而遁其閒一二團聚有皮甲者猺人亦且避之自猺人而西南如南丹州邕州左右江峒溪至於外夷則甲胄盛矣諸蠻唯大理甲胄以象皮爲之黑漆堅厚復閒以朱縷如中州之犀毘器皿又以小白貝綴其縫此豈詩所謂貝胄朱綅者耶大理國之製前後掩心以大片象皮如龜殼其披膊以中片皮相次爲之其護項以全片皮捲圈成之其他則小片如中國之馬甲葉皆堅與鐵等而厚幾半寸苟試之以弓矢將不可徹鐵甲殆不及也

蠻鞍

蠻人馬鞍與中國鞍不相遠但不用韉唯有橋鐙貼腿耳橋朱黑相漆如犀毘紋鐙如半鞾藏足指其中蓋猺人路險馬行荊棘懼傷足也貼腿以皮包下亦用氈以傅馬脊後鞦鏇木爲大錢數十枚珠貫而繫之如騾驢然鞍皆大空於馬脊但前橋差低耳

蠻弩

凡蠻猺之弩狀如中都之吃笪弩蓋不能彎弓而皆能踏弩也以燕脂木爲之長六尺餘厚二寸博四寸許其長三尺餘厚止半寸不劃箭槽編架其箭於栝故名曰編架弩其箭剡竹爲之或用小圓竹而皆有弩之箭戶鏃如鑿或如梟茨葉以軟皮爲羽利於射高而不可以俯射則弓易軟矢易鉤非良材也宜州南丹等及邕州左右江之諸峒西南蕃弩其製作略同其弓材則良矣唯南丹弩弓材爲絕佳蓋南丹弩弓其材有五加木上也石木次也黃速榴又其次也燕脂木爲下矣加木射

愈近而激矢愈遠無末約之弊故名曰加石木膚理沈黑堅類鐵石黃速㮕發矢聲鏗然也視燕脂木則力同而矢遠倍之矣余嘗聞吃笪小弩之利材之良與夫抹弦撥弦攦矢攦矢之技頗臻乎巧及聞靜江猺人弩勁甚矢無容發古縣之民一聞虛弦之聲率皆奔潰因見蠻弩卽吃笪之大者耳

融劒

梧州生鐵最良藤州有黃崗鐵最易融州人以梧鐵淋銅以黃崗鐵夾盤煅之遂成松文刷絲工飾其製劒亦

頗銛然終不可以爲良

黎弓

諸猺皆以弩爲長技唯南黎人以弓爲長技黎弓以木亦或以竹而弦之以藤類中州彈弓其矢之大其鏃也故雖無羽亦可施之於射近大抵黎弓正與倭弓相類但倭弓長大而黎弓短小耳倭弓長丈許據弓下梢於地平身射之手空矢長能以無羽之矢命中於百步之外黎人弓短矢重往者黎人跳梁官兵以竹弓禦之矢不能斃人大爲黎人所輕彼特未遇吾勁弓耳然南方

卑濕角弓易壞惟竹弓可用不勁也固宜若蠻峒之速㮕木加木石木天下之良材也誠得是木製以爲弓雖角弓之勁有不能當者雖以威天下可也

藥箭

溪峒弩箭皆有藥唯南丹爲最酷南丹地產毒虺其種不一人乃合集醞釀以成藥以之傅矢藏之竹筒矢鏃皆重縮是矢也度必中而後發苟中血縷必死唯其土人自有解藥南丹之戰也人以甘蔗一節自隨忽爾中矢卽噉蔗則毒氣爲之少緩急歸繫身於木株而服解

藥少焉毒作身將奮擲於木株繫身得不擲死否則藥作而自躍於虛空隕地撲殺耳邕州溪峒以桄榔木爲箭鏃桄榔遇血悉裂故其矢亦能害人

梧州鐵器

梧州生鐵在鎔則如流水然以之鑄器則薄幾類紙無穿破凡器旣輕且耐久諸郡鐵工煅銅得梧鐵雜淋之則爲至剛信天下之美材也

木蘭舟

浮南海而南舟如巨室帆若垂天之雲柂長數丈一舟

數百人中積一年糧豢豕釀酒其中置死生於度外徑入阻碧非復人世人在其中日擊牲酣飲迭爲賓主以忘其危舟師以海上隱隱有山辨諸蕃國皆在空端若曰往某國順風幾日望某山舟當轉行某方或遇急風雖未足日已見某山亦當改方苟舟行太過無方可返飄至淺處而遇暗石則當瓦解矣蓋其舟大載重不憂巨浪而憂淺水也又大食國更越西海至木蘭皮國則其舟又加大矣一舟容千人舟上有機杼市井或不遇便風則數年而後達非甚巨舟不可至也今世所謂木

蘭舟未必不以至大言也

藤舟

深廣沿海州軍難得鐵釘桐油造舟皆空板穿藤約束而成於藤縫中以海上所生茜草乾而窒之遇水則漲舟爲之不漏矣其舟甚大越大海商販皆用之而或謂要過磁石山而然未之詳爾今蜀舟底以柹木爲釘蓋其江多石不可用鐵釘而亦謂蜀江有磁石山得非傳聞之誤

刳木舟

廣西江行小舟皆刳木爲之有面闊六七尺者雖全成無罅免繻袽之勞釘灰之費然質厚遲鈍忽遇大風浪則不能翔多至沈溺要不若板船疑有脫文雖善不能爲矣欽州競渡獸舟亦刳全木爲之則其地之所產可知矣海外蕃船亦有刳木者則其爲木何止合抱而已哉

柂

欽州海山有奇材二種一曰紫荊木堅類鐵石色比燕脂易直合抱以爲棟梁可數百年一曰烏婪木用以爲大船之柂極天下之妙也蕃舶大如廣廈深涉南海徑

數萬里千百人之命直寄於一柂他產之柂長不過三丈以之持萬斛之舟猶可勝其任以之持數萬斛之蕃舶卒遇大風於深海未有不中折者唯欽產縝理堅密長幾五丈雖有惡風怒濤截然不動如以一絲引千鈞於山嶽震頹之地眞凌波之至寶也此柂一雙在欽直錢數百緡至番禺溫陵價十倍矣然得至其地者亦十之一二以材長甚難海運故耳

蠻笠

西南蠻笠以竹爲身而冒以魚魫其頂尖圓高起一尺

餘而四圍頗下垂視他蕃笠其製似不佳然最宜乘馬蓋頂高則定而不傾四垂則風不能颺他蕃笠所不及也交阯有笠如兜鍪而頂偏似田螺之臀謂之螺笠以細竹縷織成雖曰工巧特賤夫之所戴爾

皮履

交阯人足躡皮履正似今畫羅漢所躡者以皮爲底而中施一小柱長寸許上有骨朵頭以足將指夾之而行或以紅皮如十字倒置其三頭於皮底之上以足穿之而行皆燕居之所履也地近西方則其服飾已似之矣

服用門

緂

邕州左右江峒蠻有織白緂白質方紋廣幅大縷似中都之線羅而佳麗厚重誠南方之上服也

布

廣西觸處富有苧麻觸處善織布柳布象布商人貿遷而聞於四方者也靜江府古縣民間織布繫軸於腰而織之其欲他幹則軸而行焉其必疎數不均且甚慢矣及買以日用乃復甚佳視他布最耐久但其幅狹耳原其所以然蓋以稻穰心燒灰煮布縷而以滑石粉膏之行梭滑而布以緊也

猺斑布

猺人以藍染布爲斑其紋極細其法以木板二片鏤成細花用以夾布而鎔蠟灌於鏤中而後乃釋板取布投諸藍中布既受藍則煮布以去其蠟故能受成極細斑花炳然可觀故夫染斑之法莫猺人若也

水紬

廣西亦有桑蠶但不多耳得繭不能爲絲煮之以灰水中引以成縷以之織紬其色雖暗而特宜於衣在高州所產爲佳

練子

邕州左右江溪峒地產苧麻潔白細薄而長土人擇其尤細長者爲練子暑衣之輕涼離汗者也漢高祖有天下令賈人無得衣練則其可貴自漢而然有花紋者爲花練一端長四丈餘而重止數十錢捲而入之小竹筒尙有餘地以染眞紅尤易著色厥價不廉稍細者一端十餘緡也

安南絹

安南使者至欽太守用妓樂宴之亦有贈於諸妓人以絹一匹絹麤如細網而蒙之以綿交人所自著衣裳皆密絹也不知安南如網之絹何所用也余聞蠻人得中國紅絁子皆拆取色絲而自以織衫此絹正宜拆取其絲耳

氈

西南蠻地產綿羊固宜多氈毳自蠻王而下至小蠻無一不披氈者但蠻王中錦衫披氈小蠻袒裼披氈爾北

氈厚而堅南氈之長至三丈餘其闊亦一丈六七尺摺其闊而夾縫之猶闊八九尺許以一長氈帶貫其摺處乃披氈而繫帶於腰婆娑然也晝則披夜則臥雨晴寒暑未始離身其上有核桃紋長大而輕者爲妙大理國所產也佳者緣以皁

吉貝

吉貝木如低小桑枝萼類芙蓉花之心葉皆細茸絮長半寸許宛如柳綿有黑子數十南人取其茸絮以鐵筋碾去其子即以手握茸就紡不煩緝績以之爲布最爲堅善唐史以爲古貝又以爲草屬顧古吉字訛草木物異不知別有草生之古貝非木生之吉貝耶將微木似草字書以疑傳疑耶雷化廉州及南海黎峒富有以代絲紵雷化廉州有織匹幅長闊而潔白細密者名曰慢吉貝狹幅麤疎而色暗者名曰麤吉貝有絕細而輕軟潔白服之且耐久者海南所織則多品矣幅極闊不成端匹聯二幅可爲臥單名曰黎單間以五采異紋炳然聯四幅可以爲幕者名曰黎飾五色鮮明可以蓋文書几案者名曰鞍搭其長者黎人用以繚腰南詔所織尤

精好白色者朝霞也國王服白氎王妻服朝霞唐史所謂白氎吉貝朝霞吉貝是也

蟲絲

廣西楓葉初生上多食葉之蟲似蠶而赤黑色四月五月蟲腹明如蠶之熟橫州人取之以釅醋浸而擘取其絲就醋中引之一蟲可得絲長六七尺光明如煮成弓琴之弦以之繫弓刀紈扇固且佳

婆衫婆裙

欽州村落土人新婦之飾以碎雜綵合成細毬文如大

方帕名衫左右兩个縫成袖口披著以爲上服其長止及腰婆娑然也謂之婆衫其裙四圍縫製其長丈餘穿之以足而繫於腰閒以藤束腰抽其裙令短聚所抽於腰則腰特大矣謂之婆裙頭頂藤笠裝以百花鳳爲新婦服之一月雖出入村落虛市亦不釋之

食用門

酒

廣右無酒禁公私皆有美醞以帥司瑞露爲冠風味蘊藉似備道全美之君子聲震湖廣此酒本出賀州今臨

賀酒乃遠不逮諸郡酒皆無足稱昭州酒頗能醉人聞其造酒時採曼陀羅花置之麴面使酒收其毒氣此何理耶賓橫之閒有古辣墟山出藤藥而水亦宜釀故酒色微紅雖以行烈日中數日其色味宛然若醇厚則不足也諸郡富民多醞老酒可經十年其色深沈赤黑而味不壞諸處道旁率沽白酒在靜江尤盛行人以十四錢買一大白及豆腐羹謂之豆腐酒靜江所以能造鉛粉者以糟丘之富也

茶

靜江府修仁縣產茶土人製爲方銙方二寸許而差厚有供神仙三字者上也方五六寸而差薄者次也大而麤且薄者下矣修仁其名乃甚彰煮而飲之其色慘黑其味嚴重能愈頭風古縣亦產茶味與修仁不殊

食檳榔

自福建下四川與廣東西路皆食檳榔者客至不設茶唯以檳榔爲禮其法斮而瓜分之水調蜆灰一銖許於蔞葉上裹檳榔咀嚼先吐赤水一口而後啖其餘汁少焉面臉潮紅故詩人有醉檳榔之句無蜆灰處只用石

灰無蔞葉處只用蔞藤廣州又加丁香桂花三賴子諸香藥謂之香藥檳榔唯廣州爲甚不以貧富長幼男女自朝至暮寧不食飯唯嗜檳榔富者以銀爲盤置之貧者以錫爲之晝則就盤更啖夜則置盤枕旁覺即啖之中下細民一日費檳榔錢百餘有嘲廣人曰路上行人口似羊言以蔞葉雜咀終日噍飼也曲盡啖檳榔之狀矣每逢人則黑齒朱脣數人聚會則朱殷遍地實可厭惡客次士夫常以奩自隨製如銀鋌中分爲三一以盛蔞一盛蜆灰一則檳榔交阯使者亦食之詢之於人何

爲酷嗜如此答曰辟瘴下氣消食食久頃刻不可無之無則口舌無味氣乃穢濁嘗與一醫論其故曰檳榔能降氣亦能耗氣肺爲氣府居膈上爲華蓋以掩腹中之穢久食檳榔則肺縮不能掩故穢氣升聞於輔頰之間常欲噉檳榔以降氣實無益於瘴彼病瘴紛然非不食檳榔也

老鮓

南人以魚爲鮓有十年不壞者其法以籠及鹽麪雜漬盛之以甕甕口周爲水池覆之以椀封之以水水耗則

續如是故不透風鮓數年生白花似損壞者凡親戚贈遺悉用酒鮓唯以老鮓爲至愛

異味

深廣及溪峒人不問鳥獸蛇蟲無不食之其間異味有好有醜山有鼈名蟄竹有鼠名鼶鴿鸛之足腊而煮之鱘魚之唇活而臠之謂之魚魂此其至珍者也至於遇蛇必捕不問短長遇鼠必執不別小大蝙蝠之可惡蛤蚧之可畏蝗蟲之微生悉取而燎食之蜂房之毒麻蟲之穢悉炒而食之蝗蟲之卵天蝦之翼悉鮓而食之此與甘帶嗜薦何異哉甚者則煮羊胃混不潔以爲羹名曰青羹以試賓客之心客能忍食則大喜不食則以爲多猜抑不知賓主之閒果誰猜耶顧乃鮓鸚哥而腊孔雀矣

齋素

欽人親死不食魚肉而食螃蟹車螯蠔螺之屬謂之齋素以其無血也海南黎人親死不食粥飯唯飲酒食生牛肉以爲至孝在是

買水沽水

欽人始死孝子披髮頂竹笠攜瓶甕持紙錢往水濱號慟擲錢於水而汲歸浴尸謂之買水否則鄰里以爲不孝今欽人食用以錢易水以充庖廚謂之沽水者避凶名也邕州溪峒則男女群浴於川號泣而歸

嶺外代答卷六

嶺外代答卷七

宋　周去非　撰

香門

沈水香

沈香來自諸蕃國者眞臘爲上占城次之眞臘種類固多以登流眉（案范成大桂海虞衡志作丁流眉宋史作登流眉）所產香氣味馨郁勝於諸蕃若三佛齊等國所產則爲下岸香矣以婆羅蠻香爲差勝下岸香味皆腥烈不甚貴重沈水者但可入藥餌交阯與占城鄰境凡交阯沈香至欽皆占城

也海南黎母山峒中亦名土沈香少大塊有如繭栗角如附子如芝菌如茅竹葉者皆佳至輕薄如紙者入水亦沈萬安軍在島正東鍾朝陽之氣香尤醞藉清遠如蓮花梅英之類焚一銖許氛翳彌室翻之四面悉香至煤燼氣不焦此海南香之辨也海南自難得省民以一牛於黎峒博香一擔歸自差擇得沈水十不一二頃時香價與白金等故客不販而宦遊者亦不能多買中州但用廣州舶上蕃香耳唯登流眉者可相頡頏山谷香方率用海南沈香蓋識之耳若夫千百年之枯株中如石如杵如拳如肘如奇禽龜蛇如雲氣人物焚之一銖香滿半里不在此類矣

蓬萊香

蓬萊香出海南即沈水香結未成者多成片如小笠及大菌之狀極堅實狀類沈香惟入水則浮氣稍輕清價亞沈香剗去其背帶木者亦多沈水

鷓鴣斑香

鷓鴣斑香亦出海南蓬萊好箋香中槎牙輕鬆色褐黑而有白斑點點如鷓鴣臆上毛氣尤清婉

箋香

箋香出海南者如蝟皮漁蓑之狀蓋出諸修治香之精鍾於刺端大抵以斧斫以爲坎使膏液凝沍於痕中膏液垂而下結巉巖如攢鍼者海南之箋香也膏液湧而上結平闊如盤盂者蓬萊箋也其側結者必薄名曰蠏殼香廣東舶上生熟速結等香當在海南箋香之下

泉香

光香出海北及交阯與箋香同多聚於欽州大塊如山石枯槎氣麤烈如焚松檜桂林供佛賓筵多用之泥香

出交阯以諸香草合和蜜調如薰衣香其氣溫麐然微
昬鈍　排草香出日南狀如白茅香芬烈如麝香亦用
以合香諸草香無及之者　橄欖香出廣州及北海橄
欖木節結成狀如黑膠飴獨有清烈出塵之意品格在
黃連楓香之上桂林東江有此居人采香賣之不能多
得以純脂不雜木皮者爲佳　欽香味尤淺薄其木葉
如冬青而差圓皮如楮皮而差厚花黃而小子青而黑
人以斧斫木爲坎膏凝於痕遂採以爲香香之爲香良
苦哉

零陵香

零陵香出猺洞及靜江融州象州凡深山木陰沮洳之
地皆可種也逐節斷之而𢦏（案說文𢦏傷也从戈才聲祖才切）其節隨
手生矣春暮開花結子即可割薰以煙火而陰乾之商
人販之好事者以爲座褥臥薦相傳言在嶺南不香出
嶺則香謂之零陵香者靜江舊屬零陵郡也

蕃梔子

蕃梔子出大食國佛書所謂薝蔔花是也海蕃乾之如
染家之紅花也今廣州龍涎所以能香者以用蕃梔故
也又深廣有白花全似梔子花而五出人云亦自西竺
來亦名薝蔔此說恐非是

樂器門

平南樂

廣西諸郡人多能合樂城郭村落祭祀婚嫁喪葬無一
不用樂雖耕田亦必口樂相之葢日聞鼓笛聲也每歲
秋成衆招樂師教習子弟聽其音韻鄙野無足聽唯潯
州平南縣係古龔州有舊教坊樂甚整異時有以教坊
得官亂離至平南教土人合樂至今能傳其聲

猺樂器

猺人之樂有盧沙銃鼓胡盧笙竹笛盧沙之制狀如古
簫編竹爲之縱一橫八以一吹八伊嚘其聲銃鼓乃長
大腰鼓也長六尺以燕脂木爲腔熊皮爲面鼓不響鳴
以泥水塗面即復響矣胡盧笙攢竹於瓢吹之嗚嗚然
笛韻如常笛差短大合樂之時衆聲雜作殊無翕然之
聲而多繫竹筩以相團樂跳躍以相之

腰鼓

靜江腰鼓最有聲腔出於臨桂縣職由鄉其土特宜鄉

人作窰燒腔鼓面鐵圈出於古縣其地產佳鐵鐵工善煅故圈勁而不褊其皮以大羊之革南多大羊故多皮或用蚺蛇皮鞔之合樂之際聲響特遠一二面鼓已若十面矣

銅鼓

廣西土中銅鼓耕者屢得之其製正圓而平其面曲其腰狀若烘籃又類宣座面有五蟾分據其上蟾皆累蹲一大一小相負也周圍款識其圓紋爲古錢其方紋如織簟或爲人形或如琰璧或尖如浮屠如玉林或斜如

豕牙如鹿耳各以其環成章合其衆紋大類細畫圓陣之形工巧微密可以玩好銅鼓大者闊七尺小者三尺所在神祠佛寺皆有之州縣用以爲更點交阯嘗私買以歸復埋於山未知其何義也按廣州記云俚獠鑄銅爲鼓唯以高大爲貴面闊丈餘不知所鑄果在何時按馬援征交阯得駱越銅鼓鑄爲馬或謂銅鼓鑄在西京以前此雖非三代彝器謂鑄當三代時可也亦有極小銅鼓方二尺許者極可愛玩類爲士夫搜求無遺矣

桂林儺

桂林儺隊自承平時名聞京師曰靜江諸軍儺而所在坊巷村落又自有百姓儺嚴身之具甚飾進退言語咸有可觀視中州裝隊仗似優也推其所以然蓋桂人善製戲面佳者一直萬錢他州貴之如此宜其聞矣

白巾鼓樂

南人難得烏紗率用白紵爲巾道路彌望白巾也北人見之遽訝曰南瘴疾殺人殆比屋制服者歟又南人死亡鄰里集其家鼓吹窮晝夜而制服者反於白巾上綴少紅線以表之嘗聞昔人有詩云簫鼓不分憂樂事衣

冠難辨吉凶人是也

寶貨門

珠池

合浦產珠之地名曰斷望池在海中孤島下去岸數十里池深不十丈蜑人沒而得蚌剖而得珠取蚌以長繩繫竹籃攜之以沒旣拾蚌於籃則振繩令舟人汲取之沒者亟浮就舟不幸遇惡魚一縷之血浮於水面舟人慟哭知其已葬魚腹也亦有望惡魚而急浮至傷股斷臂者海中惡魚莫如刺紗謂之魚虎蜑所甚忌也蜑家

自云海上珠池若城郭然其中光怪不可向邇常有怪物哆口吐翕固神靈之所護持其中珠蚌終古不可得者蚌溢生於城郭之外故可採耳所謂珠熟之年者蚌溢生之多也然珠生熟年百不一二耗年皆是也珠熟之年蜑家不善為價冒死得之盡為黠民以升酒斗粟一易數兩既入其手即分為品等銖兩而賣之城中又經數手乃至都下其價遞相倍蓰至於不貲採珠在官有禁州以廉名謂其足以貪也史稱孟嘗守合浦珠乃大還為廉吏之應二十年前有守甚貪而珠亦大熟雖

物理無驗然此以清名至今彼與草木俱腐耳噫孰知孟嘗還珠之說非柳子厚復乳穴之說乎東海廣中亦有珠池僞劉置軍採之名媚川都死者甚多太祖皇帝平嶺南廢其都為靜江軍

蛇珠

乾道初欽州村落婦人黃氏曬禾棚屋上忽一物飛鳴而來墜其髻上復墜禾中光耀奪目盤旋不已就取乃一大珠是夜光怪滿室鄰里異之里正訪知而索焉不得聞之縣官其家懼取蒸熟光遂隱後欽有士人姓甯得與赴省以萬錢貽賈往都下賈胡歎曰此蛇珠也惜哉甯以不售攜歸還黃今其珠故在置之盤中猶有微暈映盤

辟塵犀

欽人有往深山得大蜈蚣蛻一節尺餘堅如鐵石持歸鷄犬皆驚窗隙日影更無霏埃有博物者曰是所謂辟塵犀者耶

琥珀

人云茯苓在地千年化為琥珀欽人田家鋤山忽遇琥

珀初不之識或告之曰此琥珀也厥直頗厚其人持以往博易場賣之交阯驟致大富

硨磲

南海有蚌屬曰硨磲形如大蚶盈三尺許亦有盈一尺以下者惟其大之為貴大則隆起之處心厚數寸切磋其厚可以為杯甚大雖以為瓶可也其小者猶可以為環佩花朵之屬其不盈尺者如其形而琢磨之以為杯名曰瀲灩則無足尚矣佛書所謂硨磲者玉也南海所產得非竊取其名耶

龍涎

大食西海多龍枕石一睡涎沫浮水積而能堅鮫人採之以爲至寶新者色白稍久則紫甚久則黑因至番禺嘗見之不薰不蕕似浮石而輕也人云龍涎有異香或云龍涎氣腥能發衆香皆非也龍涎於香本無損益但能聚煙耳和香而用眞龍涎焚之一銖翠煙浮空結而不散座客可用一翦分煙縷此其所以然者蜃氣樓臺之餘烈也

大貝

海南有大貝圓背而紫斑平面深縫縫之兩旁有橫細縷陷生縫中本草謂之紫貝亦有小者大如指面其背微青大理國以爲甲冑之飾且古以貝子爲通貨又以爲寶器陳之廟朝今南方視之與蚌蛤等古今所尚固不同耶

金石門

生金

廣西所在產生金融宜昭藤江濱與夫山谷皆有之邕州溪峒及安南境皆有金坑其所產多於諸郡邕管永安州與交阯一水之隔爾鵝鴨之屬至交阯水濱遊食而歸者遺糞類得金在吾境水濱則無矣凡金不自礦出自然融結於沙土之中小者如麥麩大者如豆更大如指面皆謂之生金昔江南遺趙韓王瓜子金卽此物也亦有大如雞子者謂之金母得是者富固可知交阯金坑之利遂買吾民爲奴今峒官之家以大斛盛金鎮宅博賽之戲一擲以金一杓爲注其豪侈如此則其以金交結內外何所不可爲矣古人欲使黃金與土同價者知本之言也

丹砂水銀

昔葛稚川爲丹砂求爲勾漏令以爲仙藥在是故也勾漏今容州則知廣西丹砂非他地可比本草金石部以湖北辰州所產爲佳雖今世亦貴之今辰砂乃出沅州其色與廣西宜州所產相類色鮮紅而微紫與邕砂之深紫微黑者大異功效亦相懸絕蓋宜山卽辰山之陽故也雖然宜辰丹砂雖良要非仙藥葛稚川不求此也嘗聞邕州石江溪峒歸德州大秀墟有金纏砂大如箭鏃而上有金線縷文乃眞仙藥得其道者可用以變化

形質試取以煉水銀乃見其異蓋邕州燒水銀當砂十二三斤可燒成十斤其良者十斤眞得十斤惟金纏砂八斤可得十斤不知此砂一經火力形質乃重何哉是砂也取毫末而齒之色如鮮血誠非辰宜可及邕州溪峒砂發之年中夜望之隱然火光滿山嗟夫稚川知之矣

煉水銀

邕人煉丹砂爲水銀以鐵爲上下釜上釜盛砂隔以細眼鐵板下釜盛水埋諸地合二釜之口於地面而封固

之灼以熾火丹砂得火化爲霏霧得水配合轉而下墜遂成水銀然則水銀即丹砂也丹砂稟生成之性有陰陽之用能以獨體化爲二體此其所以爲聖也然丹經乃有眞汞何哉余以爲丹砂燒成水銀故已非眞汞邕州左右溪峒歸德州大秀墟有一丹穴眞汞出焉穴中有一石壁人先鑿竅方二三寸許以一藥塗之有頃眞汞自然滴出每取不過半兩許所塗之藥今忘其名矣是色紅粉與水銀白青之色殊異其倍亦重於水銀嗟夫學仙得此其至寶歟

銀朱

桂人燒水銀爲銀朱以鐵爲上下釜下釜如盤盂中置水銀上釜如蓋頂施竅管其管上屈曲垂於外二釜函蓋相得固濟既密則別以水浸曲管之口以水灼下釜之底水銀得火則飛遇水則止火熄體乾白變而丹矣其上曰頭朱次曰次朱次者不免雜以黃丹也

銅

史稱駱越多銅銀交州記曰越人鑄銅爲船廣州記曰俚獠鑄銅鼓聞交趾及占城等國王所居以銅爲瓦信

知南方多銅矣今邕州有銅固無幾而右江溪峒之外有一蠻峒銅所自出也掘地數尺即有礦故蠻人多用銅器嘗有獻說於朝欲與博易事下本路諸司謂且生邊釁奏罷之

銅綠

綠所在有之湖南之衡永廣東之韶廣西之邕皆有之蓋銅之苗裔也有融結於山巖翠綠可愛玩質如石者名石綠色鮮美淘取英華以供畫繪其次可飾棟宇又一種脆爛如碎土者名泥綠人不甚用

鉛粉

西融州有鉛坑鉛質極美桂人用以制粉澄之以桂水之清故桂粉聲天下桂粉舊皆僧房罨造僧無不富邪僻之行多矣厥後經略司專其利歲得息錢二萬緡以資經費羣僧乃往衡嶽造粉而以下價售之亦名桂粉雖其色不若桂然桂以故發賣少遲

鍾乳

靜江多巖洞深者數里崗穴之中或高不可蹦或下不可隧石脉滴水風所不及烝成鍾乳風之所及雖曰結

乳色乃麤黄不堪入藥鍾乳之產也乳脉連延乳管倒垂漸銳而長滴瀝未已氷筋成列長者一二尺短者四五寸人以竹管仰插而折取之煮以七復之重湯研以三旬之玉槌試之肌紋以觀其細澄之灰池而乾其體日以烜之其色微輕紅眞者細妙服之刀圭淪肌浹髓凡乳通如鵝管中無鴈齒或破如爪甲文如蟬翼者上也本草所謂石鍾乳是也管無梢連石牀者商孽也乳牀之石明潔如玉者孔公孽也三物本同種本草以石鍾乳居玉石上秩商孽孔公孽皆在中秩其功用必有優劣爾今廣西帥司所造鍾乳粉率二孽也所謂鵝管石蓋什之一二耳鍾乳所產亦自有異有石乳有竹乳有茅乳石乳者生於石上石液相滋化而爲乳色如氷玉是爲最良竹乳者生於土石山洞其上生竹竹石相滋液化爲乳其色稍青茅乳者生於土石山洞其上生茅茅液相滋化而爲乳其色微黄皆可煮煉以爲溫藥未煉之乳體性皆寒且有石毒惟假湯火之功去其毒性乃能變寒爲溫以成上藥今本草註家謂石乳溫竹乳平茅乳寒此說恐未必然產乳之穴雖曰深遠未嘗

有蛇虺居之本草註家又謂深潤幽穴龍蛇毒氣所成斯大謬矣凡煮煉乳水人或誤飲能使人失音其毒如此

滑石

靜江猺峒中出滑石今本草所謂桂州滑石是也滑石在土其爛如泥出土遇風則堅白者如玉黑如蒼玉或琢爲器用而潤之以油似與玉無辨者他路州軍頗愛重之桂人視之如土織布粉壁皆用在桂一斤直七八文而已

石鷰

石鷰生於石遇雷雨則震躍而出蓋陽氣之感今湖南永州所產絕佳色黃而頭喬翅脊了了然廣西象州江濱石中亦有之凡石中有嵌生如海蚶者極多非眞石鷰也

石蠏石蝦

海南州軍海濱之地生石蠏軀殼頭足與夫巨螯宛然蛸蚌之形也又有石蝦亦宛然蝦形皆藥物之所須也云是海沫所化理不可詰本草石蠏能療目而石蝦治

療未詳

石梅

石梅生海中一叢數枝橫斜瘦硬形色眞楛梅也雖巧花工造作所不能及根所附著如覆菌或云本是木質爲海水所化

石柏

石柏生海中一幹極細上有一葉宛是側柏扶踈無小異根所附著如烏藥大抵皆化爲石矣此與石梅雖未詳可入藥與否然皆奇物也

嶺外代答卷七

嶺外代答卷八

宋　周去非　撰

花木門 果實附 草附

桂

南方號桂海秦取百粵號曰桂林桂之所產古以名地今桂產於欽賓二州於賓者行商陸運致之北方於欽者舶商海運致之東方蜀亦有桂天其以爲西方所資歟桂之用於藥尚矣枝能發散肉能補益二用不同桂性酷烈易以發生古聖人其知之矣桂枝者發達之氣

也質薄而味稍輕故傷寒湯飲必用桂枝發散救裏最良肉桂者溫厚之氣也質厚而味沈芳故補益圓散多用肉桂今醫家謂桂年深則皮愈薄必以薄桂爲良是大不然桂木年深愈厚耳未見其薄也以醫家薄桂之謬考於古方桂枝肉桂之分斯大異矣又有桂心者峻補藥所用也始剝厚桂以利竹捲曲刮取貼木多液之處狀如經帶味最沈烈於補益尤有功桂開花如海棠色淡而葩小結子如小橡子取未放之藥乾之是爲桂花宛類茱萸藥物之所緩而食品之所須也種桂五年乃可剝春二月秋八月木液所剝之時也桂葉比木樨葉稍大背有直脉三道如古圭製然因知古人製字爲不苟云

榕

榕易生之木又易高大葉如槐輪囷蔭樾可覆數畝者甚多根出半身附榦而下龍龍抱持以入土故有榕木倒生根之語四時結子葉脫亦無時隨落隨生春時亦搖落滿庭禽鳥銜其子寄生它木上便鬱茂根鬚沿木身垂下至地得土氣滋直盛壯久則過其所寄或遂包

裹之柳州柳侯廟庭前大榕有桄榔一株生其中根傅以爲異知者以爲木榕子寄生桄榔上歲久反抱合之非異也榕閩中亦有之

沙木

沙木與杉同類尤高大葉尖成叢穗小與杉異猺峒中尤多劈作大板背負以出與省民博易舟下廣東得息倍稱

燕脂木

燕脂木堅緻色如燕脂可鏇作器融州及州峒桂林屬

縣有之

思櫺木

思櫺木生兩江州峒堅入清水中百年不腐峒人及交阯以爲弓弩標槍之材爲天下最

檳榔

檳榔生海南黎峒亦產交阯木如椶櫚結子葉間如柳條顆顆叢綴其上春取之爲軟檳榔極可口夏秋採而乾之爲米檳榔漬之以鹽爲鹽檳榔小而尖者爲雞心檳榔大而匾者爲大腹子悉下氣藥也海商販之瓊管

收其征歲計居什之五廣州稅務收檳榔稅歲數萬緡推是則諸處所收與人之所取不可勝計矣

桄榔

桄榔木似椶櫚有節如大竹青綠聳直高十餘丈有葉無枝蔭綠茂盛佛廟神祠亭亭列立如寶林然結子葉間數十穗下垂長可丈餘翠綠點綴有如纓絡極堪觀玩其根皆細鬚堅實如鐵鏇以爲器悉成孔雀尾斑世以爲珍木身外堅內腐南人剖去其腐以爲盛溜力省而功倍溪峒取其堅以爲弩箭沾血一滴則百裂於皮裏不可撤矣不惟其木見血而然雖木液一滴著人肌膚即偏身如鍼刺是殆木性攻行於氣血也歟凡木似椶櫚者有五桄榔檳榔椰子夔頭桄竹是也檳榔之實可施藥物夔之葉可以蓋屋桄竹可以爲杖椰子可以爲果蔬若桄榔則爲器用而可以永久矣

椰子木

椰木身葉悉類椶櫚桄榔之屬子生葉間一穗數枚枚大如五升器果之大者惟此與波羅蜜耳初採皮甚青嫩已而變黃久則枯乾皮中子殼可爲器子中瓤白如

玉味美如牛乳瓤中酒新者極清芳久則渾濁不堪飲

竹

嶺南竹品多矣傑異者數種因錄於後　斑竹本出全之清湘桂林屬縣皆有之初生時但點點淡青翳如苔痕久則青退而紫斑漸明中有疊暈江浙間斑竹直一沁痕而無暈也　澀竹一名䈥簩竹每一節上半猶是常竹其半鑢膚麤澀視之似生細毛可借以磨琢爪甲人取其澀處削成錯子黑漆其裏以相贈遺用久刓滑醋浸少頃火炙乾復澀矣老者彌澀然亦奇物邕州兩

江多有之　簩竹葉大且密略如蘆葉穠陰鬱然它竹不逮節上出小筍簇破成枝春深根旁大筍才出經冬不已極易種　竻竹其上生刺南人謂刺為竻種之極易密久則堅甚新州素無城以此竹環植號曰竹城交阯外城亦種此竹　人面竹節密而凸橫斜相關每凸處突出長圓宛如人面近根之處幾百節密密相聚人亦採為拄杖　釣絲竹身葉皆類簩竹枝極柔弱垂下搖曳數尺如釣絲可愛筍瘦而白於食品最佳　箭竹山中悉有之諸郡治兵器各自足用不求之嶺北桂林

十二枝箭為錢二百則其幹賤可知矣

荔枝圓眼

荔枝廣西諸郡所產率皮厚肉薄核大味酸不宜曝乾非閩中比佳者莫如興化海南荔子可比閩中不及興化矣然廣西諸郡富產圓眼大且多肉遠勝閩中邕州唯官莊所產數根絕奇肉厚味長又當與興化皺玉比矣靜江一種曰龍荔皮則荔子肉則圓眼其葉與味悉兼二果色青時便熟後但微黃可蒸食如熟栗不可生噉令人發癇多食能生痰與荔枝同時

紅鹽草果

邕州取新生草果入梅汁鹽漬令色紅曝乾薦酒芬味甚高世珍之草豆蔻始結實如小舌即擷取紅鹽乾之名鸚哥舌尤爲難得一盧山茶罐可貯五百枚

八角茴香

八角茴香出左右江蠻峒中質類翹尖角八出不類茴香而氣味酷似但辛烈只可合湯不宜入藥中州士夫以為薦酒咀嚼少許甚是芳香

餘甘子

南方餘甘子風味過於橄欖多販入北州方實時零落藉地如槐子榆莢土人乾以合湯意味極佳其木可以制器欽陽所產為最蓋大如桃李清芬尤甚也世間百果無不軟熟唯此與橄欖雖腐尤堅脆可以比德君子南人有言曰餘甘一時熟獰一日肥其說蓋二物忽然有異則餘甘熟一時頃而復生獰肥一日而復瘦也欽州靈山縣一士人姓甯其大父一日往山間忽見餘甘徧山如來禽紛紛飽餐快甚須臾便復青脆袖中猶攜數熟餘甘歸以示閭里至傳為異事

石栗

石栗殼厚硬白褐色圓形如象子

杓栗

杓栗灰褐色正圓殼硬有柄似杓

蕉子

芭蕉極大者凌冬不凋中抽一榦節節有花如菡萏花謝有實一穗數枚如肥皁長數寸去皮取肉軟爛如綠柿極甘冷四季實以梅汁漬暴乾按匾所云芭蕉乾是也　鷄蕉則甚小亦四季實　芽蕉小如鷄蕉尤香嫩

甘美南人珍之非他蕉比秋初方實

烏欖

烏欖如橄欖青黑色肉爛而甘亦可作蔬茹核差長其中仁味鬆美薦酒泛茶皆珍相餽遺者獨以核致遠微暴乾椎取仁　方欖亦橄欖類三角或四角出兩江州峒

柚子

柚南州名臭柚大如瓜人亦食之皮甚厚穰極小打碑者捲皮蘸墨以代氊刷宜墨而不損紙頗便於用也

赤柚子如橄欖皮青而肉赤春實

百子

南方果實以子名者百二十或云百子或云七十二子半是山野閒草木實江浙山中木子亦有之猿狙所食非佳實也因錄其識且可食者見於後　羅晃子殼長數寸如肥皁內有二三實如皁子亦如橄欖皮有七重煨食甘美類熟栗亦曰羅望子　木竹子皮色形狀全似大枇杷肉甘美微爛子亦似枇杷核秋冬閒實半青黃時採食收藏至三四月不壞　人面子如大梅李生

青熟黃核如人面兩目鼻口皆具肉甘酸宜蜜餞鏤爲細瓣去核按匾煎之微有橘柚芳氣南果之珍也　五稜子（按范成大桂海虞衡志作五稜子以義考之當作稜）形甚朏異瓣五出如田家碌碡狀皮黃甚薄味酸久則微甘朴切之或以蜜漬始可食闕中亦有之謂之羊桃　黎朦子如大梅復似小橘味極酸或云自南蕃來番禺人多不用醯專以此物調羹其酸可知又以蜜煎鹽漬暴乾收食之　櫓罟子大如半升椀諦視之數十房攢聚成毬每房有縫如柏子之未裂攢結甚堅非刀斧不破冬生色青至夏紅

破其瓣食之微甘苗叢高丈許卽成幹葉長如菱蘆刺生兩旁土人密植以爲藩籬或乾其葉去刺以織席臥之撼撼有聲　搓擦子如錐栗殼中多白毛須搓擦而後可食肉甘而微澀　地蠶子生土中如小蠶又似甘露子而不尖味如梨藕而淡亦以薦酒　尖炭子如烏李　山韶子色紅有刺肉如荔枝以下並夏實　部蹄子按范成大桂海虞衡志作部蹄子如黃大石榴　木賴子如淡黃大李　黏子如指面大褐色　千歲子叢生如青黃李味甘　赤棗子如酸棗微長味酸生巖石上　藤韶子大

如梟卵蒂紅色以下並秋實　古米子殼黃中有肉如米粒一顆數十粒　殼子如青梅味甘　藤核子生白藤上如小蒲桃一穗數百枚淡黃色　木蓮子如胡桃皮殼皆紫褐色　蘿蒙子黃大如棖柚　特乃子狀似榧子而圓長亦類石蓮色褐有殼連殼蒸熟食之味稍淡　不納子似黃熟小梅絶易爛爛則皮肉附核核可爲經珠似菩提子或云頭脅進入京師被黜故以名　羊矢子色狀全似羊矢味亦不佳中有小核　日頭子狀如櫻桃色如蒲桃穗生味極甘賓州尤多　秋風子

色狀俱似楝子味酸澀邕州有之或名隨風子增城自有隨風子入藥用非此類　黃皮子如小棗甘酸佳味稍耐久可致遠　朱圓子正圓深紅可玩狀似苦楝子又似無蒂棠毬子微甘冬實　粉骨子皮黃肉如粉味酸　塔骨子匾如大橘皮裏空虛　布衲子似李而色黃　黃肚子如小石榴皮乾硬如沒石子枯莖如棘其上點綴布生不甚堪食　蒲奈子狀如棗而差圓味酸甜其核可爲數珠　水泡子生水濱小木白花似玉蝴蝶結子似金罌而黃白無刺味甘多液肉理輕虛如水

泡然　水翁子生水濱大木葉似枇杷大如指面色紅而甘　巾斗子似海紅　沐浣子似棠毬色黃皮皺可浣衣　牛粘子卽牛奶也　天威子如橄欖而小鹽糝和之可以作鮓　石胡桃　如石其中肉無幾味與北胡桃略同　頻婆果極鮮紅可愛佛書所謂脣色赤好如頻婆果是也　木饅頭在中州蔓生枝葉開可以充藥物在南州則木生不生於枝葉而綴生於本身可以爲果實二物其形相類但蔓者肉薄多子未熟先落木生者肉厚中有飴蜜當其紅熟亦頗可口深廣難得佳

果公筵多用以備數人乃附會其說曰廣中公筵刻木爲饅頭識其下曰某州公庫一樣若干斯言過矣

藤

藤梧州産大者可爲胡牀小者圈爲盤盂又其小而細長者織以爲籠篋臥簟耐久而文理可觀其葉則以爲漁父之蓑一領可終身用矣藤州州治之外嘗有古藤甚大故以名州

花藤

花藤在西融州藤中斕斑其花紋如攢銀杏葉或似牡

丹花片照之透明乃鏇以爲器用人多珍之

膽瓶蕉

膽瓶蕉一根唯一身離地寸許其身特大而其上漸小至葉乃大開數長大翠綠正如膽瓶中插數枝蕉葉也亭館列植尤可愛玩亦名象蹄蕉言如象蹄然

水蕉

水蕉不結實南人取之爲麻縷片乾灰煮用以織緝布之細者一匹直錢數緡

紅蕉花

紅蕉花葉瘦類蘆箬中心抽條條端發花葉數層日拆一兩葉色正紅如榴花荔子其端各有一點鮮綠尤可愛花心有鬚蒼黑色春夏開至歲寒猶芳

南山茶

南山茶葩蕚大倍中州者色微淡葉柔薄有毛結實如梨大如拳中有數子如肥皁子大別自有一種葉厚硬花深紅如中州所出者

素馨花

素馨花番禺甚多廣右絕少土人尤貴重開時旋掇花

頭裝於他枝或以竹絲貫之賣於市一枝二文人競買戴

茉莉花

茉莉花番禺亦多土人愛之以淅米漿日溉之則作花不絕可耐一夏花亦大且多葉倍常花六月六日又以治魚腥水一溉益佳

石榴花

石榴花南中一種四季常開夏中既實之後秋深復又大發花且實枝頭顆顆罅裂而其旁紅英粲然併花實

折飣盤筵極可玩

史君子花

史君子花蔓生作架植之夏開一簇一二十葩輕盈似海棠白與深紅相雜齊開此爲最異本草謂開時白久則紅蕊未詳也

添色芙蓉花

添色芙蓉花晨開正白巳午微紅夜深紅歐陽文忠公牡丹譜有添色紅與此同意此花枝條經冬不枯有高出屋者

豆蔻花

豆蔻多矣白豆蔻出南蕃草豆蔻出邕州溪峒而諸郡山閒亦有豆蔻花最可愛其葉叢生如薑葉其開花抽一幹有蘀包之蘀去有花一穗蘂數十綴之悉如指面其色淡紅如蓮花之未敷又如葡萄之下垂范石湖嘗作詩有貫珠垂寶絡翦綵倒鸞枝之句南人取花漬以梅汁日乾之香味芳美極有風致余初見之意草蔻而味辛激人亦取其子爲蜜果

泡花

泡花南人或名柚花春末開蘂圓白如大珠既折則似茶花氣極清芳與茉莉素馨相逼番禺人採以蒸香風味超勝桂林好事者或爲之其法以佳沈香薄片劈著淨器中鋪半開花與香層層相閒密封之明日復易不待花萎香蔫也花過乃已香亦成番禺人吳宅作心字香及瓊香用素馨茉莉法亦爾大抵浥取其氣令自薰陶以入香骨實未嘗以甑釜蒸煮之

曼陁羅花

廣西曼陁羅花徧生原野大葉白花結實如茄子而徧

生小刺乃藥人草也盜賊採乾而末之以置人飲食使之醉悶則挈篋而趍南人或用爲小兒食藥去積甚峻

拘那花

拘那花葉瘦長略似楊梅夏開淡紅花一朶數十萼繁如紫薇花瓣有鋸文如翦金至秋深猶有之

水西花

水西花葉如萱草花黃夏開

裹梅花

裹梅花即木槿有紅白二種葉似蜀葵采者連蔕包裹

黃梅鹽漬暴乾以薦酒故名

玉脩花

玉脩花粉紅色四季開

月禾

欽州田家鹵莽牛種僅能破塊播種之際就田點穀更不移秧其爲費種莫甚焉既種之後不耘不灌任之於天地地暖故無月不種無月不收正二月種者曰早禾至四月五月收三月四月種曰晚早禾至六月七月收五月六月種曰晚禾至八月九月收而欽陽七峒中七

八月始種早禾九十月始種晚禾十一月十二月又種名曰月禾地氣既暖天時亦爲之大變以至於此

大蒿

大蒿容梧道中久無霜雪處蒿草不凋年深滋長大者可作屋柱小亦中肩輿之杠漕屬王仲顯沿檄失轎杠從者斫道旁木代之行數里輒胞折怪視之蒿也古有蒿柱之說豈其類乎

都管草

都管草一莖六葉置室中辟蜈蚣蛇不敢入

蛆草

蛆草高一二尺狀如茅夏月插一枝盤筵中蚊蠅不近食物亦不速腐柳州有之

銅鼓草

銅鼓草其實大者如瓜小者如萊菔治瘍毒醋磨塗之

石髮

石髮出海上纖長如絲縷淺綠色置食肴中極可愛然易爛而薄於味

匾菜

匾菜出海上細如荇帶匾如薤韭長一二尺亦宜盤飣

比石髮差有味筋靭可咀嚼

胡蔓草

廣西妖淫之地多產惡草人民亦禀惡德有藤生者曰胡蔓葉如茶開小紅花一花一葉揉其葉漬之水涓滴入口百竅潰血而死矣愚民私怨茹以自斃人近草側其葉自搖蕊其惡氣好攻人氣血如此人將期死採其葉心嚼而水吞之面黑舌伸家人覺之急取抱卵不生雞兒細研和以麻油抉口灌之乃盡吐出惡物而甦小

遲不可救矣若欲驗之齒及爪甲青探銀釵咽中銀變青黑者是也人死焚尸次日灰骨中已生胡蔓數寸此等惡種火不能焚天之生物有如此者朝廷每歲下廣西尉司除胡蔓此亦人代天工之意勿謂其不可去而一不問也

嶺外代答卷八

嶺外代答卷九

宋　周去非　撰

禽獸門

象

交阯山中有石室唯一路可入周圍皆石壁交人先置芻豆于中驅一雌馴象入焉乃布甘蔗于道以誘野象象來食蔗則縱馴雌入野象羣誘之以歸既入因以巨石窒其門野象饑甚人乃緣石壁飼馴雌野象見雌得飼始雖畏之終亦狎而求之益狎人乃鞭之以箠少馴則乘而制之凡制象必以鉤交人之馴象也正跨其頸手執鐵鉤以鉤其頭欲象左鉤頭右欲右鉤左欲卻鉤額欲前不鉤欲象跪伏以鉤正案其腦復重案之痛而號鳴人見其號也遂以為象能聲喏焉人見其羣立而行列齊也不知其有鉤以前卻左右之也蓋象之為獸也形雖大而不勝痛故人得以數寸之鉤馴之久久亦解人意見乘象者來低頭跪膝人登其頸則奮而起行象頭不可俯頸不可回口隱於頤去地猶遠其飲食運動一一以鼻為用鼻端深大可以開閉其中又有小肉夾

雖芥子亦可拾也每以鼻取食卽就爪甲擊去泥垢而後捲以入口其飲水亦以鼻吸而捲納諸口村落小民新蒭熟野象逐香而來以鼻破壁而入飲人之大患也象足如柱無指而有爪甲登高山下峻阪渡深水其形擁腫而乃捷甚交人呼而驅之似能與之言者貢象之役一象不甚馴未幾病死呻吟數日將死回首指南而斃其能正邱首如此是亦非凡獸也欽州境內亦有之象行必有熟路人於路傍木上施機刃下屬於地象行觸機機刃下擊其身苟中其要害必死將死以牙觸石

折之知牙之爲身災也苟非要害則負刃而行肉潰刃脫乃已非其要害而傷其鼻者亦死葢其日用無非鼻傷之則療不可合能致死也亦有設陷穽殺之者去熟路丈餘側斜攻土以爲穽使路如舊而象行不疑乃墮穽中世傳象能先知地之虛實非也第所經行必無虛土耳象目細畏火象羣所在最害禾稼人倉卒不能制以長竹繫火逐之乃退象能害人羣象雖多不足畏惟可畏者獨象也不容於羣故獨行無畏遇人必肆其毒以鼻捲人擲殺則以足蹴人血透肌而以鼻吸飲人血

人殺一象衆飽其肉惟鼻肉最美爛而納諸糟邱片腐之食物之一雋也象皮可以爲甲堅甚人或條截其皮硾直而乾之治以爲杖至堅善云

虎

虎廣中州縣多有之而市有虎欽州之常也城外水壕往往虎穴其閒時出爲人害村落則晝夜羣行不以爲異余始至欽巳見城北門衆逐虎頗訝之未幾白事提學司投宿寧越驛亭中卒是虎跡予怪而問焉答曰吾與妻子臥壁下虎夜掉尾擊吾壁以鼻嗅人氣垂涎下

云比還欽時雨潦壞城虎入城負大豕無慮夕因玩狎不復驚忽有虎晩入安遠縣衙坐戒石前守宿吏卒不以爲意直相與揶揄之少焉緩步趻廳吏卒始散乃知虎也

天馬

邕州溪峒七源州有天馬山山上有野馬十餘匹疾迅若飛人不能邇熙寧閒七源知州縱牡馬于山後生駒駿甚自後屢縱迄不可得矣

蠻馬

南方諸蠻馬皆出大理國羅殿自杞特磨歲以馬來皆販之大理者也龍羅張石方五部蕃族謂之淺蕃亦産馬馬乃大口項軟趾高眞駑駘爾唯地愈西北則馬愈良南馬狂逸奔突難於駕馭軍中謂之拚命擡一再馳逐則流汗被體不如北馬之耐然忽得一良者則北馬雖壯不可及也此豈西域之遺種也耶是馬也一匹直黃金數十兩苟有必為峒官所買官不可得也蠻人所自乘謂之座馬往返萬里跬步必騎馳負且重未嘗困乏蠻人寧死不以此馬予人蓋一無此馬則不可返國

所謂眞堪託死生者聞南詔越睒之西産善馬日馳數百里世稱越睒駿者蠻人座馬之類也聞今溪峒有一黃淡色馬高止四尺餘其耳如人指之小其目如垂鈴之大鞍轡將來體起拳筋一動其韁倏忽若飛跳躑越塹在乎一喝此馬本蠻王騎來偶病黃峒官以黃金百兩買而醫之後蠻王再來見之歎息欲以金二百兩買去勿予之矣嘗有一勢力者欲強取之峒官斃裂其蹄然不害於行也此馬希世之遇何止來十一於千萬哉謂可必得害事多矣

果下馬

果下馬土産小駟也以出德慶之瀧水者為最高不踰三尺駿者有兩脊骨故又號雙脊馬健而善行又能辛苦瀧水人多孳牧歲七月十五日則盡出其所畜會江上馳驟角逐買者悉來聚觀會畢即議價交易它日則難得矣湖南邵陽營道等處亦出一種低馬短項如豬駑鈍不及瀧水兼亦稀有雙脊者

蠻犬

蠻犬如獵狗警而猘諸蠻以馬互市於橫山皆作茅舍

野次謂之茅寮率攜一犬以自防盜莫敢近

猨

猨有三種金線者黃玉面者黑者面亦黑金線玉面皆難得或云純黑者雄金線者雌又云雄能嘯雌不能也子能抱持其母牢不可拆人取之射殺其母取其子子猶抱母皮不釋獵猨者可以戒也猨性不耐著地著地輒瀉以死煎附子汁與之即止登木好以兩臂攀枝上不甚用足終日嚣嚣然

白鹿

欽州平野多鹿中有一鹿大軀長角玉雪其色嘗墮蘇氏網羅幾擒而逸淳熙乙未二月有野婦把一白麛鬻於市太守鄭以錢七百得之日取生牛乳飼之長大乃雌爾然馴狎可愛鄭求得張曲江進白鹿故事作鶚金羈絡掩尾之飾將以進呈而不遂然欽之白鹿自昔有之不足異也南方野鹿成羣望人不去近逼之而後走性凝畏聞人氣人在上風其走必速下風則走遲獵者從下風逼射之

蜼

深廣山中有獸似豹常仰視天雨則以尾窒鼻南人呼為倒鼻鼈捕得則寢處其皮士夫珍之以藉胡牀今冕服所畫蜼是也夫獸能以尾窒鼻禦雨斯亦智矣其登於三代之服章厥有由哉

人熊

廣西有獸名人熊乃一長大人也被髮裸體手爪長銳常以爪劃橄欖木取其脂液塗身厚數寸用以禦寒暑敵搏噬是獸也力能搏虎每跣踔而行道遇一木根必拔去而後行登木而食橡栗必折盡而後已余夜宿昭州灘下聞山中拔木聲舟師急移舟宿遠岸問之曰人熊在山能卽船害人又云往年融州有人熊渡水人以為獸也挈舟刺之以鎗熊就水接鎗折之遂破人舟其在山中遇人則執人手以舌掩面而笑少焉以爪抉人目睛而去嘗有人熊日坐于猺人之門猺人每投以飯因起機心以大木兩片緊合之中椓一杙令兩木中開次日人熊至見杙而怒蹲坐拔去杙而兩木合正害其勢乃死猺人急去木以米泔洗地繼而雌至求雄莫辨所殺之處遂不為害不然雌猺人亦不可得而安居矣

山豬

山豬卽毫豬身有棘刺能振發以射人二三百為羣以害苗稼州峒中甚苦之

花羊

花羊南中無白羊多黃褐白斑如黃牛又有一種深褐黑脊白斑全似鹿羣山谷望之眞鹿也肴饌中羊皮率青黯可憎以無白羊故也

綿羊

綿羊出邕州溪峒及諸蠻國與朔方胡羊不異有白黑

二色毛如𦆵纈翦毛作氊尤勝朔方所出者

大貍

凡貍之類不一多有穴於城郭園林者其大倍貓身有黑黯鳴號洶厲處處有之邕州別有一種大貍其毛色如金錢豹但其錢差大耳彼人云歲久則爲豹其文先似之矣此皮可寢及覆胡牀其大幾及豹也

風貍

風貍狀如黃猨食蜘蛛晝則拳曲如蝟遇風則飛行空中其溺及乳汁主風疾奇效有野夫能一枚詣賓守劉

仔任道晝伏不動夜則奔躍於籠中不休需錢五十千劉笑卻之

仰鼠

欽州有鼠形如豬黑身白腹仰生土中攻土而行逆順前卻迅疾難捕人見土面迤邐墳起即知其爲鼠急以钁斷其前後夾掘而擒之不然一聞钁聲退而逝矣

香鼠

香鼠至小僅如指擘大穴於柱中行地上疾如激箭官舍中極多

石鼠

石鼠專食山豆根賓州人捕得以其腹乾之治咽喉疾效如神功用勝山豆根謂之石鼠肚

麝香

自邕州溪峒來者名土麝氣燥烈不及西香然比年西香多僞雜一臍化爲十數枚豈復有香甯麝氣味雖劣以不多得得爲珍貨不暇作僞入藥宜有力

懶婦

懶婦世傳織婦慵懶者所化狀如山豬而小喜食禾苗

田夫以機軸織紝之器挂田所則不復近安平七源等州有之

山獺

山獺出宜州溪峒俗傳爲補助要藥峒人云獺性淫毒山中有此物凡牝獸悉避去獺無偶抱木而枯峒獠尤貴重云能解藥箭毒中箭者研其骨少許傅立消一枚直金一兩人或買但得殺死者功力甚劣抱木枯者土人自稀得之徒有其說而已

山鳳凰

鳳凰生丹穴丹穴南方也今邕州溪峒高崖之上人跡不至之處乃有鳳凰巢焉五色成章大逾孔雀如今所畫而頭特大百鳥遇之必環列而立其頂之冠常盛水雌雄更飯未始下人間南人謂之山鳳凰石湖虞衡志云兩江深林有卵雄者以木枝雜桃膠封其雌于巢獨留一竅雄飛求食以飼之子成卽發封不成窒竅殺之此亦暴物

孔雀

孔雀世所常見者中州人得一則貯之金屋南方乃腊

而食之物之賤于所產者如此膽能殺人以膽一滴霑于酒盞之臂而酌以飲人亦死前志謂南方有大雀五色成文爲鸞鳳之屬孔者大也豈是物與

鸚鵡

占城產五色鸚鵡唐太宗時環王所獻是也　謂能訴寒有詔還之環王國卽占城也余在欽嘗于聶守見白鸚鵡紅鸚鵡白鸚鵡大如小鵝羽毛有粉如蝴蝶翅紅鸚鵡其色正紅尾如烏鳶之尾然皆不能言徒有其表爾欽州富有鸚哥頗慧易教土人不復雅好唯福建人在欽者時或教之歌乃眞成閩音此禽南州羣飛如野鳥舉網掩羣臠以爲鮓物之不幸如此

烏鳳

烏鳳如喜鵲色紺碧頸毛類雄雞鬃頭有冠尾垂二弱骨各長一尺四五寸其杪始有羽毛一簇冠尾絕異大略如鳳鳴聲清越如笙簫能度曲妙合宮商教之精熟至能終一闋又能爲百蟲之音生左右江溪峒中極難得飼以生物故又甚蓄南方珍禽之尤然書傳未之紀當爲難得人罕識云

秦吉了

秦吉了如鸜鵒紺黑色丹咮黃距目下連項有深黃文項毛有縫如人分髮能人言及咳嗽謳吟聞百蟲音隨輒效學比鸚鵡尤慧大抵鸚鵡聲如兒女秦吉了聲則如丈夫出邕州溪峒中唐書林邑出結遼鳥林邑今占城去邕欽州但隔交阯疑卽吉了也白樂天諷諫又自有秦吉了詩

翡翠

翡翠產于深廣山澤間穴巢于水次一壑之水止一雌

雄外有一焉必爭界而鬬死人乃用其機養一媒擎諸左手以行澤中翡翠見之就手格鬬不復知有人也乃以右手取羅掩之無能脫者邕州右江産一等翡翠其背毛悉是翠茸窮侈者用以撚織

鴈

鴈秋南春北謂之陽鳥吳中太湖雖盛夏亦有留鴈蓋太湖深處至涼且有魚蚌可戀也衡陽有回鴈峯云鴈至此不復南征余在靜江數年未嘗見一鴈益信有回鴈之說蓋靜江雖無瘴癘而深冬多類淺春故鴈不至

況于深廣常燠之地乎

靈鶻

邕州有禽曰靈鶻狀如啄木而差大巢于木穴生子其中人以木窒其穴鶻至無所歸乃至地禹步俄而所窒躍去乃得入穴其後以灰布地而窒其穴欲觀其步而效之鶻既步急以爪畫步而入穴人欲效之無由

骨噪

邕州有禽曰骨噪似竹雞生茅茨中人即其巢（原本闕三字）折其骨毋乃（原本闕一字）藥如馬腦大方寸許（原本闕三字）之骨復能步人逐其毋奪其藥竟不知（原本闕三字）以用但以囊盛藥爲小兒辟惡久而藥亦復不見謹收不過（原本闕）

鴆

邕州溪峒深山有鴆鳥形如鴞而差大黑身紅目音如羯鼓唯食毒蛇鴆禹步遇蛇其聲邦邦然蛇入石穴鴆于穴外禹步有頃石碎吞之凡山有鴆草木悉枯鴆集于石其石必裂或云鴆秋冬脫羽人以銀作爪勾取致之銀瓶否則手爛欲加鴆于人以一羽致酒即死

春蟲

白鳥鴿鸛之屬秋則自北而南春則自南而北猶鴈然而地不同靜江府人謂之春蟲欽州者春蟲南歸之地也靜江之興安靈川縣其人善捕池塘平野高木淺林無非機穽春蟲北出必過二縣欲宿彷徨不敢下其捕法云先訓一春蟲爲媒則于水塘遍插僞禽若啄若立之勢以爲之誘又于塘側跨水結小低屋以蔽人形每晚殺小蝦纂數籃置之小屋中忽見春蟲羣飛縱媒誘之以下其媒能前後遮截必誘入塘乃止噫此禽眞賣友者耶春蟲既已下人乃于小屋中暗擲蝦纂媒先來

食人乃設機械暗于水中鉤其脚而取之其爲械也製鐵鉤如鸛觜當其折曲處又折爲小環如鵝目令稍缺可以鉤陷舂蟲之脛于鉤之柄立小梃寸許以爲暗行水中度舂蟲近屋取食人以鐵鉤暗鉤其足脛微掣鉤令脛陷入小環而不得脫乃急于水裏拽入小屋拔其六翮復縱焉已不能飛始餌之以疑衆禽少留乃得以次取之

鶉子

廣西海山多鶉雷化間羅爲鮓至富也鶉乃海中黃魚

所化成者黃魚當秋冬羽翼以化于水中俟北風拍岸遂登岸成鶉便能行入茅葦海南人捕得黃魚有半化爲鶉者莊周鵾鵬之喻小大不同其義一也余嘗推其故物未有非類而能化者鳥魚皆生于陰豈非質異而性同歟

鬭雞

芥肩金距之技見于傳而未之覩也余還自西廣道番禺乃得見之番禺人酷好鬭雞諸番人尤甚雞之産番禺者特鷙勁善鬬其人飼養亦甚有法鬭打之際各有術數注以黃金觀如堵墻也凡雞毛欲疏而短頭欲豎而小足欲直而大身欲疏而長目欲深而皮厚徐步眈視毅不妄動望之如木雞如此者每鬭必勝人之養雞也結草爲墪使立其上則足嘗定而不傾置米高于其頭使聳膺高啄則頭常豎而觜利割截冠緌使敵雞無所施其觜剪刷尾羽使臨鬭易以盤旋常以翎毛攪入雞喉以去其涎而摻米飼之或以水噀兩腋調飼一一有法至其鬭也必令死鬭勝負一分死生即異蓋鬭負則喪氣終身不復能鬭即爲鼎實矣然常勝之雞亦必

早衰以其每鬭屢瀕死也鬭雞之法約爲三間始鬭少頃此雞失利其主抱雞少休去涎飲水以養其氣是爲一間再鬭而彼雞失利彼主亦抱雞少休如前養氣而復鬭又爲一間最後一間兩主皆不得與二雞之勝負生死決矣雞始鬭奮擊用距少倦則盤旋相啄一啄得所觜牢不捨副之以距能多如是者必勝其主喜見于色番人之鬭雞又乃甚焉所謂芥肩金距眞用之其芥肩也末芥子糝于雞之肩腋兩雞半鬭而倦盤旋伺便互刺頭腋下翻身相啄以有芥子能眯敵雞之目故用

以取勝其金距也薄刃如爪鑿柄于雞距奮擊之始一揮距或至斷頭蓋金距取勝于其始芥肩取勝于其終季孫於此能無怒耶小人好勝爲此凶毒使微物不得生自三代已然

長鳴雞

長鳴雞自南詔諸蠻來一雞直銀一兩形矮而大羽毛甚澤音聲圓長一鳴半刻

潮雞

廣有潮雞潮至則啼身小足矮昔余襄公靖詩云客聽潮雞迷早夜人瞻颶母識陰晴是也

枕雞

欽州有小禽一種大如初生雞兒毛翎純黑項下有橫白毛向晨必啼如雞聲而細人置枕間以之司晨亦名曰鶉子余命曰枕雞

翻毛雞

雞翮翎皆翻生彎彎向外雌雄皆然二廣皆有之

嶺外代答卷九

嶺外代答卷十

宋　周去非　撰

蟲魚門

蚺蛇

蚺蛇能食獐鹿人見獐鹿驚逸必知其爲蛇相與赴之環而謳歌呼之曰妳妳(徒架反)謂姉也蛇聞歌即俛首人競採野花置蛇首蛇愈伏乃投以木株蛇就枕焉人掘坎枕側蛇不顧也坎成以利刃一揮墮首於坎急壓以土人乃四散食頃蛇身騰擲一方草木爲摧既死則剝

其皮以鞔鼓取其膽以和藥飽其肉而棄其膏蓋膏能痿人陽道也人謂大風油即稱蚺蛇膏非是夫蛇之死可謂愚矣然天地之間物理有所不可曉者以蛇之大而甘受制誠愚然特其未見水耳彼一見水必夭矯其形不受制伏起而吞人雖不遇水有小兒在側亦忽吞之是其死也殆有機緘者存非蛇之愚也

六目龜

聞欽七洞有六目龜欣然異之因人求得乃眞目之上有四僞目耳所謂僞目即頭上金黃花紋圓長中黑似

目也然僞目與眞目排比端正不偏無一不然亦足愛矣常龜養之不死是龜旬月卽死是殆不以龜養龜而然歟

鼊蠵瑁

欽海有介屬曰鼊大如車輪皮裏有薄骨十三如蠵瑁今人用以爲篦刀筒子者是也蠵瑁背甲亦十三片自然成班紋世言鞭血成斑斯言妄矣

蟺音壇

欽州海濱有穴處水族曰蟺狀如龍而無角長五尺許

蜑人得之縶而售諸市管界巡檢劉昂者見而市之將烹同僚忿其形之似神物也請縱之江其未得水則類死矣一得水則奮迅蹴踏夭矯滅沒波頭爲起俄然而逝彼幺麽其形而猶若是況眞龍哉

鱘鰉魚

春水發生鱘鰉大魚自南海入江至潯象之境龍門之下或爲漁網所得余東歸將至番禺有蜑急棹就舟鬻二鱘鰉求售大者長六尺小者四尺脩鼻侈腮口隱於頤身無細鱗上各有鋒刃與凡魚不同惻然念曰神龍之穉乃受制於人如此哉問所需幾何曰四百卽市而縱焉始則舉首出水少焉揚鬐掉尾復舉首似顧悠然而逝矣

嘉魚

蒼梧大江之南山曰火山下有丙穴嘉魚出焉所謂南有嘉魚詩人傳之也嘉魚形如大鰣魚身腹多膏其土人煎食之甚美其煎也徒置魚於乾釜少焉膏溶自然煎熬不別用油謂之自裹

河魚

左氏河魚腹疾語迄無定說余仕古縣常食市魚廚者曰此魚病肚不堪食剖視之滿腹黃水也後汎舟見一魚死於舟側舟人曰此魚病肚死矣問何謂病肚曰凡物皆有疾魚在水無他疾唯病肚乃死因悟申叔時河魚之說

竹魚鰕魚

竹魚出灕水狀似青魚味如鱖魚鰕魚亦出灕水肉白而豐味似鰕而鬆美大抵南中魚品如鯉鯽者甚多而鰕竹二魚爲珍

鬼蛺蝶

鬼蛺蝶大如扇四翅共徑六七寸褐質閒雜色晃然下兩翅有翠點尤光彩好飛荔枝上

黑蛺蝶

黑蛺蝶大如扇橘蠹所化翅墨黑而有翠綵一行特爲鮮明北人或名元武蟬

天鰕

南方有飛蟲有翅如飛蛾其尾如蟋蟀色白身長似小鰕然夏秋之閒晚飛蔽天墮水人以長竹竿橫江面使

風約之如萍之聚早乃掉舟搏取縷肥肉合以爲鮓味頗美然此夜墮水次早卽取乃可用稍遲一夕已脫而化矣

蜮

余在欽一夕燕坐見有似蜥蜴而差大者身黃脊黑頭有黑毛抱䟽籬之杪張頷四顧聳身如將躍也適有士子相訪因請問之答曰此名十二時其身之色一日之內逐時有異口嘗含毒俟人過則射其影人必病余曰非所謂蜮者歟生曰然書傳所載卽是物也未幾余染

瘴幾殆

古蹟門

韶石

韶石山在韶州東北高七十丈闊一百五十丈昔虞舜登此石奏韶樂因以名州晉永和二年有飛仙遊其上張循州韶石圖有三十六石名因具於左　新婦石　毬門石　大木倉石　小禾倉石　太平石　盤龍石　獅子石　侍石　上鱗魚石　下鱗魚石　帽子峯石　鳳閣石　羅仙峯石　雙闕石　馬鞍石　四接

石　使石　三峯石　桃石　大香爐石　小香爐石　駱駝石　奏樂石　樓閣石　寶蓋石　硯面石　虹霓石　朝仙峯石　覆船石　五羊石　圓石巖　鍾石　續石　石臼　石井　缺一

秦城

湘水之南靈渠之口大融江小融江之閒有遺堞存焉名曰秦城實始皇發謫戍五嶺之地秦城去靜江城北八十里有驛在其旁張安國紀之詩曰南防五嶺北防胡猶復稱兵事遠圖桂海冰天塵不動誰知壠上兩耕

去北二十里有險曰嚴關羣山環之鳥道微通不可方軌此秦城之遺蹟也形勢之險襟喉之會水草之美風氣之佳眞宿兵之地據此要地以臨南方水已出渠自是可以方舟而下陸苟出關自是可以成列而馳進有建瓴之利勢退有重險之可蟠宜百粵之君委命下吏也

綠珠井

鬱林州博白縣古白州也晉石崇姿綠珠實生焉有井名綠珠云其鄉飲是多生美女異時鄉父老有識者聚

而謀窒是井後生女乃不甚美或美必形不具深山大澤實生龍蛇掩井之人亦云智矣

古富州

古富州今昭州昭平縣在灕江之濱荆棘叢中止有三家茅屋及一縣衙眞所謂三家市也有舟人登岸飲酒遂宿茅屋家夜半覺門外託託有聲主人戒之曰毋開門此虎也奴起而視之乃一乳虎將數子以行今爲縣乃爾不知昔日何以爲州耶

銅柱

漢馬伏波平交阯立銅柱爲漢極西界唐馬總爲安南都護夷獠爲建二銅柱於伏波之處以明總爲伏波之嗣是銅柱在安南矣又唐何履先定南詔復立馬援銅柱按南詔今大理國則是銅柱復當在大理又占不勞之地南有大浦有五銅柱山形若倚蓋西重巖東崖海按占不勞今占城也然則銅柱又當在占城聞欽境古森峒與安南抵界有馬援銅柱安南人每過其下人以一石培之遂成丘陵其說曰伏波有誓云銅柱出交阯滅培之懼其出也又云交阯境內有數銅柱未知孰是

陟屺寺

欽州靈山縣東南三十里有武利場俗傳唐則天母氏故里也去場不遠有陟屺寺遺址云則天念母爲建寺祈福之地猶有豐碑斷裂茅檜閒字畫略可辨其文則盧肇奉敕撰按則天父武士彠晉人母楊未詳家何地后得志封榮國夫人榮國卒后出珍幣建佛廬以徼福然則陟屺之說固苗裔矣惜肇碑剝落不可考也然亦可疑肇袁州人舊跡武宗朝去則天固遠將奉何敕作記耶

交阯

記曰南方曰蠻雕題交阯有不火食者矣交州記曰交阯之人出南定縣足骨無節身有毛臥者更扶始得起余至欽見夫黑齒跣足皁其衣裳者人耳烏覩所謂足無節身有毛者哉人言道州侏儒今道州人七尺而邵州恭城縣與道接畛閒產一二侏儒竊意南定縣如恭城也不然豈其人足皆無節而能更相扶耶閒受戾氣遂以得名意當如此

儋耳

儋耳今昌化軍也自昔為其人耳長至肩故有此號今昌化曷嘗有大耳兒哉蓋南蕃及黎人人慕佛相好故作大環以墜其耳俾下垂至肩實無益於耳之長其竅乃大寸許

冰井火山

梧州城東有方井二冰泉清冽非南方水泉比也謂之冰井其南隔江有火山下有丙穴嘉魚生焉元次山嘗為梧州有火山無火冰井無冰之句

蠻俗門

蠻俗

蠻夷人物強悍風俗荒怪中國姑羈縻之而已其人往往勁捷能辛苦穿皮履上下山如飛其械器有桶子甲長槍手標偏刀逷(原闕二字)牌山弩竹箭桄榔箭之屬民編竹苫茅為兩重上以自處下居雞豚謂之麻欄生理苟簡冬編鵞毛木棉夏緝蕉竹麻紵為衣摶飯掬水以食家具藏土窖以備寇掠土產生金銅鉛綠丹砂翠羽峒緂練布八角茴香草菓諸藥各遂其利不困乏今黃姓尚多而儂姓絕少智高亂後儂氏善良許從國姓今多姓趙氏宜州徼外西原黃峒武陽羣小蠻即唐黃家賊之地崇建南丹使控制之然莫氏家人亦有特相攻奪其刺史莫延葚逐其弟延廩而自立延廩奔朝廷謂之出宋(凡州峒歸明者皆稱出宋)延葚淫酷不能服其類鄰永樂周王民與為仇相攻官反為和解延葚恃此益驕不奉法至私刻經略安撫司及宜州溪峒司印效帥守花書行移以嚇諸蕃落邊將常恭懷姦利與交通囊橐為代作奏章冒至闕下不關白經略司范石湖作帥捕劾以聞削籍竄之其後稍讋

獠俗

獠在右江溪峒之外俗謂之山獠依山林而居無酋長版籍蠻之荒忽無常者也以射生食動而活蟲豸能蠕動者皆取食無年甲姓名一村中推有事力者曰郎火餘但稱火蔵首以土杯十二貯水隨辰位布列郎火禱焉經夕集衆往觀若寅有水而卯涸則知正月雨二月旱自以不差諸蕃蔵賣馬於官道其境必要取貨及鹽牛否則梗馬路官亦以鹽綵和謝之舊傳其類有飛頭鑿齒鼻飲白衫花面赤裩之屬二十一種今右江西南

一帶甚多殆百餘種也唐房千里異物志言獠婦生子即出夫憊臥如乳婦不謹則病其妻乃無苦

入寮

邕州諸溪峒相爲婚姻峒官多姓黃悉同姓婚也其婚嫁也唯以麤豪痛擾爲尚送定禮儀多至千人金銀幣帛固無而酒酢爲多然其費亦云甚矣壻來就親女家於所居五里之外結草屋百餘間與居謂之入寮壻家以鼓樂送壻入寮女家亦以鼓樂送女往寮女之婢妾百餘壻之僕從至數百人結婚之夕男女家各盛兵爲備少有所爭則兵刃交接成婚之後壻常袖刀而行妻之婢少迕其意即手殺之謂之逞英雄入寮半年而後婦歸夫家夫自入寮以來必殺婢數十而後妻黨畏之否則以爲懦

挂劍

邕州溪峒之外西南有蠻其夫甚剛其妻甚怯夫婦異室妻之所居深藏不見人形夫過其妻必挂劍於門而後入其合夫婦之道夜期於深山不以常所居也云不如是則鬼物有顯誅

繡面

海南黎女以繡面爲飾蓋黎女多美昔嘗爲外人所竊黎女有節者涅面以礪俗至今慕而效之其繡面也猶中州之笄也女年及笄置酒會親舊女伴自施針筆爲極細花卉飛蛾之形絢之以徧地淡粟紋有皙白而繡文翠青花紋曉了工緻極佳者唯其婢不繡邕州溪峒使女懼其逃亡則黥其面與黎女異矣

鼻飲

邕州溪峒及欽州邨落俗多鼻飲鼻飲之法以瓢盛少

水置鹽及山薑汁數滴於水中瓢則有竅施小管如瓶嘴插諸鼻中導水升腦循腦而下入喉富者以銀爲之次以錫次陶器次瓢飲時必口噍魚鮓一片然後水安流入鼻不與氣相激既飲必噫氣以爲涼腦快膈莫若此也止可飲水謂飲酒者非也謂以手掬水吸飲亦非也史稱越人相習以鼻飲得非此乎

飛駞

交阯俗上巳日男女聚會各爲行列以五色結爲球歌而拋之謂之飛駞男女目成則女受駞而男婚已定

踏搖

猺人每歲十月旦舉峒祭都貝大王於其廟前會男女之無室家者男女各群連袂而舞謂之踏搖男女意相得則男吚嚶奮躍入女羣中負所愛而歸於是夫婦定矣各自配合不由父母其無配者姑俟來年女三年無夫負去則父母或殺之以爲世所棄也

款塞

史有款塞之語亦曰納款讀者略之蓋未覩其事爾款者誓也今人謂中心之事爲款獄事以情實爲款蠻夷效順以其中心情實發其誓詞故曰款也乾道丁亥靜江猺人犯邊范石湖檄余白事帥府與閒團結邊民之事猺人計窮出而歸命乃詣帥府納款其詞曰某等既充山職今當鈐束男姪男行把棒女行把麻任從出入不得生事若生事者上有太陽下有地宿其翻背者生男成驢生女成豬舉家絕滅不得翻面說好背面說惡不得偷寒送暖上山同路下水同船男兒帶刀同一邊一點一齊同殺盜賊不用此款並依山例山例者殺之也他語甚鄙不可記憶聊記其謂款者如此

木契

猺人無文字其要約以木契合二板而刻之人執其一守之甚信若其投牒於州縣亦用木契余嘗攝靜江府靈川縣有猺人私爭赴縣投木契乃一片之板長尺餘左邊刻一大痕及數十小痕於其下又刻一大痕於其上而於右邊刻一大痕牽一線道合於右大痕又於正面刻爲箭形及以火燒爲痕而鑽板爲十餘小竅各穿以短稻穰而對結綴焉殊不曉所謂譯者曰左下一大痕及數十小痕指所論讎人將帶徒黨數十人以攻我

也左上一大痕詞主也右一大痕縣官也牽一線道者詞主遂投縣官也刻爲箭形言讐人以箭射我也火燒爲痕乞官司火急施行也板十餘簇而穿草結緘欲讎人以牛十餘頭備償我也結緘以喻牛角云

打甏

溪峒及邕欽瓊廉村落間不飲淸酒以小甕乾醞爲濃糟而貯畜之每觴客先布席於地以糟甕置賓主間別設水一盂副之以杓開甕酌水入糟插一竹管管長二尺中有關捩狀如小魚以銀爲之賓主共管吸飲管中

魚閉則酒不升故吸之太緩與太急皆足以閉魚酒不得而飲矣主飲魚閉取管埋之以授客客復吸飲再埋管以授主飲將竭再酌水攪糟更飲至甚醨而止其爲壽也不別設酒主人妻子出而壽客妻先酌水入甕致詞以管授客飲已男若女迭酌水爲壽客之多飲壽酒也實多飲水耳名曰打甏南人謂甕爲甏

抵鵶

自安南及占城眞臘皆有肩輿以布爲之制如布囊以一長竿舉之上施長篷以木葉鱗次飾之如中州轎頂也二人舉一長竿又二人策行安南名曰抵鵶安南使者黃縈以一抵鵶載一妾自隨凡使者至欽皆有涼轎釘鉸黑漆甚澤而兩竿盡短雨晴皆用之此蓋效中國爲之也若其本國只用抵鵶爾

十妻

南方盛熱不宜男子特宜婦人蓋陽與陽俱則相害陽與陰相求而相養也余觀深廣之女何其多且盛也男子身形卑小顏色黯慘婦人則黑理充肥少疾多力城郭虛市負販逐利率婦人也而欽之小民皆一夫而數

妻妻各自負販逐市以贍一夫徒得有夫之名則人不謂之無所歸耳爲之夫者終日抱子而遊無子則袖手安居羣婦各結茅散處任夫往來曾不之較至于溪峒之首例有十妻生子莫辨嫡庶至於讎殺云

捲伴

深廣俗多女嫁娶多不以禮商人之至南州竊誘北歸謂之捲伴其土人亦是捲伴不能如商人之徑去則其事乃有異始也既有桑中之約卽暗置禮聘書於父母牀中乃相與宵遁父母乍失女必知有書也索之衽席

問果得之乃聲言訟之而迄不發也歲月之後女既生子乃與壻備禮歸寧預知父母初必不納先以醨酒入門父母佯怒擊碎之壻因請託鄰里祈懇父母始需索聘財而後講翁壻之禮凡此皆大姓之家然也若乃小民有女惟恐人不誘去耳往誘而不去其父母必勒女歸夫家且其俗如此不以爲異也

鬭白馬

廣人妻之父母死壻至祭必乘馬而往以二牌棒手前導將至妻家駐馬以待妻家亦以二牌棒手對敵謂之

鬭白馬壻勝則祭得入不勝則不得入故壻家必勝以入其祭

迎茅娘

欽廉子未娶而死則束茅爲婦於郊備鼓樂迎歸而以合葬謂之迎茅娘昔魏武愛子蒼舒卒聘甄氏亡女合葬明帝愛女淑卒娶甄氏亡孫合葬欽之迎茅娘夷風也曹氏父子直爲冥婚豈足尚

志異門

天神

廣右敬事雷神謂之天神其祭曰祭天蓋雷州有雷廟威靈甚盛一路之民敬畏之欽人尤畏圃中一木枯死野外片地草木萎死悉曰天神降也許祭天以禳之苟雷震其地則又甚也其祭之也六畜必具多至百牲祭之必三年初年薄祭中年稍豐末年盛祭每祭則養牲三年而後克盛祭其祭也極謹雖同里巷亦有懼心一或不祭而家偶有疾病官事則鄰里親戚衆尤之以爲天神實爲之灾

聖佛

南海諸蕃國皆敬聖佛相傳聖佛出世在眞臘國之占里婆城聖佛女子也有夫渡海而舟爲龍王所蕩乃謂

龍王曰使我登岸當歲生一子以奉龍王既海神送其舟於占里婆城乃顯神異人有慢輕必降禍也人有所求必赴感焉人有自欺於前必報驗焉南蕃皆敬事之凡相爭者必相要質於聖佛前曲者不敢往也南蕃所居皆茅廬唯聖佛廟貌甚整黃金飾像四軀爲四殿蓋一佛而三夫也女巫數輩謂之夷婆廟多鼓舞血食無虛日每歲正月十三日設廬於廟前積禾於中請聖像

出廟而焚禾以祭十四日聖佛歸廟二十日聖佛生子乃忽有一圓石出其身二十日夜舉國人民不寢以聽佛之生子明日國人皆奉珍寶犀象獻佛其所生子舟載而投諸海以奉龍王云六合之外妖祥怪誕愈多如此

甯諫議

欽州甯諫議廟去城數十里太守到任謁之雨暘不時禱之輒應六朝時有甯猛力據有其地隋朝因拜猛力為安州刺史然恃險驕倨自若也自令狐熙為桂州總

管諭以恩信乃詣府請謁後熙奏改安州為欽州猛力欲隨使者何稠入朝而死其子長真葬畢即入朝乃以長真嗣為欽州刺史唐高祖授長真欽州都督長真死子據襲刺史然則諫議其猛力歟猛力最有功於欽欽人即其墓宅祉而稷之置祭田數頃諸甯掌之至今尚存諸甯今為大姓每科舉嘗有薦名者欽之祀無非淫祠惟諫議為正

武婆婆

廣右人言武后母本欽州人今皆祀武后也冠帔巍然衆人環坐所在神祠無不以武為尊巫者招神稱曰武太后孃孃俗曰武婆婆也

轉智大王

欽州陳承制名永泰熙寧八年交阯破欽死於兵先是交人謂欽人曰吾國且襲取爾州以告永泰弗信交舟入境迟甚永泰方張飲又報抵城復弗顧交兵入城遂擒承制以下官屬於行衙曰不殺汝徒取金帛爾既大掠則盡殺之欽人塑其像於城隍廟祀之號曰轉智大王凡嘲人不慧必曰陳承制云

新聖

廣西凌鐵為變鄧運使擒之盡殺降也未幾鄧卒若有所覩廣西羣巫乃相造妖且明言曰有二新聖曰鄧運使凌太保必速祭不然癘疫起矣里巷大讙結竹粘紙為轎馬旗幟器械祭之於郊家出一雞既祭人懼而散巫獨攜數百雞以歸因歲歲祠之巫定例云與祭者不得罪於故巫歲有大獲在欽為尤甚

雞卜

南人以雞卜其法以小雄雞未孳尾者執其兩足焚香

禱所占而撲殺之取腿骨洗淨以麻線束兩骨之中以竹梃插所束之處俾兩腿骨相背於竹梃之端執梃再禱左骨爲儂儂者我也右骨爲人人者所占之事也乃視兩骨之側所有細竅以細竹梃長寸餘者徧插之或斜或直或正或偏各隨其斜直正偏而定吉凶其法有一十八變大抵直而正或附骨者多吉曲而斜或遠骨者多凶亦有用雞卵卜者焚香禱祝書墨於卵記其四維而煑之熟乃橫截視當墨之處辨其白之厚薄而定儂人吉凶焉昔漢武奉越祠雞卜其法無傳今姑記之

茅卜

南人茅卜法卜人信手摘茅取占者左手自肘量至中指尖而斷之以授占者使禱所求即中摺之祝曰奉請茅將軍茅小孃上知天綱下知地理云云遂禱所卜之事口且禱手且招自茅之中招至尾又自茅中招至首乃各以四數之餘一爲料餘二爲傷餘三爲疾餘四爲厚料者雀也謂如占行人早占遇料行人當在路此時雀已出巢故也日中占遇料則行人當晚至時雀至暮當歸爾晚占遇料則雀已入巢不歸矣傷者聲也謂之笑面貓其卦甚吉百事歡欣和合疾者黑面豹也其卦不吉所在不和合厚者滯也凡事遲滯茅首餘二名曰料貫傷首餘三名曰料貫疾餘皆倣此南人卜此最驗精者能以時辰與茅折之委曲分別五行而詳說之大抵不越上四餘而四餘之中各有吉凶又係乎所占之事當卜之時或遇人來則必别卜曰外人踏斷卦矣余以爲此法即易卦之世應揲蓍也嘗聞楚人篿卜今見之

南法

祝融之墟威靈所萃其間異法亦天地造化之流也巫以荆得名豈無自而然哉嘗聞巫覡以禹步咒訣鞭笞鬼神破廟殞竈余嘗察之南方則果有源流蓋南方之生物也自然稟禁忌之性在物且然況於人乎邕州溪峒有禽曰靈鶻善禹步以去窒塞又有鴆鳥亦善禹步以破山石有蠆曰十二時能含毒射人影以致病以是觀之南人之有法氣類實然然今巫者畫符必爲鴆頂之形亦可見其源流矣是故愈西南愈多詭異茫茫天地法各有本必有精于法者亦云自然而然非人所能

為也

家鬼

家鬼者言祖考也欽人最畏之村家入門之右必為小巷升當小巷右壁穴隙方二三寸名曰鬼路言祖考自此出入也人入其門必戒以不宜立鬼路之側恐妨家鬼出入歲時祀祖先即於鬼路之側陳設酒肉命巫致祭子孫合樂以侑之窮三日夜乃已城中居民於廳事上置香火別自堂屋開小門以通街新婦升廳一拜家鬼之後竟不敢至廳云儻至則家鬼必繫殺之惟其主婦無夫者乃得至廳

挑生

廣西挑生殺人以魚肉延客對之行厭勝法魚肉能反生於人腹中而人以死相傳謂人死陰役於其家有一名士嘗為雷州推官親勘一挑生公事置肉盤下俾囚作法以驗其術有頃發視肉果生毛何物淫鬼乃能爾也然解之亦甚易但覺有物在胸膈則急服升麻以吐之覺在腹中急服鬱金以下之此方亦雷州鏤板印散者蓋得之於囚也

蠱毒

廣西蠱毒有二種有急殺人者有慢殺人者急者頃刻死慢者半年死人有不快於己者則陽敬而陰圖之毒發在半年之後賊不可得藥不可解蠱莫慘焉乾道庚辰欽州城東有賣漿者蓄蠱毒敗而伏辜云其家造毒婦人倮形披髮夜祭作麋粥一盤蝗蟲蛺蝶百蟲自屋上來食遺矢乃藥也欲知蠱毒之家入其門上下無纖埃者是矣今黎峒溪峒人置酒延客主必先嘗者示客以不疑也

罔兩

淳熙乙未正月朔罔兩見於融州融水縣治有人之影無人之形倮而披髮者無萬數有一手力持紙錢焚之影競赴火又復散亂有頃乃沒是日城外有神廟煙火自地出經日而滅一郡大驚鄭隕夢為融教官目見而言之是年融不聞有異

柳州蜈蚣

柳州種甘堂頃年夜有光出柱上蠹穴中滿堂如月剔視見鱗甲大如鏡太守知異物集吏卒持斧鋸齊刺之

有聲砉然破柱乃大蜈蚣長竟柱腦中得珠如鷰卵圓走盤光遂不見

桂林猴妖

靜江府疊綵巖下昔日有猴壽數百年有神力變化不可得制多竊美婦人歐陽都護之妻亦與焉歐陽設方略殺之取妻以歸餘婦人悉爲尼猴骨葬洞中猶能爲妖向城北民居每人至必飛石惟姓歐陽人來則寂然是知爲猴也張安國改爲抑山廟相傳洞內猴骨宛然人或見眼忽微動遂驚去矣

嶺外代荅卷十

嶺外代荅卷十

南海百詠一卷

〔宋〕方信孺撰

《南海百詠》一卷，宋方信孺（一一七七—一二二三）撰。信孺字孚若，號好庵，自號紫帽山人，福建興化軍（今莆田）人。以蔭補官，累遷淮東轉運判官兼提刑、知真州等職，曾出使金國。是書爲其官番禺縣尉時所作，「取南海古蹟，每一事爲七言絶句一首，每題之下各詞其顛末，注中多記五代南漢劉氏事」（阮元《四庫未收書目提要》卷三），共百首。其注中所引沈懷遠《南越志》、鄭熊《番禺襍志》，今多不傳。又《番塔》注謂「每歲五六月，夷人率以五鼓登其絶頂，叫佛號以祈風信。下有禮拜堂」，《蕃人塚》注謂「纍纍數千，皆南首西向」，俱宋以前中外往來之痕跡。據中國國家圖書館藏清抄本影印。

南海百咏序

境以詩名、在〻皆詩也、境之近遠、則東西[illegible]毋、南北户北觚竹、不足以喻其垠岸、而南海[illegible]特其境之寓者耳。詩境方君、來尉番山、剜苔剔蘚、訪秦漢以来数百年莽蒼之跡、可攷者百、而綴以詩、可見胸中之磊落、使其乘飛廌、憑豊隆、翱翔乎氛埃之上、登崑崙絕頂、淩閶闔、加玉壺、憩轡乎扶桑之根、以觀日之所出、方壺員嶠、橫陳浩蕩、長麗喬皇、絡其來御、下視齊州、不啻紅塵九點、則境中之詩、又可勝既耶

前詔下詔左

莆田葉孝錫於是特書其百篇之首時

今上躬耕籍田之明年三月既望

南海百咏目録

古蹟目錄

南海百詠目録

四

南海百咏

番禺漫尉莆田方信孺孚若撰

番山

番禺二山也（山海經作賁禺）今在州學之後者政爾一大磐石有亭榜以番山而禺山則漫不可考按番禺志云番山在北禺山在南國初前攝南海簿鄭熊所作番禺雜志云番山在城中東北隅禺山在南二百許步兩山舊相聯屬劉龑鑿平之（龑魚檢切又丁篋古田二切劉氏所謂高祖始霸南越者也龑字乃其自撰）就番

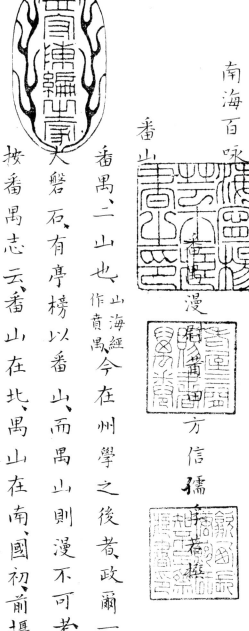

積石為朝元洞，後更名為清虛洞，而以沉香為臺觀於禺之上。至圖經，則謂番山在今府學後，禺山在清海軍樓雉堞下，是番在南而禺在北矣。又元祐間林斐作蕪山樓記，亦謂番山在通判南廳之後，禺山在州廨治事廳之東。紹聖間章粢作移學記，亦以為學在番山之前。是皆與今說同。然番禺志，古書也。熊為潘美客，當時猶親見亭觀之舊，宜以此二說為正。況漕司貢院之東有神祠，至今尚以

清虛洞為榜、故老亦以名其地、雖番山所在、或在治事廳東、或、清海軍樓下、皆未可知、而州學後者、禺山無疑矣、

城根片石久模糊圖記應須考國初欲識番山真面目、至今東北號清虛、

禺山

禺山何事作番山、空有陂陁跡已漫、今日升堂聽絲竹、況香不見舊欄杆、

任囂城

番禺雜志云、在今城東二百步小城也、始置所理、後呼東城今為鹽倉、即舊番禺縣也、以今攷之、東城即其地、熙寧間呂居簡為帥因其遺址而築之、見於郟亶之記圖經乃以子城為古之東城、且引番禺志以為任囂所理、殊不知番禺縣、國初時尚在今城東之赤泥巷、所以番禺雜志謂今番禺為舊縣也、若以子城為是、則安有舊縣在其中乎、沈懷遠南越志云、尉任囂疾篤、知己子不肖、不堪付以後事，遂召龍川令趙佗謂之曰：秦室喪亂，未有真主，吾觀天文，五星聚於東井，知南越偏霸之象，故召佗授以權柄云。按任囂於秦末時為南海郡尉

五星自是漢家符，忍死任囂亦太愚。今日朝臺猶百尺，荒城不記舊規模。

三城

子城與東西二城也。子城乃慶曆四年魏公瓘以得古磚有委於鬼工之字，遂築之。後儂智高來寇，望城堅，不得逞而去。東城乃熙寧

南海百詠　　三

初呂居簡所請轉運使王靖所築西城則程
師孟經始於熙寧四年

三城不斷鬱相望千里長江勢渺茫蠻獠傳聞亦膽
破從知嶺外有金湯

清海軍樓

元符二年柯公述所創折公彥質重建於紹
興二十年近歲又一再作新矣

睥睨旁圍百尺樓翬飛縹緲接雲浮鯨波不動海山
碧彈壓東南十四州

五仙觀

在郡治西、其先有五仙人、各執穀穗一莖六出、乘羊而至、衣與羊各異色、如五方、既遺穗與州人、忽騰空而去、羊化為石、州人因其地為祠、石今尚存、或云吳滕脩時、或云趙陀時、或云郭璞遷城時、俱未詳

蹁躚天上五仙人、羊駕何年到海濱、晉漢相傳半無有、觀中遺石自輪囷、

廣平堂

宋廣平都督廣州。越俗始知棟宇。張燕公嘗為遺愛碑頌

撤茅易瓦利無窮。盡種甘棠比召公。大手斷碑何處覓。典型猶見此堂中。

石屛堂

在郡宅西。蔣公之奇所建。其下有池百餘步列石甚富。劉氏所謂明月峽玉液池是也。南北舊有含珠亭。紫雲閣。每歲端午。令宮人競渡其間。

月峽旁通玉液池、綵舟爭勝出宮闈、荒臺今日人相問、野草無言日自西、

十賢祠

在郡治之城上、前太守常川吳隱之、宋璟、李尚隱、盧渙、李勉、孔戣、盧鈞、蕭昉為八賢、蔣穎叔復以滕修、王綝、益之為十賢、祠自作序贊列名刻石、別有八賢祠、蓋潘美、向敏中、余靖魏瓘、邵曄、陳世卿、陳從易、張頡也、乃連帥周自強所立、

南漢百詠　　王

晉唐相望已千年，香火如今数十賢。不見古人空再拜，祠堂西去有貪泉。

鐵柱

野史云，張鑄鐵柱十二，築乾和殿，今府之治事廳尚植其四，柯公述所致也，二者猶見於相安亭壕水中，餘不知所在。

崔嵬十二峙乾和，五柱何如馬伏波。敗塹頹垣今日見，想曾荊棘漢銅駝。

藥洲

在子城之西趾漕臺之北界舊居水中積石如林今西偏壅塞水尚瀦其東幾百餘丈穴城而導於海綠淨如染圖經云僞劉聚方士習丹鼎之地南征録亦謂是時有方士投丸藥於其中所以水色立變藥洲圖序乃以為葛稚川嘗煉丹於此非也

沙丘遺臭茂陵空何物能成九轉功地下劉郎猶有媿駕言聊作葛仙翁

九曜石

在藥洲水中圖經云石太湖舊產也本僞劉時有富民負罪者每運寘此以自贖遂成勝景云

九峰參立倚空明好事傳聞應列星運石早知能贖罪上書何必待緹縈

越樓

樓在闤闠中輪囷為一郡之壯觀昔名共樂樓程師孟有詩

真珠市擁碧扶欄十萬人家着眼看獨恨登臨最高

處處舉頭猶不見長安

南壕

在共樂樓下限以閘門與潮上下蓋古西濠也景德中高紳所闢維舟於是者無風波恐民常歌之其後開塞不常

經營猶記舊歌謠来往舟人趁海潮風物眼前何所似揚州二十四紅橋

法性寺

劉氏時為乾亨寺後復舊名今為報恩光孝

寺乃南越趙建德之宅虞翻之園囿也相傳六祖祝髮於此圖經云本乾明法性二寺後併為一又云院有訶子取西廊羅漢院井水煎湯頗能療疾如此則又有羅漢之名當不止乾明法性二寺也

金碧參差兜率天曾煎訶子試新泉荒園廢宅無人問門外桃花却是禪

風幡堂

碓頭一語便投機若說風幡是落遲今日堂中容百

衆不知那箇可傳衣

筆授軒

下山老人作記云昔制止鉢刺密諦彌伽釋迦對譯楞嚴經於此唐相國房融筆授之後蔣穎叔以筆授名其軒有石硯乃祁寮得於張季方家至今尚存軒今在光孝寺中蓋鄭林向公子謹所得且有雲龕李公邸書牓及畫相國胡僧刻之於石

制止遺蹤底處尋相傳筆授此叢林毗盧四萬八千

南海百詠

[illegible]

叅正要墨池如許深

菩提樹

菩提樹在六祖影堂前宋求那支摩三藏所手植六祖開東山法門於其下樹雖非故物亦其種也廣人凡遇元夕往往取其葉為燈而此寺獨盛

庭前雙樹尚依然何處猶衣無樹禪一自老盧歸去後年年長結萬燈緣

任囂墓

番禺雜志云，囂廟在今法性寺前，道東四十餘步，廣民歲時享之，墓在廟下法性寺，今光孝寺也，而墓與廟已不復存，訪古者猶能想像其所在

枯墳曾閱幾興亡，行客徘徊古道傍，茅屋一間無處覓，可憐不似楚昭王

淨慧寺千佛塔

塔在寺中，高二百七十丈（尺），成於哲宗紹聖閒，郡人林修之力也，其初規地得古井九，環列

其外仍得寶劍巨鼎之類。

九井神光射斗牛，天開寶級鎮南州。客船江上東西路，常識嶙峋雲外浮。近年歷代沿革内又以爲太宗朝端拱二年建，不知孰是。

衆妙堂

在天慶觀之西偏，今玄妙觀。昔道士何德順所作，東坡爲之記，并賦詩。

妙處常存道豈高，箇中得意自陶陶。空堂寂莫豊碑在，觀裏何人復種桃。

劉氏銅像

南海百詠

昔劉鋹及二子、各範銅為像、少不肖似即殺冶工凡再三乃成、今尚在天慶觀中東廡

霸業淒涼一炬休鑄金為像亦狂謀五湖但說鴟夷子千古誰知恩赦侯 按劉氏興亡錄云宋開寶四年、正月辛未偽劉少主迎大軍于城北七里、潘美令中貴宣赦釋罪是日天地黯慘兵火四焚、六十餘年基業一旦煨燼鋹後歸朝敕封為恩赦侯

劉氏雙闕

乾道中、劉氏二女、其母久病一刲肝一剔股以奉之、母乃瘳連帥龔公茂良上其事、詔即所居立闕

南海百詠　十

覆闕岧嶤即是碑，天荒初破此蛾眉。行人來往手加額，解說當年旌表時。

番塔

始於唐時，曰懷聖塔。輪囷直上，凡六百十五丈，絕無等級，其顛標一金雞，隨風南北。每歲五六月，夷人率以五鼓登其絕頂，叫佛號以祈風信，下有禮拜堂。

半天縹緲認飛翬，一柱輪囷幾十圍。絕頂五更鈴共語，金雞風轉片帆歸。歷代沿革載懷聖將軍所建，故今稱懷聖塔。

海山樓
建於嘉祐中、今在市舶亭前、唐子西有登樓
懷古詩
海山雨過月明時自是南州一段奇塵土只今無着
處、可憐誰與更題詩宋時經畧安撫于五月五日閱水軍教習于其上嘗新荔、
越井岡
番禺雜志云、一名臺岡、一名越王臺、南越志
謂之天井、在城西北三四里、唐廣州司馬劉
恂嶺表異錄云、岡頭有古臺基址、連帥李玭、

於遺址上搆亭、鄭公愚又加崇飾、今在悟性寺後、郡人呼為越王臺、相傳尉陀曾張樂於此、故老云、舊皆夾道栽菊、黃花迤邐、為九月登高之所、

萬山衮衮盡東來、高處猶存百尺臺、回首舊時張樂地、一杯重與酹蒼苔、

越臺井

按嶺表異錄云、井在州北越王臺下、深百尺餘、磚甃完儉、云南越趙陀所鑿、廣之井泉、率

南海百詠

鹵鹹、惟此井冷而且甘、番禺襍志亦云、越井半有古甃曰趙陀井、水味清甘、劉氏呼為玉龍泉、民莫得汲、潘美克平後、方與衆共之、今此井在悟性寺前、清甘實為一郡之冠、而後来乃亭其上而榜焉、曰達磨泉、初無所據、只何公異所作南征錄、及圖經云達磨初来、指其地曰是下有黄金、取之不盡、貧民竭力掘之、数丈而遇石穴、而泉迸、達磨云、即此是也、何公乾道中入南、蓋此井已在達磨泉之後、好事者又為此說以附會之、今越岡無他井即此無疑、又嘗讀唐子西集有遊廣州悟性寺詩、其結句云、泉脉来何處、中含定慧香、則亦指此為達磨井矣、

古梵寒潮百尺清僞王題品老陀營渴來不飲盜泉水、特地翻為達磨名

西竺山廣果寺

故江西提刑譚惟寅所建、蓋觀音道場每歲二月十九、遊人最盛

小橋橫絕兩峯環、白日松風為掩關天半樓臺矗金
碧直疑海上補陀山、

東七寺

以下二十八寺、列布四方、偽劉所建、上應二
十八經、尚大半無恙、今各以寺名為詩、俾後
之覽者屬和焉、

慈度天王叟覺華、蒼龍東角梵王家普慈化樂成塵
土、興聖猶兼覺性誇

西七寺

古迹百詠　　十三

文殊千佛顯真乘水月光中見定林昭瑞當時連集
福咸池今日應奎參

南七寺

井軫南宮煥寶光千秋古勝並延祥衹今兩寺無名
宗、地藏旁聯四實方

北七寺

國清尊勝北山隅證果報恩同一區地藏荒蕪幷報
國、尚餘悟性斗牛墟

浮丘山

在郡西浮丘觀之西其高一丈五六尺周四百餘步番禺襍志云東邊有井舊為投龍之所後為人所觸一旦自塞按羅山記浮丘即羅山朱明之門户先在水中若丘陵之溪今山之四面篙痕宛然有陳崇義者年一百一十二歲說為兒時猶見山根艑船數千今山去海邊三四里盡為人煙井肆之地此國初時浮丘蔣穎叔嘗作挹袖軒於其下仍記吴尹言為浮丘上人得道之地有隻舄故事其

為神仙之窟無疑矣

碧海何年已變田、空傳叟舄舊時仙、乘風欲挹浮丘袖、同訪朱明別洞天、

珊瑚井

蔣穎叔云、葛洪嘗煉丹於此、而海神以珊瑚為獻、有珊瑚井尚在、

可怪仙翁亦世情、珊瑚還許致殷勤、波神不是趙陀客、卽是前身石季倫、

朝漢臺

臺、在城、西硬步、南越志云熙安縣（齊宋有此縣名）東南有圓岡、高數十丈岡四面為羊腸道、說者謂尉陀登此望漢、而朝拜、故曰朝漢臺嶺表異、錄云、在西北五里岡原上、今址存焉刺史李玭、於其上創餘慕亭至今送迎之地、又改為朝臺館、番禺刻石云、今江邊有臺纍〻彼人但名其地為朝臺、不知彼是耶、此是耶問之故老、已莫能知其所在則是在國初、已罕有識其處矣、張曲江詩津亭壯越臺、蓋謂此也後来人皆以今之越王臺謂為朝漢、然津亭當在水濱、豈應在山上、元祐間、毛司漕方辨正其地、蔣頴叔亦同賦詩、所謂真乗寺側偶同尋、潛德幽光一朝發、然真乗寺亦在硬部步其地則近之矣、而其臺則平地突起數十尺八陛宛然即郊壇也、土人至今猶呼拜郊臺、而江邊纍纍之岡原固自若也、自蔣頴叔之誤後亦無有辨者、朝臺又名武王臺、盖趙陀、并桂林象郡之初、自立為南越武王、韓詩所謂樂

秦武王臺者是也亦名雲陽臺或云趙建德
戰勝韓千秋時張飲於此

倔強難除結尚椎築臺北望欲何為大夫自載千金
槖誰念韓侯十萬師

劉氏郊壇

一德由來可享天東隣牛祭亦徒然荒涼到處遊麋
鹿誰識郊壇八面圓

劉王花塢

在千佛寺側桃花並水一二里可以通小舟

吉浦下詩　　十六

盖劉氏芳華苑故地也

綠陰到處小舟藏淺水漂紅五里香不見芳華舊亭
苑桃花應解笑郎劉

蕃人塚

在城西十里纍纍數千皆南首西向

鯨波僅免葬吞舟狐死猶能效首丘目斷蒼茫三萬
里千金雖在此生休

花田

在城西十里三角寺平田彌望皆種素馨花

一名耶悉茗，南征錄云，劉氏時美人死，葬骨於此，至今花香，異於他處

千年玉骨掩塵沙，空有餘妍賸此花，何似原頭美人草，樽前猶作舞腰斜

石門

在州西南二十里，或謂十五里，郡國志及圖經云，呂嘉拒漢，積石江心為門，嶺表異錄云，漢將軍韓千秋征南越，全軍覆沒之地也，按漢書云，韓千秋兵之入也，未至番禺四十里

越以兵擊千秋等滅之，又元鼎六年冬，楼船將軍將精卒，先陷尋陿，破石門，以此攷之，則石門非千秋覆軍之處，乃楼船破越之地也，而兩山蓋自宇宙以来之物，積石之說，其謬可知

呂嘉積石浪相傳，漫闢天開尚宛然，成敗古来俱一夢，千秋何事走楼船

貪泉

在石門，乃吴隱之酌泉賦詩處，番禺襍志云

劉龑惡其名運石填之或云為寺僧所塞今未詳有唐天寶中陳元伯所撰碑銘見舁置廣平堂上

泉本無貪人自清何須一酌始忘情回車勝母君知否見說曾參亦好名

沉香浦

晋史云隱之歸自番禺其妻劉氏齎沉香一片重一觔隱之見之遂投於湖亭之水圖經云亦在石門西華寺在浦之旁故有亭曰沉

香、

一飲千金事已非、那容更載此香歸、若教到此方投去早落人間第二機、

鑒空閣

在金利崇福院之前、東坡有贈黃洞秀才詩、可攷而知也、

右帶靈洲左石門、何年飛閣倚晴雲、南遊不用看圖畫、曾向坡仙句裏聞、

靈洲

洲在水中、上有寶陀寺、郭璞云、南海之間有衣冠之氣、即其地、南征錄云、山根如鼎足漢舟可以往來其間、東坡亦有詩

東南佳氣盛衣冠樓閣暈飛縹緲間疑是落星灣上見更須題作小金山

甘溪

在郡東北五里北山脚下、東晋太守陸胤所鑿引泉以給廣民、亦呼甘泉、唐會昌間、節度盧公遂疏導其源、以濟舟楫、更飾廣廈、為踏青

南漢百詠　　十九

避暑之勝地、偽劉時、復鑿山為甘泉苑、中有泛杯池、濯足渠、避暑亭之類、其下流為甘溪夾溪南北三四里、皆植刺桐木棉、旁則坦平大道、詳見番禺襍志、及嶺表異錄、中、甘溪今不復見、圖經并番禺志云、即讙讙水也、水正在北山脚、岸高、水自石而下、其聲讙讙然、故以為名

甘溪依約舊城東、陵谷遷移一夢中、春盡踏青人不見、桃柳老大木棉紅

馬蛟山

在城北七里俗傳昔有蛟化為馬以惑土人然郡邑志乘多不載究不知山名所自來也

耆老相傳亦可嗟深山大澤自龍蛇老蛟變化初何怪天馬從來產渥洼

雷洞

在城北山七里下有雷廟穹然一大塚古甃具在俗傳爲偽劉雷將軍墓又云劉氏時所鑿謂之雷藏欲以饗雷事見番禺襍志中然

自今觀之、為虛墓無疑、其上因山為之初不封樹、近歲為風雨所圮、方洞見其中、識者亦疑為趙陀塚郡人率以正月二十六日、傾城来遊、徙々以申桑間之約、俗謂洗身、吁、風斯下矣

疑塚峥嶸此不封麒麟仿佛是山中後人未識藏雷穴、踏破蒼苔古甃空、遠看金腰褭近看石麒麟此陀墓形勢也

蒲澗

在郡東北二十里、亂石山間、澗舊有蒲、一寸

九節、安期生服之飛昇處

拔宅誰能辨有無、澗邊空記舊丹爐、世間自是多凡
骨、何處猶尋九節蒲

滴水巖

巖在蒲澗之上、飛泉百尺、下瀉無地、真勝處
也、

天半飛濤六月寒、蒼崖壁立互爲回環、從今好事能
題品、列作南中第一山

菖蒲觀覺真寺

寺觀並在蒲澗、東坡詩云、昔日菖蒲方士宅、後來薝蔔祖師傳禪、是以寺為安期生宅也、而圖經載遺履之事、乃以觀為宅、今未詳、觀今名碧虛、中有劉氏碑、東坡題名其上、郡人歲以正月之二十五日、為蒲澗節、帥使而下、傾城來遊、南征錄云、正月二十五日、乃劉王生日、七月二十五日、乃安期上昇

千載仙居已、渺茫道山佛屋自相望、春花秋草年〻事、却作遊人歌舞場

流杯池

在菖蒲觀之東、水石天成非由人巧劉氏舊賞也

坳石天然印曲流、飛觴寂寞幾春秋山陰千古誇陳迹、此地何人記舊遊

葛仙翁煉丹石

在碧虛觀前東嶺上、巖壑窅冥、人跡所罕至者

見說刀圭已解仙寧須丹竈半人間葛翁本自求勾

漏、何意南來訪此山

鮑姑井

鮑姑、即靚女、葛仙翁妻也、與其偕隱羅浮山、行灸於南海、有神艾、唐崔煒嘗得之、療疾有奇效、其井今在彌陀寺菖蒲觀、然皆湮廢未知二者孰是、圖經云景泰寺亦有井、今已不見

爲覓丹砂到海濱、空山廢井已生塵、不將一滴蘸焦槁、神艾虛傳解活人

懸鐘

在滴水岩崖上、人跡所不至、仰而視之、其形髣髴、然可望而不可即也、好事者引彈擊之、徃〻有聲

絕壁初無路可通何人特地鑄金鐘神仙底處應難詰彈落餘聲和澗松

趙佗疑塚

番禺襍志云在縣東北二百步者舊相傳佗死、營墓者數處、及葬喪車從四門出、故後

不知墓之所在、惟菖蒲澗側石馬、舌上有云、山掩何年墓、川流幾代人、遠同金腰裹、近似石麒麟、時莫解之、但疑其墓不遠、蔡如松云、舊說即悟性寺是也、今蒲澗之南、平原中、枯塚纍纍、数千人、猶謂趙王疑塚、予又按南越志云、孫權時、聞趙陀墓多以異寶為殉、乃發卒数千人尋掘其塚、役夫多死、竟不可得、次掘嬰齊墓、（嬰齊即陀孫也）得玉璽金印銅劍之屬、而陀墓卒無知者、且陀死於武帝之初、至孫權時方

三百載有奇、已尋掘而不可得、至今千餘載當益不可攷、又不知傳奇載唐崔煒所入、果何地耶

漫說曹瞞七十餘、老陀疑塚更模糊、不知禹葬會稽處、也有纍纍如許無、

寶象峯勝因寺

在白雲之麓、景泰之南、創始於乾道間、俗謂東菴是也

鴻濛誰闢此山川、龍象新開二十年、最恨東坡早仙

去只教蒲澗入詩篇

虎跑泉

在寶象峯之下寺之西盈不滿尺雖久旱不涸也

破寺高僧夜不眠一般猛虎月明天起來難覓新蹄跡半滴空餘石罅泉

動石

在寶象峯上塊然一拳石耳土人云叱則隨動

山中塊石老僧言、一叱應如轉法輪、元自是世人心自動、請將消息問風幡

白雲洞

在亂石山絕頂、有寺、九龍泉記云、安期生初隱於此、有九童子現而泉湧、因以九龍名泉今泉在寺之側

金刹憑陵尺五天、勝遊何必羨登仙、安期想見身千億、汗漫人間若箇邊

三教殿

在白雲寺中陶定施財所建也至今香火不絶

大道汜汜嵎峙分箇中誰為破重藩須知問禮當時地不見西方兩足尊

鶴舒臺

在白雲前山宛然巨石安期生飛昇時有鶴下迎于此

危臺老石寄層巔寉駕逢迎不記年今日歸來應一笑山川城郭故依然

大小水簾洞

在白雲之麓、東西相距、無三百步、蓋九龍泉下流也、

碧澗東西春水添四時踈雨落晴簷珠宮貝闕無尋處空見重重掛玉簾

虎頭巖

在鶴舒臺之北、崎嶇險絕、好事者所未之聞予嘗兩至此

絕壁空岩踞虎頭鳥飛不度野猨愁人間有此真奇

百洋百詠

境便好乘風訪十洲

景泰山七仙寺

昔傳景泰禪師之始卓錫也，有七仙人為守其地。後來開得石履、古鑑各一，至今猶扃山中。

老衲誅茅昔小留，七仙陰為護岩幽。不將石履呈奇怪，安得西歸好話頭。

卓錫泉

在七仙寺中，亦由景泰禪師卓錫得之。泉上

有隻蠏、月明時徃〻浮出、人卒莫能得之、真靈怪也、

泉源無處不流通、隱顯何關卓錫功、欲識海潮連地脉、秖今雙蟹出泉中、

順菴

康與之舊宅也、在景泰山下、高宗御書扁榜外有龍蛇飛舞之勢、今刻石尚存、惜風饕雨虐、日就剝蝕耳

詞人自結一間茅天上宸奎舞瘦蛟見說鬼神猶畏

南海百詠

卣法百詩

護、瑞光前夜起山坳

陵山

劉氏之墓也、在郡之東北二十里、漫山皆荔子樹、龜趺石獸、歷歷具存、昔有發其墓者、其中皆以鐵鑄之、予嘗至此地、摩挲斷碑、不見始末、但見其詞皆是葬婦人墓誌、考之僞史、疑是懿陵也、他尚有數處、如南海縣宣風鄉及番禺黃陂新會上臺玉環了髻山苧處皆有之、

龜趺無處問行蹤、惆悵連江荔子紅、鐵鑄崔嵬真大錯、驪山銅柱久成空、

馬鞍山

南越志云、秦始皇時、望氣者云、南海有王氣遂發卒千人、鑿北山之岡、謂之鑿龍、今所鑿處形如馬鞍、故為名焉番禺襍志云在郡北三十里、

塹山堙谷浪為謀餘力猶窮嶺外州見說揭竿從壠上、祖龍當日漫東遊

琵琶洲

在郡東三十里、以形似名、俗傳洲在水中與
水升降、蓋海舶所集之地也、

髣髴琵琶海上洲、年年常與水沉浮、客船昨夜西風起、
應有江頭商婦愁。

相對岡

在州東三十五里、兩山雄拒、江上舟檝[楫]往来
之要衝也、

海門高並兩峯寒、大艑輕帆自往還、安得百靈移一

島、却教塵世看三山、

南海廟

在郡東南、水陸俱八十里、扶胥之口、蓋四瀆之一也、廟中有波羅蜜樹、銅鼓、及韓退之所作記、唐開元中祭文、等碑、又有西廟在城西五里、

宮闕參差海上開、吐吞波浪起風雷、英靈萬古扶宗社、奚醜區區何足摧（大奚之賊王之助也）

浴日亭

南海百詠　　二十

在扶胥廟之前小山上、東坡有詩、番禺襍志
謂之看海亭、
亭倚蓬萊幾許高、下臨無地有驚濤、坡仙想得江山
助、八語端為天下豪、

銅鼓

南海東西廟皆有之、東廟者徑至五尺五寸
高有其半、俗謂洪聖王舊物、蔡如松作懷古
詩、嘗辨之云、銅鼓之說、出于隋書南夷傳、夷
人酋長、好鑄銅鼓、有事擊鼓、夷人盡集、女子

首飾盡戴銅釵取釵擊鼓祭之説止於此殊不知虞喜志林已載建武二十四年南郡男子獻銅鼓有銘又後漢書馬援好騎射善别名馬征交趾得駱越銅鼓乃鑄為馬式以進則知銅鼓在後漢光武時已為希得所以有南郡之獻非止見於隋時也今廟中之鼓自唐以来有之番禺志已載其制度凡春秋享祀必襍衆樂擊之以侑神又府之武庫亦有其二其一蓋唐僖宗朝鄭續鎮番禺日髙州

太守林靄所獻、初因鄉墅小兒見鳴蛙之怪、遂得于蠻酋大塚中、事見嶺表異錄、在唐時既能為怪、則至今不知其幾百年物矣、鼓形如腰鼓、而一頭有面、製作精巧、所謂銘志、絕無有也、只周遭多鑄蝦蟆、兩兩相對、不知其何意、

石鼓嵯峨尚有文舊題銅鼓更無人寶釵寂寞蠻花老、空和楚歌迎送神、

波羅蜜果

南海東西廟、各有一株、樛枝大葉、實生於幹若瘿瘤然、有大如瓠、廟官每歲於九十月熟時、取供諸臺、其他莫敢有過而問者、以蜜煎之、頗為適口、相傳云西域種也、本名曰曩伽結、

纍纍圓實大於瓜想見移根博望槎三百餘篇誰識此、世間寧復有張華

王登洲

在廟東之江心、僅塊石耳、俗傳南海王為河

源人、其初死、因於兵、屍流至此不復去、後人遂立為廟、此荒誕不經之說、南海志諸書皆不載、

四瀆初分有物尸天開地闢共為期齊東野語真堪笑、請誦昌黎十丈碑

靈化寺

寺在扶胥之北五里、休咎禪師道場也、蔣穎叔有記、畧云、師姓梁氏、終于元和中、昔嘗謁鎮海將軍廟、欲乞廟為伽藍、王不許、乃為師

別擇此地、仍以楮錢定其四隅、至今為寺鎮海將軍、即南海王也、師嘗為王授三皈五戒使無害生靈云

黃木灣前一畝宮、廟靈規地古来雄江頭不見風波惡、多謝禪師受戒功

走珠石

在湖南、舊傳有賈胡自異域負其國之鎮珠逃至五羊國人重載金寶堅贖以歸、既至半道、海上珠復走還、徑入石下、終不可見、至今

古詩下詩

此石、徃々有夜光發、疑為此珠之祥

底事明珠解去来當時合浦已堪猜賈胡不省何年事老石江頭空綠苔

盧循河南故城

在郡之南岸古勝寺之西、俱云劉氏故壘、土人亦自呼為劉王廩、今則居人實焉按南越志、河南之洲、狀如方壺、乃盧循舊居又番禺襍志云、盧循城在郡之南十里、與廣隅江相對、俗呼海南、又呼水南、劉氏舊為倉廩、南海集中載龍溪蔡如松懷古十二詩，亦嘗辨其譌，此為盧循城明矣。圖志故老尚失其實，殊為可怪。今其中故址隱然，規模髣髴，斷磚廢瓦往往為遊人所得，豈倉廩之舊乎？而盧亭蛋户皆盧循之遺種也。

蛙據方州妄自尊，沈郎百萬若雲屯。歸舟無路尋巢穴，空有盧亭舊子孫。循據廣州，閒劉裕北伐，從徐道覆之說，北出襲建康，裕遣沈田子等乘海奄至，傾其巢穴。

大通寺

在河南大通津上，有達岸禪師化身在焉。師

古詩下　詩　六十三

新興人、名志清凡雨暘之禱迎致輙應寺前後芒檜數、百株、婆娑掩映、相傳唐天寶間所植、

老木槎牙欲擘雲門前流水我知津遇江一雨如盆瀉、競禮真如不動身、

抱旗山

郡之客山也其勢如抱旗古木叅天林壑幽邃、

面勢翩翩天外山、彩旗長在翠雲間太平官府無公

事、益妍、高牙相對開

花山寺

在扶胥北五里、漫山皆杜鵑花、俗傳方春時婦女往ミ就結其花以為熊羆之兆蔣頡叔詩云、開遍滿山紅躑躅、香風一簇美人來盖謂此也

萬花春老正紅酣不是叢林優鉢曇山下女郎来問訊、未饒萱草解宜男

黄巢磯

在清遠縣境上，波流激湍，白石鑿鑿，相傳黃巢覆舟處也。

天下縱橫轍跡環，舳艫不許度前灣。江神少爲摧焰，要使留金六祖山。南華有黃巢施金置田疏，自稱爲率土大將軍。

金芝巖

在清遠縣東北二十五里，南來者多以僻左不得至。

碧落三洲天下奇，仙城誰復識金芝。可憐隔斷黃茅路，不得騷人賦一詩。碧落洞在湞陽，三洲岩在古康，皆佳處也。

清遠峽

一名中宿峽、在清遠縣東二十里、兩山對峙如壁太華、舊傳海艘乘潮、一夕而至、圖經云、黃帝二庶子採崑崙竹為黃鐘管居於此山故名、至今廟貌猶存

崑崙栽竹事空傳不見春潮送客船只似蜀江〻上路、兩山中挾手巾天、

峽山廣慶寺

寺在峽中、唐韋宗帥南海時以俸錢買菜園

親帖在

韋郎故地久蕭條、只有泉殸響夜潮、行客從來回首地、玉環無處覓嬌嬈、

飛來殿

在廣慶寺中、胡愈所作記云、梁武帝、末、峽有二神人從叩上元延祚寺正俊禪師曰、本峽居清遠上流、建一道場、足立勝概、師能去否、俊然其說、俄然中夜風雨暴作、黎明薄霽、啓戶而觀、則琳宮紺宇、一望莊嚴儼然在峽中

矣

嵯峨古殿記飛来，千古傳聞亦怪哉。龍象漸隨塵土化，却疑神物欲飛回。

達磨石

在廣慶寺西。俗傳達磨坐禪處，平坦光瑩，廣一丈餘。

葱嶺初無一字傳，名山到處即為禪。只今石上留公案，面壁何須要九年。

釣臺

在飛來殿之西、乃趙胡釣得百觔金鯉之地

釣得神魚金作鱗、癈臺百尺漫嶙峋絲綸不入非熊夢、當日何人老渭濱

和光洞

圖經云、其上有五色榴花、皇祐中、前永定縣尉安昌期所隱題詩處也、中有我與衆生寧計校、進人一味是和光之句、故名

和光深洞隱昌期、門鏁烟蘿不可窺、欲問榴花好消

息、只今難問舊題詩

沉犀潭

昔傳崑崙奴獻犀至此、犀忽沉入海中百計購之、終不復出、後有漁者、得金鏁一尺餘以進

西來異獸路應迷金鏁何年落此溪不比李侯心似水、歸舟自擲石門西

龍磨角石

石在峽口水中圖經云、濶三丈餘、文緻而澤

[illegible][illegible]下詩　三十七

耆舊相傳、每歲春時、有群龍集於此磨角、其
上痕跡斑斑然、水落而痕可見、竟莫詰其所
以然

舊說神龍水底蟠、何年雹擘與雷奔、至今舟子相呼
喚、猶指江邊石上痕、

老人松

在飛來殿西南十餘步間、大觀中錢師愈從者
嘗剗之、後見夢于殿直吉老者、事詳具於胡
愈記中、

上古輪囷說壽櫻何人玉斧劃霜腴有知定是非凡
物盡作堂堂五六夫

資福寺羅漢閣

在東莞縣市中僧祖堂始營此閣規制巨麗
東坡為之記且以犀帶所易佛腦骨薦以白
璧施之見東坡塔銘并吳幵所跋記語寺有
再生柏東坡亦有贊今猶存壁間

千柱依然跨寶坊庭前柏子久荒涼明珠白璧無人
識賴有斯文萬丈光

鳳凰臺

在增城縣。圖經云：熙寧七年，有鳳皇飛集於法華寺，羽毛五色，光彩陸離，高六尺，長九尺，百鳥隨之。食頃，從西北去，觀者如堵。程公師孟以聞，李公思義遂創臺其上。

鳳去臺空歲月更，百年陳迹掃榛荆。清時已慶三登瑞，盍向朝陽更一鳴。

會仙觀

在增城縣南三百步許，何仙姑所居也。姑生

於唐開耀中，嘗於旁穴得雲母石服之，體中漸覺輕舉，有凌雲之致。一日告其母，以群仙之會，吾將暫往，遂不復見。今祠堂丹井具在觀中。

綽約長眉海上仙，久飡雲母學長年。山中丹井今無恙，為弔南充謝自然。

龍窟

在新會縣西萬壽寺之後，兩山相望，其中不能百步。東山數穴，窅不可窺，以石投之，其殸

南海百詠 二十七

隱隱不絶、至西山、則玲瓏相屬、表裏洞開、故老相傳為神龍出入之地、圖經云、每雷雨大作有龍在其中、破空而出、踴躍震動、習以為常、至今或遇亢旱禱之輒有靈驗

變化靈蹤亦可疑玲瓏數穴似仇池滄溟咫尺不歸去安得神龍如許癡

金牛山

在新會縣、此山雄據闤闠、綿亘數百里雲山海月、舉無遁跡、雖白雲景泰眺覽之勝、亦不

是過、舊無亭榭、予始泐海月奇觀於其上為登臨遊息之所、圖經云、昔此山濱水、有漁者見一牛、其色與索、皆金也、光芒閃爍、方欲抵岸為漁者所驚、遂入此山、有廟尚存

金牛去後久淒涼、好景乾坤亦秘藏、滄海無窮月無盡、從今收拾入詩囊、

仙湧山

在新會縣西七十里、圖經云、舊無此山、一夕風雷震怒、湧出數峯、林巒周具、因以仙湧名

且取其名以建寺

龍伯何年釣巨鰲，兩峰漂蕩入洪濤。人間靈迹無尋處，仙湧羅浮相對高。羅浮山記云：昔有山自會稽浮海，並湧於羅山，因名為羅浮。

媚川都

僞劉採珠之地也。隸役凡二千人，每採珠回而死者，靡日不有。所獲既充府庫，復以飾棟宇。潘公美克平之後，於煨燼中得所餘玳瑁、珍珠以進。太祖令小黄門持視宰相，且言採珠危苦之狀。開寶五年，詔廢媚川都，選其少

壯者為靜江軍、老弱者聽自便、至今東莞及
瀕海處、往〻猶有遺珠、
漭〻愁雲弔媚川蚌胎光彩夜連天幽魂水底猶
相泣、恨不生逢開寶年

劉氏山

悟性寺後山南征錄謂之劉王山、蓋偽劉曾
作臺觀於其上、
一徑縈紆夾粉墻、鄉來臺館化僧房周遭老木依然
在、曾見劉家偽帝王

南海百咏終

南海百咏大德間鏤版行世後未有重梓之者余家向有抄本頗為訛謬不無魯魚帝虎之失恨不能一一訂正之今春苕賈錢仲光攜一册至點畫精楷裝潢鄭重卷端有

南海百咏跋

印章曰絳雲樓錢氏，乃知為虞山先生家藏善本也。借觀三日而校勘之，功畢，因命學徒重為繕寫，珍諸篋笥，視向之脫譌踳謬者，相去遠矣。餘不筭酒，展卷欣然，同連浮大

白而為之跋時
康熙己亥歲長至前三日艾
亭金集識於城東書塾之碧
雲紅樹軒

諸蕃志二卷

〔宋〕趙汝适撰

《諸蕃志》二卷，宋趙汝适撰。汝适（一一七〇—一二三一）字伯可，浙江台州人，宋太宗八世孫。嘉定、寶慶間提舉福建路市舶司，撰此書於任上。分志國、志物二卷，記載東自日本，西至東非索馬里、北非摩洛哥及地中海東岸諸國風土、物産、通商情形，兼記自中國沿海至海外各國之里程及所需日月，於各國貿易往來之方式、途徑、貨幣等，尤所注意。有關海外諸國風土人情之記載，多採自宋周去非《嶺外代答》；有關各國物産之記載，則多訪諸外國商人。原書已佚，清乾隆間修《四庫全書》時自《永樂大典》中輯出。據中國國家圖書館藏清曲阜孔氏紅櫚書屋抄本影印。

諸蕃志序

禹貢載島夷卉服厥篚織貝蠻夷通貨於中國古矣繇漢而後貢珍不絕至唐市舶有使招徠懋遷之道自是益廣國朝列聖相傳以仁儉為寶聲教所暨累譯奉琛於是置官于泉廣以司互市蓋欲寬民力而助國用其與貴異物窮侈心者烏可同日而語汝适被命此乘暇日閱諸蕃圖有所謂石床長沙之險交洋竺嶼之限問其志則無有焉廼詢諸賈胡俾列其國名道其風土與夫道里之聯屬山澤之蓄產譯以華

言。茇其穢渫存其事實名曰諸蕃志。海外環水而國者以萬數南金象犀珠香瑇瑁珍異之產市于中國者大畧見於此矣。噫山海有經博物有志。一物不知君子所耻。是志之作良有以夫。寶慶元年九月日朝散大夫提舉福建路市舶趙汝适序

諸蕃志

志國

交趾國

交趾古交州、東南薄海接占城、西通白衣蠻北抵欽州、歷代置守不絕賦入至薄守御甚勞、皇朝重武愛人不欲宿兵瘴癘之區以守無用之土、因其獻款從而羈縻之、王係唐姓、服色飲食畧與中國同但男女皆跣足差異耳、每歲正月四日椎牛饗其屬以七月十五日為大節、家相問遺、官寮以生口獻其酋、十六日開宴酬之，歲時供佛不祭先，病不服藥，夜不燃燈。樂以蚺蛇皮為前列，不能造紙筆，求之省地。土產沉香、蓬萊香、生金、銀、鐵、朱砂、珠貝、犀象、翠羽、車渠、鹽、漆、木綿、吉貝之屬。歲有進貢，其國不通商，以此首題，言自近者始也。舟行約十餘程抵占城國。

占城國

占城，東海路通廣州，西接雲南，南至真臘，北抵交趾，通邕州。自泉至本國，順風舟行二十餘程。其地東西七百里，南北三千里。國都號新州，有縣鎮之名。甃塼為城護以石塔王出入乘象或乘軟布兠四人舁之頭戴金帽身披瓔珞王每出朝坐輪使女三十人持劍盾或捧檳榔從官屬謁見膜拜一而止白事畢膜拜一而退婦人拜揖與男子同男女犯姦皆殺盜有斬指斷趾之刑戰則五人結甲走則同甲皆坐以死唐人被土人殺害追殺償死國人好潔日三五浴以腦麝合香塗體又以諸香和焚薰衣四時融暖無寒暑候每歲元日牽象周行所居之地然後驅逐出郭謂之逐邪四月有遊船之戲陳魚而觀之定十一月望

日為冬至州縣以土產物帛獻于王民間耕種率用兩牛五穀無麥有秔粟麻豆不產茶亦不識醞釀之法止飲椰子酒菓實有蓮蔗蕉椰之屬土地所出象牙箋沉速香黃蠟烏樠木白藤吉貝花布絲絞布白氎簞孔雀犀角紅鸚鵡等物官監民入山斫香輸官謂之身丁香如中國身丁鹽稅之類納足聽民貿易不以錢為貨惟博米酒及諸食物以此充歲計若民入山為虎所噬或水行被鰐魚之厄其家指其狀詣王王命國師作法誦咒書符投民死所虎鰐即自投

赴請命殺之若有欺詐誣害之訟官不能明令競主同過鰐魚潭其負理者魚即出食之理直者雖過十餘次鰐自避去買人為奴婢每一男子鬻金三兩準香貨酬之商船到其國即差官摺黑皮為策書白字抄物數監盤上岸十取其二外聽交易如有隱瞞籍沒入官番商興販用腦麝檀香草席凉傘絹扇漆器甆器鉛錫酒糖等博易舊州烏麗日麗越裏微芮賓瞳龍烏馬拔弄容蒲囉甘兀亮寶毗齊皆其屬國也其國前代罕與中國通周顯德中始遣使入貢皇朝

建隆乾德間各貢方物太平興國六年交趾黎桓上言欲以其國俘九十三人獻于京師太宗令廣州止其俘存撫之自是貢獻不絕輒以器幣優賜嘉其嚮慕聖化也國南五七日程至真臘國

賓瞳龍國

賓瞳龍國地主首飾衣服與占城同以葵蓋屋木作柵護歲貢方物於占城今羅漢中有賓頭盧尊者蓋指此地言之賓瞳龍音訛也或云目連舍基尚存雍熙四年同大食國來貢方物

眞臘國

眞臘接占城之南東至海西至蒲甘南至加囉希自泉州舟行順風月餘日可到其地約方七千餘里國都號禄兀天氣無寒其王粧束大槩與占城同出入儀從則過之間乘輦駕以兩馬或用牛其縣鎮亦與占城無異官民悉編竹覆茅為屋惟國王鐫石為室有青石蓮花池沼之勝跨以金橋約三十餘丈殿宇雄壯侈麗特甚王坐五香七寶床施寶帳以文水為竿象牙為壁群臣入朝先至階下三稽首升階則跪

以兩手抱膊遶王環坐議政事訖跪伏而退西南隅銅臺上列銅塔二十有四鎮以八銅象各重四千斤戰象幾二十萬馬多而小奉佛謹嚴日用番女三百餘人舞獻佛飯謂之阿南即妓弟也其俗淫姦則不問犯盜則有斬手斷足燒火印胸之刑其僧道呪法靈甚僧衣黃者有室家衣紅者寺居戒律精嚴道士以木葉為衣有神曰婆多利祠祭甚謹以右手為淨左手為穢取雜肉羹與飯相和用右手掬而食之厥土沃壤田無畛域視力所及而耕種之米穀廉平每

兩烏鉛可博米二斗。土產象牙、暫速細香、粗熟香、黃蠟、翠毛（此國最多）、篤耨腦、篤耨瓢、番油、姜皮、金顏香、蘇木、生絲、綿布等物。番商興販用金銀、甆器、假錦、涼傘、皮鼓、酒、糖、醯醢之屬博易。登流眉、波斯蘭、羅斛、三濼、眞里富、麻羅問、綠洋、呑里富、蒲甘、窊裏、西棚、杜懷、潯番皆其屬國也。本國舊與占城鄰好，歲貢金兩。因淳熙四年五月望日占城主以舟師襲其國都，請和不許，殺之，遂為大讐，誓必復怨。慶元己未大擧入占城，俘其主，戮其臣僕，勦殺幾無噍類，更立眞臘人為

主、占城今亦爲眞臘屬國矣、唐武德中始通中國、國朝宣和二年遣使入貢、其國南接三佛齊屬國之加囉希、

登流眉國

登流眉國在眞臘之西、地主椎髻簪花肩紅蔽白、朝日登場、初無殿宇、飲食以荖葉爲椀、不施匕筯、掬而食之、有山曰無弄、釋迦涅槃示化銅像在焉、産白荳蔻、箋沉速香、黄蠟紫礦之屬、蒲甘國官民皆撮髻於額、以色帛縏之、但地主別以金冠、其國多馬、不鞍而

騎。其俗奉佛尤謹。僧皆衣黄。地主早朝官僚各持花来獻。僧作梵語祝壽。以花戴王首。餘花歸寺供佛。國有諸葛武侯廟。皇朝景德元年遣使同三佛齊大食國来貢。獲預上元觀燈。崇寧五年又入貢。

三佛齊國

三佛齊間於眞臘闍婆之間。管州十有五。在泉之正南。冬月順風月餘方至凌牙門。經商三分之一始入其國。國人多姓蒲。累甓為城。周數十里。國王出入乗船。身纏縵布。蓋以絹傘。衛以金鏢。其人民散居城外或作牌水居、鋪板覆茅不輸租賦、習水陸戰、有所征伐隨時調發、立酋長率領皆自備兵器糗粮、臨敵敢死伯於諸國、無緡錢止鑿白金貿易、四時之氣多熱、少寒、豢畜頗類中國、有花酒椰子酒檳榔蜜酒皆非麯糵所醞飲之亦醉國中文字用番書、以其王指環為印、亦有中國文字上章表則用焉、國法嚴犯姦男女悉寘極刑、國王死國人削髮成服、其侍人各願徇死積薪烈焰躍入其中名曰同生死有佛名金銀山佛像以金鑄、每國王立先鑄金形以代其軀、用金為器皿供奉甚嚴，其金像器皿各鐫誌示後人勿毁。國人如有病劇，以銀如其身之重施國之窮乏者，云可緩死。俗號其王為龍精，不敢穀食，惟以沙糊食之，否則歲旱而穀貴。浴以薔薇露，用水則有巨浸之患。有百寳金冠，重甚，每大朝會，惟王能冠之，他人莫勝也。傳禪則集諸子以冠授之，能勝之者則嗣。舊傳其國地面忽裂成穴，出牛數萬，成群奔突入山，人競取食之，後以竹木窒其穴，遂絶。土地所産：瑇瑁、腦子、沉速暫香、粗熟香、降眞香、丁香、檀香、荳蔻，外有眞珠、乳香薔薇水梔子花膃肭臍沒藥蘆薈阿魏木香蘇合油象牙珊瑚樹猫兒睛琥珀番布番劒等皆大食諸番所産萃於本國番商興販用金銀甆器錦綾纈絹糖鐵酒米乾良薑大黃樟腦等物博易其國在海中扼諸番舟車往来之咽喉古用鐵索為限以備他盜操縱有機若商舶至則縱之比年寧謐撤而不用堆積水次土人敬之如佛舶至則祠焉沃以油則光焰如新鰐魚不敢踰為患若商舶過不入即出船合戰期以必死故諸國之舟輻湊焉蓬豐登牙儂凌牙斯加

吉蘭丹、佛囉安、日囉亭、潛邁、拔沓、單馬令、加囉希、已林、馮新、拖監、篦藍、無里、細蘭，皆其屬國也。其國自唐天祐始通中國。皇朝建隆閒凡三遣貢。淳化三年告為闍婆所侵，乞降詔諭本國，從之。咸平六年上言本國建佛寺以祝聖壽，願賜名及鐘。上嘉其意，詔以承天萬壽為額，併以鐘賜焉。至景德、祥符、天禧、元祐、元豐，貢使絡繹，輒優詔獎慰之。其國東接戎牙路（或作重迦盧）。

單馬令國

單馬令國地主呼為相公。以木作柵為城，廣六七尺，高二丈餘，上堪征戰。國人乘牛，打鬃跣足。屋舍官場用木，民居用竹，障以葉，繫以籐。土產黃蠟、降眞香、速香、烏樠木、腦子、象牙、犀角。番商用絹傘、雨傘、荷池纈絹、酒、米、鹽、糖、甆器、盆鉢麄重等物，及用金銀為盤盂博易。日囉亭、潛邁、拔沓、加囉希類此。本國以所得金銀器糾集日囉亭等國，類聚獻入三佛齊國。凌牙斯國自單馬令風帆六晝夜可到，亦有陸程。地主纏縵跣足，國人剪髮，亦纏縵。地產象牙、犀角、速暫香、生香腦子、番商興販用酒米荷池纈絹甆器等為貨、各先以此等物準金銀然後打博、如酒壹墱準銀一兩準金二錢、米二墱準銀一兩十墱準金一兩之類、歲貢三佛齊國、

佛囉安國自凌牙斯加四日可到亦可遵陸其國有飛來佛二尊、一有六臂一有四臂、賊舟欲入其境必為風挽回俗謂佛之靈也、佛殿以銅為瓦飾之以金、每年以六月望日為佛生日、動樂鐃鈸迎導甚都、番商亦預焉、土產速暫香降真香檀香象牙等、番商以金銀甆鐵漆器酒米糖麦博易、歲貢三佛

齊其隣蓬豐登牙儂加吉蘭丹類此新拖有港水深六丈舟車出入兩岸皆民居亦務耕種架造屋宇悉用木植覆以椶櫚皮籍以木板障以藤篾男女裸體以布纏腰剪髮僅留半寸山產胡椒粒小而重勝於打板地產東瓜甘蔗匏豆茄菜但地無正官好行剽掠番商罕至興販藍篦國其國當路口舶船多泊此從三佛齊國風帆半月可到舊屬三佛齊後因爭戰遂自立為王土產白錫象牙真珠國人好弓箭殺人多者帶符標榜互相誇詫五日水路到藍無里國藍

無里國土產蘇木象牙白藤國人好鬬多用藥箭北風二十餘日到南毗管下細蘭國自藍無里風帆將至其國必有電光閃爍知是細蘭也其王黑身而逆毛露頂不衣止纏五色布躡金線紅皮履出騎象或用軟兜日啖檳榔煉真珠為灰屋宇悉用猫兒睛及青紅寶珠瑪瑙雜寶粧飾仍用籍地以行東西有二殿各植金樹柯莖皆用金花實并葉則以猫兒睛青紅寶珠等為之其下置金椅以琉璃為壁王出朝早升東殿晚升西殿坐處常有寶光蓋日影照射琉璃

與寶樹相映如霞光閃爍然有二人常捧金盤從承王所唉檳榔滓從人月輸金一鎰於官庫以所承檳榔滓內有梅花腦并諸寶物也王握寶珠徑五寸火燒不煖夜有光如炬王日用以拭面年九十餘顏如童國人肌膚甚黑以縵纏身露項跣足以手掬飯器皿用銅有山名細輪疊頂有巨人跡長七尺餘其一在水內去山三百餘里其山林水低昂周環朝拱產猫兒睛紅玻瓈腦青紅寶珠地產白荳蔻木蘭皮麄細香番商轉易用檀香丁香腦子金銀甆器馬象絲

帛等為貨，歲進貢于三佛齊。

闍婆國

闍婆國又名莆家龍，於泉州為丙巳方，率以冬月發船，蓋藉北風之便，順風晝夜行月餘可到。東至海，水勢漸低，女人國在焉。愈東則尾閭之所泄，非復人世。泛海半月至崑崙國。南至海三日程，泛海五日至大食國。西至海四十五日程。北至海四日程。西北泛海十五日至渤泥國，又十日至三佛齊國，又七日至古邏國，又七日至柴歷亭，抵交趾，達廣州。國有寺二一名聖佛、一名捨身、有山出鸚鵡名鸚鵡山、其王椎髻戴金鈴衣錦袍躡革履坐方牀、官吏日謁三拜而退、出入乘象或腰輿壯士五七百輩執兵以從、國人見王皆坐俟其過乃起、以王子三人爲副王、官有司馬傑落佶連共治國事、如中國宰相、無月俸隨時量給、土產諸物、次有文吏三百餘員分主城池帑廩及軍卒、其領兵者歲給金二十兩、勝兵三萬歲亦給金有差、土俗婚無媒妁但納黄金於女家以娶之、不設刑禁犯罪者隨輕重出黄金以贖、惟寇盜則寘諸死、五月遊船十月遊山或跨山馬或乘軟兜樂有橫笛鼓板亦能舞山中多猴不畏人呼以霄霄之聲即出投以果實則有大猴先至土人謂之猴王先食畢群猴食其餘國中有竹園有鬬雞鬬猪之戲屋宇壯麗飾以金碧賈人至者館之賓舍飲食豐潔土人被髮其衣裝纏胸下至於膝疾病不服藥但禱求神佛民有名而無姓尚氣好鬬與三佛齊有讐互相攻擊宋元嘉十二年嘗通中國後絶皇朝淳化三年復脩朝貢之禮其地坦平宜種植產稻麻粟荳無麥耕田用牛

民輸土之租煑海爲鹽多魚鼈雞鴨山牛兼椎馬牛以食果實有大瓜椰子蕉子甘蔗芋出象牙犀角眞珠龍腦瑇瑁檀香茴香丁香荳蔻蓽澄茄降眞香花簟番劍胡椒檳榔硫黃紅花蘇木白鸚鵡亦務蠶織有雜色綉絲吉貝綾布地不產茶酒出於椰子及蝦猱丹樹之中此樹華人未曾見或以桄榔檳榔釀成亦自清香蔗糖其色紅白味極甘美以銅銀鍮錫雜鑄爲錢錢六十準金一兩三十二準金半兩番商興販用夾雜金銀及金銀器皿五色纈絹皂綾川芎白

鍮

芷朱砂綠礬白礬鵬砂砒霜漆器鐵鼎青白甆器交易此番胡椒萃聚商舶利倍蓰之獲往往冒禁潛載銅錢博換朝廷屢行禁止興販番商詭計易其名曰蘇吉丹

蘇吉丹

蘇吉丹即闍婆之支國西接新拖東連打板有山峻極名保老岸番舶未到先見此山頂聳五峯時有雲覆其上其王以五色布纏頭跣足路行蔽以涼傘或皂或白從者五百餘人各持鎗劍鏢刀之屬頭戴帽

子其狀不一有如虎頭者如鹿頭者又有如牛頭羊頭雞頭象頭獅頭猴頭者傍插小旗以五色纈絹為之土人男剪髮女打髻皆裸體跣足以布纏腰民間貿易用雜白銀鑿為幣狀如骰子上鏤番官印記六十四隻準貨金一兩每隻博米三十升或四十升至百升其他貿易悉用是名曰闍婆金可見此國即闍婆也架造屋宇與新施同地多米穀巨富之家倉儲萬餘碩有樹名波羅蜜其實如東瓜皮如栗殼肉如柑瓣味極甘美亦有荔支芭蕉甘蔗與中國同荔支

曬乾可療痢疾、蕉長一尺、蔗長一丈、此為異耳、蔗汁入藥醞釀成酒、勝如椰子、地之所產、大率與闍婆無異、胡椒最多、時和歲豐、貨銀二十五兩可博十包至二十包、每包五十升、設有凶歉寇擾、但易其半、採椒之人為辛氣熏迫、多患頭痛、餌川芎可愈、蠻婦搽抹及富人染指甲衣帛之屬、多用朱砂、故番商興販率以二物為貨、厚遇商賈、無宿泊飲食之費、其地連白花園、麻東、打板、禧寧、戎牙路、東峙、打綱、黃麻駐、麻籬、牛論、丹戎武囉、底勿、平牙夷、勿奴孤、皆闍婆之屬國也打板國東連大闍婆號戎牙路或作重迦盧居民架造屋宇與中國同其地平坦有港通舟車往来産青鹽綿羊鸚鵡之屬番官勇猛與東邉賊國為姻彼以省親為名番舶多遭刼掠之患甚至俘人以為奇貨每人換金二兩或三兩以此商貨遂絶賊國丹重布囉琶離孫他故論是也打綱黃麻駐麻篱牛論丹戎武囉底平牙夷勿奴孤等國在海島中各有地主用船往來地罕耕種國多老樹内産沙糊狀如麦麵土人用水為圓大如緑荳曬乾入包儲蓄為粮或用

魚及肉雜以為羮多嗜甘蔗芭蕉搗蔗入藥醞釀為酒又有尾巴樹剖其心取其汁亦可為酒土人壯健凶惡色黑而紅裸體文身剪髮跣足飲食不用器皿緘樹葉以從事食已則棄之民間博易止用沙糊準以升斗不識書計植木為棚高二丈餘架屋其上障蓋與新拖同土產檀香丁香荳蔻花簟番布鐵劍器械等物內丹戎麻篙武囉尤廣袤多蓄兵馬稍知書計土產降眞黃蠟細香瑇瑁等物丹戎武囉亦有之率不事生業相尚出海以舟刼掠故番商罕至焉

南毗國

南毗國在西南之極自三佛齊便風月餘可到國都號蔑阿抹唐語曰禮司其主裸體跣足縛頭纏腰皆用白布或着白布窄袖衫出則騎象戴金帽以真珠珍寶雜施其上臂繫金纏足圈金鍊儀仗有纛用孔雀羽為飾柄施銀朱凡二十餘人左右翊衛從以番婦擇貌壯奇偉者前後約五百餘人前者舞導皆裸體跣足止用布纏腰後者騎馬無鞍纏腰束鬟以真珠為纓絡以真金為纏鍊用腦麝雜藥塗體蔽以孔

雀毛傘，其餘從行官屬以白番布爲袋坐其上，名曰布袋轎，以扛舁之，扛包以金銀，在舞婦之前。國多沙地，王出，先差官一員及兵卒百餘人持水灑地，以防飂風。番揚飲食精細，鼎以百計，日一易之。有官名翰林，供王飲食，視其食之多寡，每裁約之，無使過度，或因而致疾，則嘗糞之甘苦以療治之。國人紫色，耳輪垂肩，習弓箭，善刀矟，喜戰鬭，征伐皆乘象臨敵，以綵纈纏頭。事佛尤謹。地暖無寒。米穀麻荳麥粟芋菜食用皆足，價亦廉平。鑿雜白銀爲錢，鏤官印記，民用以貿易。土產眞珠諸色番布兜羅綿。國有淡水江，乃諸流湊匯之處，江極廣袤，旁有山突兀，常有星現其上，秀氣鍾結，產爲小石，如猫兒睛。其色明透，埋於山坎中，不時山發溯洪推流，官時差人乘小舸採取，國人珍之。故臨、胡茶辣、甘琶逸、獨離、沙麻囉、華馮、牙囉、麻哩抹、都奴何、啞哩喏、嗷囉囉哩，皆其屬國也。其國最遠，番船罕到，時羅巴智力干父子，其種類也，今居泉之城南。土產之物，本國運至吉囉達弄、三佛齊，用荷池纈絹、甆器、樟腦、大黃、黃連、丁香、腦子、檀香、荳蔻、沉

香為貨商人就愽易焉

故臨國自南毗舟行順風五日可到泉船四十餘日到藍里住冬至次年再發一月始達土俗大率與南毗無異土產椰子蘇木酒用蜜糖和椰子花汁醖成好事弓箭戰鬪臨敵以綵纈纏髻交易用金銀錢以銀錢十二準金錢之一地暖無寒每歲自三佛齊監篦吉陀等國發船愽易用貨亦與南毗同大食人多寓其國中每浴畢用鬱金塗體蓋欲彷彿之金身

胡茶辣國管百餘州城有四重國人白淨男女皆穴耳墜重環着窄衣纏縵布戴白

煖耳、躡紅皮鞋、人禁葷食、有佛字四千區、內約二萬餘妓、每日兩次歌獻佛飯及獻花、獻花用吉貝線結縛為毬日約用三百斤、有戰象四百餘隻兵馬約十萬、王出入乘象頂戴金冠、從者各乘馬持劍、土產青碇至多紫礦、苛子諸色者布每歲轉運就大食貨賣、

麻囉華國與胡茶辣連接、其國管六十餘州有陸路衣服風俗與胡茶辣國同、產白布甚多、每歲約發牛二千餘隻馱布就陸路往他國博易、

注輦國

注輦國西天南印度也、東距海五里、西至西天竺千五百里、南至羅蘭二千五百里、北至頑田三千里、自古不通商、水行至泉州約四十一萬一千四百餘里、欲往其國當自故臨易舟而行、或云蒲甘國亦可往、其國有城七重高七尺、南北十二里、東西七里、每城相去百步、四城用磚、二城用土、最中城以木為之、皆植花果雜木、第一第二城皆民居環以小濠、第三第四城侍郎居之、第五城王之四子居之、第六城為佛寺百僧居之、第七城即王之所居屋四百餘區、所統有三十一部落其西十一曰只都尼施亞盧尼羅琶離鼈琶移布尼古壇布林蒲登故里婆輸岑本歸揭闍黎池离部尼遮古林亞里者林其南八曰無雅加黎麻藍眉古黎香低舍里尼蜜多羅摩伽藍蒲登蒙伽林加藍琵琶琶离遊亞林池蒙伽藍其北十一曰撥羅耶無没离注林加里蒙伽藍漆結麻藍握折蒙伽藍蒲稜和藍堡琶来田注离盧婆囉迷蒙伽藍民有罪命侍郎一負處治之輕者繫於木格笞五七十至一百重者即斬或以象踐殺之其宴則王與四侍

郎膜拜于階。遂共作樂歌舞。不飲酒而食肉。俗衣布亦有餅餌。掌饌執事用妓。近萬餘家。日輪三千輩祗役。其嫁娶先用金銀指環。使媒婦至女家。後三日會男家親族。約以田土生畜檳榔酒等。稱其有無為禮。女家復以金銀指環越諾布及女所服錦衣遺壻。若男欲離女則不敢取聘財。女欲却男則倍償之。其國賦稅繁重。客旅罕到。與西天諸國鬬戰。官有戰象六萬。皆高七八尺。戰時象背立屋。載勇士。遠則用箭。近則用槊。戰勝者象以賜號以旌其功。國人尚氣輕生或有當王前用短兵格鬬死而無悔父子兄弟不同釜而爨不共器而食然甚重義地產眞珠象牙珊瑚玻瓈檳榔荳蔻琉璃色綵布吉貝布獸有山羊黃牛禽有山雞鸚鵡果有餘甘藤蘿千年棗椰子甘羅崑崙梅波羅蜜之類花有白茉莉散絲蛇臍桑麗秋青黃碧婆羅瑤蓮蟬紫水蕉之類五穀有綠黑豆麥稻地宜竹自昔未嘗朝貢大中祥符八年其主遣使貢眞珠等譯者導其言曰願以來遠人慕化之意詔閤門祇候史祐之館伴宴錫恩例同龜茲使適值承天

節其使獲預啓聖院祝壽。至熙寧十年又貢方物。神宗遣内侍勞問之。其餘南尼華羅等國不啻百餘悉冠以西天之名。又有所謂王舍城者。俗傳自交趾之北至大理。大理西至王舍城不過四十程。按賈耽皇華西達記云。自安南通天竺是有陸可通其國。然達磨之来浮海至番禺。豈陸程迂迴不如海道之迅便歟。西天鵬茄囉國都號茶那咭城圍一百二十里。民物好勝專事剽奪。以白砑螺殼磨治為錢。土産寶劒兜羅綿等布。或謂佛教始於此國。唐三藏玄裝取經僧到西天南尼華羅國、城有三重人早晚浴以鬱金塗體效佛金色、多稱婆羅門以為佛眞子孫屋壁坐席悉塗牛糞相尚以此為潔、家置壇崇三尺三級而升、每晨焚香獻花名為供佛、大食番商至其國則坐之門外館之別室、具供帳器皿、婦人犯奸輒殺之官不問、土產上等水香細白花蘂布、人多食酥酪飯豆菜少食魚肉、道通西域、西域忽有輕騎來刧但閉門距之數日之糧自退、

大秦國

大秦國一名犂靬西天諸國之都會大食番商所萃之地也其王號麻囉弗理安都城以帛織出金字纏頭所坐之物則織以絲罽有城市里巷王所居舍以水精為柱以石灰代瓦多設簾幃四圍開七門置守者各三十人有他國進貢者拜於堦陛之下祝壽而退其人長大美皙頗類中國故謂之大秦有官曹簿領而文字習胡人皆髦頭而衣文繡亦有白蓋小車旌旗之屬及十里一亭三十里一堠地多獅子遮害行旅不百人持兵器偕行易為所食宮室下鑿地道

通禮拜堂一里許、王少出、惟誦經禮佛、遇七日即由地道往禮拜堂拜佛、從者五十餘人、國人罕識王面、若出遊則騎馬用傘、馬之頭項皆飾以金玉珠寶、遜年大食國王有號素丹者遣人進貢、如國內有警即令大食措置兵甲撫定、所食之物多飯餅肉、不飲酒、用金銀器以匙挑之、食已即以金盤貯水濯手、土產琉璃珊瑚生金花錦縵布紅瑪瑙真珠、又出駭雞犀、駭雞犀即通天犀也、漢延嘉初其國主遣使自日南徼外来獻犀象瑇瑁、始通中國、所貢無他珍異、或疑使人隱之。晉大康中又來貢。或云其國西有弱水流沙，近西王母所處，幾於日所入也。按杜還經行記云：拂菻國在苫國西，亦名大秦，其人顔色紅白，男子悉著素衣，婦人皆服珠錦，好飲酒，尚乾餅，多工巧，善織絡。地方千里，勝兵萬餘，與大食相禦。西海中有市，客主同和，我往則彼去，彼來則我歸。賣者陳之於前，買者酬之於後，皆以其直置諸物旁，待領直然後收物，名曰鬼市。

天竺國

天竺國隷大秦國所立國主悉由大秦選擇俗皆辮髮垂下兩鬢及頂以帛纏頭所居以石灰代瓦有城郭居民王服錦罽為螺髻於頂餘髮剪之使短晨出坐㲪皮（㲪乃獸名）用朱蠟飾之晝雜物於上群下皆禮拜祝壽出則騎馬鞍轡皆以烏金銀闇裝從者三百人執矛劍之屬妃衣大袖縷金紅衣歲一出多所賑施國有聖水能止風濤番商用琉璃缾盛貯猝遇海敫波以水灑之則止後魏宣武時嘗遣使獻駿馬云其國出獅子貂豹橐駝犀象瑇瑁金銅鐵鉛錫金

縷織成金罽白疊毾㲪。有石如雲母而色紫，裂之則薄如蟬翼，積之則如紗縠。有金剛石似紫石英，百鍊不銷，可以切玉。又有旃檀等香、甘蔗、石蜜、諸果。歲與大秦、扶南貿易，以齒貝爲貨。俗工幻化，有弓箭甲稍、飛梯地道及木牛流馬之法，而怯於戰鬭。善天文筭曆之術，皆學《悉曇》。草書以貝多樹葉爲紙。唐正觀、天授中嘗遣使入貢。雍熙間，有僧囉護哪航海而至，自言天竺國人，番商以其胡僧，競持金繒珍寶以施。僧一不有，買隙地建佛刹于泉之城南，今寶林院是也。

大食國

大食在泉之西北去泉州最遠番船艱於直達自泉發船四十餘日至藍里博易住冬次年再發順風六十餘日方至其國本國所產多運載與三佛齊貿易商賈轉販以至中國其國雄壯其地廣袤民俗侈麗甲於諸番天氣多寒雪厚二三尺故貴氈毯國都號蜜徐籬（或作麻囉拔）據諸番衝要王頭纏織金番布朔望則戴八面純金平頂冠極天下珍寶皆施其上衣錦衣繫玉帶躡間金履其居以瑪瑙為柱以綠甘

石之透明如水晶者為壁，以水晶為瓦，以碌石為塼，以活石為灰，帷幕之屬悉用百花錦。其錦以真金線夾五色絲織成。檯榻飾以珠寶，堦砌包以純金，器皿鼎竈雜用金銀，結真珠為簾。每出朝坐於簾後，官有丞相，被金甲，戴兜鍪，持寶劍，擁衛左右。餘官曰太尉，各領兵馬二萬餘人。馬高七尺，用鐵為鞋。士卒驍勇，武藝冠倫。街闊五丈餘，就中鑿二丈深四尺，以備駱駞馬牛馱負物貨，左右鋪砌青黑石，坂尤極精緻，以便來往。民居屋宇與中國同，但瓦則以薄石為之。民

食專仰米穀好嗜細麪蒸羊貧者食魚菜菓實皆甜
無酸取蒲萄汁為酒或用糖煑香藥為思酥酒又用
蜜和香藥作眉思打華酒其酒大煖巨富之家愽易
金銀以量為秤市肆諠譁金銀綾錦之類種種萃聚
工匠技術咸精其能王與官民皆事天有佛名麻霞
勿七日一削髮翦甲歲首清齋念經一月每日五次
拜天農民耕種無水旱之憂有溪澗之水足以灌漑
其源不知從出當農隙時其水止平兩岸及農務將
興漸漸汎溢日增一日差官一員視水候至廣行勸

集齊時耕種。足用之後水退如初。國有大港深二十餘丈東南瀕海支流達於諸路港之兩岸皆民居日為墟市。舟車輻湊麻麥粟豆糖麩油柴雞羊鵝鴨魚、蝦棗園蒲萄雜菓皆萃焉。土地所出真珠象牙犀角乳香龍涎木香丁香肉荳蔻安息香蘆薈沒藥血竭阿魏膃肭臍鵬砂琉璃玻瓈硨磲珊瑚樹猫兒睛梔子花薔薇水沒石子黃蠟織金軟錦駝毛布兠羅綿異段等。番商興販係就三佛齊佛囉安等國轉易。麻囉抹施曷奴發啞四包閑囉施美木俱蘭伽力吉毗嗒耶伊禄白達思蓮白蓮積吉甘眉蒲花羅層拔獨琶囉勿拔甕籬記施麻嘉獨斯羅吉慈尼勿斯離皆其屬國也其國本波斯之别種隋大業中有波斯之桀黠者探穴得文石以為瑞乃糾合其衆剽略資貨聚徒浸盛遂自立為王據有波斯國之西境唐永徽以後屢來朝貢其王盆尼末換之前謂之白衣大食阿波羅拔之後謂之黑衣大食皇朝乾德四年僧行勤游西域因賜其王書以招懷之開寶元年遣使來朝貢四年同占城闍婆致禮物于江南李煜煜不敢

麻嘉國

麻嘉國自麻囉拔國西去陸行八十餘程方到乃佛麻霞勿所生之處佛居用五色玉甃成每歲遇佛忌辰大食諸國皆至瞻禮爭持金銀珍寶以施仍用錦綺覆其居後有佛墓晝夜常有霞光人莫能近過則合眼若人臨命終時摸取墓上土塗胷云可乘佛力超生

層拔國

層拔國在胡茶辣國南海島中西接大山其人民皆

大食種落、遵大食教度、纏青番布、躡紅皮鞋、日食飯麪燒餅羊肉、鄉村山林多幛岫層疊、地氣煖無寒、産象牙生金龍涎黄檀香、每歲胡茶辣國及大食邊海等處發船販易、以白布甆器赤銅紅吉貝為貨

弼琶囉國有四州、餘皆村落、各以豪強相尚、事天不事佛、土多駱駝綿羊、以駱駝肉并乳及燒餅為常饌、産龍涎大象牙及大犀角、象牙有重百餘斤、犀角重十餘斤、亦多木香蘇合香油沒藥瑇瑁至厚、他國悉就販焉、又産物名駱駝鶴、身項長六七尺、有翼能飛但不

受遣使上其狀因詔自今勿以為獻淳化四年遣副使李亞勿来貢引對於崇政殿稱其國與大秦國為隣土出象牙犀角太宗問取犀象用何法對曰象用象媒誘至漸近以大繩羈縻之耳犀則使人升大樹操弓矢伺其至射而殺之其小者不用弓矢亦可捕獲賜以襲衣冠帶仍賜黃金準其所貢之直雍熙三年同賓瞳矓國来朝咸平六年又遣麻尼等貢眞珠乞不給回賜眞宗不欲違其意竢其還優加恩禮景德元年其使與三佛齊蒲甘使同在京師留上元觀

燈皆賜錢縱飲四年偕占城來貢優加館餼許徧覽
寺觀苑囿大中祥符車駕東封其主陁婆離上言願
執方物赴泰山從之四年祀汾陰又來詔令陪位舊
傳廣州言大食國人無西忽盧華百三十歲耳有重
輪貌甚偉異自言遠慕皇化附古邏國船船而來詔
賜錦袍銀帶加東帛元祐開禧間各遣使入貢有番
商曰施那幃大食人也蹻寓泉南輕財樂施有西土
氣習作叢塚於城外之東南隅以掩胡賈之遺骸提
舶林之奇記其實

甚高、獸名徂蠟狀如駱駝而大、如牛色黃、前脚高五尺後低三尺、頭高向上皮厚一寸、又有騾子紅白黑、三色相間紋如經帶、皆山野之獸往往駱駝之别種也、國人好獵時以藥箭取之、

勿拔國

勿拔國邊海有陸道可到大食、王紫裳色纏頭衣衫遵大食教度為事、

中理國

中理國人露頭跣足纏布不敢着衫、惟宰相及王之

左右乃着衫纏頭以別王居用磚甓甃砌民屋用葵茆苫蓋日食燒麫餅羊乳駱駝乳牛羊駱駝甚多大食惟此國出乳香人多妖術能變身作禽獸或水族形驚眩愚俗番舶轉販或有怨隙作法咀之其船進退不可知與勸解方為釋放其國禁之甚嚴每歲有飛禽泊郊外不計其數日出則絶不見其影國人張羅取食之其味極佳惟暮春有之交夏而絶至来歲復然國人死棺殮畢欲殯凡遠近親戚慰問各舞劒而入噉問孝主死故若人殺死我等當刃殺之報仇

孝主答以非人殺之自係天命乃拔劍慟哭每歲常有大魚死飄近岸身長十餘丈徑高二丈餘國人不食其肉惟刳取腦髓及眼睛為油多者至三百餘燈和灰脩舶船或用點燈民之貧者取其肋骨作屋桁脊骨作門扇截其骨節為臼國有山與弼琶囉國隔界周圍四千里大半無人煙山出血碣蘆薈水出瑇瑁龍涎其龍涎不知所出忽見成塊或三五斤或十斤飄泊岸下土人競分之或船在海中驀見採得

雍尾蠻國

甕蠻國人物如勿拔國、地主纏頭繳縵不衣跣足、奴僕則露首跣足繳縵蔽體、食燒麪餅羊肉并乳魚菜、土產千年棗甚多、沿海出眞珠山畜牧馬極蕃庶、他國貿販惟買馬與眞珠及千年棗、用丁香荳蔻腦子等為貨、

記施國

記施國在海嶼中望見大食半日可到、管州不多、王出入騎馬張皂傘從者百餘人國人白淨身長八尺被髮打纏纏長八尺半纏於頭半垂於背、衣番衫繳

縵布躡紅皮鞋，用金銀錢，食麫餅羊魚千年棗，不食米飯。土產眞珠、好馬。大食歲遣駱駝負薔薇水、梔子花、水銀、白銅、生銀、朱砂、紫草、細布等下船至本國販於他國。

白達國

白達國係大食諸國之一都會，自麻囉拔國約陸行一百三十餘程，過五十餘州，乃到。國極強大，軍馬器甲甚盛。王乃佛麻霞勿直下子孫，相襲傳位，至今二十九代，經六七百年。大食諸國或用兵相侵，皆不敢犯其境王出張皂蓋金柄其頂有玉獅子背負一大金月閃耀如星雖遠可見城市衢陌居民豪侈多寶物珍段少米魚菜人食餅肉酥酪產金銀碾花上等琉璃白越諸布蘇合油國人相尚以好雪布纏頭及為衣服七日一次削髮剪爪甲一日五次禮拜天尊大食教度以佛之子孫故諸國歸敬焉

芻斯囉國

芻斯囉國地主出入騎馬從千餘人盡帶鐵甲將官帶連環鎖子甲聽白達節制人食燒麪餅羊肉天時

寒暑稍正，但無朔望。產駱駝、綿羊、千年棗。每歲記施

蹇蠻國常至其國般販。

吉慈尼國

吉慈尼國自麻羅拔國約一百二十程可到。地近西

北，極寒。冬雪至春不消。國有大山圍遶，鑿山爲城，方

二百餘里，外環以水。有禮拜堂二百餘所，官民皆赴堂

禮拜，謂之廚(或作除)幭。民多豪富，居樓閣至有五七

層者。多畜牧駝馬。人食餅肉乳酪，少魚米。或欲飲飯，

以牛湩拌水飲之。王手臂過膝，有戰馬百足，各高六

尺餘、騾數十足亦高三尺、出則更迭乘之、所射弓數石、五七人力不能挽、馬上使鐵鏈重五十餘斤、大食及西天諸國皆畏焉、土產金銀越諾布金綵綿五色駞毛段碾花琉璃蘇合油無名異摩娑石、

勿斯離國

勿斯離國其地多石山、秋露沆瀣日曬即凝、狀如糖霜、採而食之清涼甘腴、蓋眞甘露也、山有天生樹一歲生粟名蒲蘆、次歲生沒石子、地產火浣布珊瑚、

蘆眉國

蘆眉國自麻囉拔西陸行三百餘程始到，亦名眉路骨國。其城屈曲七重，用黑光大石甃就，每城相去千步。有番塔三百餘，内一塔高八十丈，容四馬並驅而上，内有三百六十房。人皆纏頭塌項，以色毛段為衣，以肉麨為食，以金銀為錢。有四萬户織錦為業。地產絞綃、金字越諾布、間金間綵織錦綺、摩娑石、無名異、薔薇水、梔子花、蘇合油、鵬砂及上等碾花琉璃。人家好畜駞馬犬。

木蘭皮國

木蘭皮國大食國西有巨海海之西有國不可勝數大食巨艦所可至者木蘭皮國爾自大食之陁盤地國發舟正西涉海百餘日方至其國一舟可容數千人舟中有酒食肆機杼之屬言舟之大者莫木蘭皮若也國之所産極異麥粒長三寸瓜圍六尺可食二三十人榴重五斤桃重二斤香圓重二十餘斤萵苣菜每莖可重十餘斤其葉長三四尺米麥開地窖藏之數十年不壞産胡羊高數尺尾大如扇春剖腹取脂數十斤再縫合而活不取則發臕脹死陸行二百

程，日晷長三時，秋月西風忽起，人獸速就水飲乃生，稍遲則渴死。

勿斯里國

勿斯里國屬白達國節制。國王白皙，打纏頭，著番衫，穿皂靴，出入乘馬，前有看馬三百疋，鞍轡畫飾以金寶，有虎十頭，縻以鐵索，伏虎者百人，弄鐵索者五十人，持擂棒者一百人，臂鷹者三十人，又千騎圍護，有親奴三百，各帶甲持劍，二人持御器械導王前，其後有百騎鳴鼓，儀從甚都。國人惟食餅肉，不食飯，其國多旱管下一十六州周回六十餘程有雨則人民耕種反為之漂壞有江水極清甘莫知水源所出歲旱諸國江水皆消減惟此水如常田疇充足農民籍以耕種歲率如此人至有七八十歲不識雨者舊傳蒲囉吽第三代孫名干宿曾擄此國為其無雨恐有旱乾之患遂於近江擇地置三百六十鄉村村皆種麥遞年供國人日食每村供一日三百六十村可足一年之食又有州名甜野傍近此江兩年或三年必有一老人自江水中出頭髮黑短鬚鬢皓白坐於水中

石上惟見半身，掬水洗面剔甲。國人見之，知其為異。近前拜問今歲人民吉凶如何，其人不語；若笑，則其年豐稔，民無札瘥；若蹙額，則是年或次年必有凶歉疾疫。半良久復沒不見。江中有水駱駝、水馬，時登岸齧草，見人則沒入水。

過根陀國

過根陀國，勿斯里之屬也。相傳古有異人徂葛尼於瀕海建大塔，下鑿地為兩屋，塼結甚密。一窖糧食，一儲器械。塔高二百丈，可通四馬齊驅而上，至三分之二塔心開大井結渠透大江以防他國兵侵則舉國據塔以拒敵上下可容二萬人內居守而外出戰其頂上有鏡極大他國或有兵船侵犯鏡先照見即預備守禦之計近年為外國人投塔下執役掃洒數年人不疑之忽一日得便盜鏡抛沉海中而去

海上雜國

晏陀蠻國自藍無里去細蘭國如風不順飄至一所地名晏陀蠻海中有一大嶼內有兩山一大一小其小山全無人煙其大山周圍七十里山中之人身如

黑漆能生食人船人不敢艤岸山内無寸鐵皆以硨
磲蚌殼磨銛爲刃上有聖跡渾金床承一死人經代
不朽常有巨蛇衛護蛇身毛長二尺人不敢近有井
每歲兩次水溢流入於海所過沙石經此水浸皆成
金闔山人常祭此井如銅鉛鐵錫用火燒紅取此水
沃之輒變成金舊傳曾有商船壞船人扶竹木隨流
飄至此山知有聖水潛以竹筒盛滿乘木筏隨浪飄
漾至南毗國以水獻南毗國王試之果驗南毗王遂
興兵謀奄有其山船未至間遭惡風飄回船人飄至

山盡為山蠻所食蓋此山有金床異人密有神護不令人近也崑崙層期國在西南海上連接大海島常有大鵬飛蔽日移晷有駱駝大鵬遇則呑之或拾鵬翅截其管可作水桶土産大象牙犀角西有海島多野人身如黑漆虯髮誘以食而擒之轉賣與大食諸國為奴獲價甚厚託以管鑰謂其無親屬之戀也沙華公國其人多出大海刼奪得人縛而賣之闍婆又東南有野島蠻賊居之號麻囉奴商船飄至其國群起擒人以巨竹夾燒而食之其賊首鑚齒皆以黃金

裝飾取人腦蓋為飲食器其島愈深其賊愈甚又東南有女人國水常東流數年水一泛漲或流出蓮肉長尺餘桃核長二尺人得之則以獻于女王昔常有舶舟飄落其國群女携以歸數日無不死有一智者夜盗船亡命得去遂傳其事其國女人遇南風盛發裸而感風即生女也西海亦有女國其地五男三女以女為國王婦人為吏職男子為軍士女子貴則多有侍男男子不得有侍女生子從母姓氣候多寒以射獵為業出鍮石朱砂麝香犛牛駿馬尤多鹽與大

秦天竺慱易其利數倍。波斯國在西南海上。其人肌理甚黑。鬢髮皆虯。以青花布纏身。以兩金串鈐手。無城郭。其王早朝以虎皮蒙机。疊足坐。群下膜拜而退。出則乘軟兜或騎象。從者百餘人。執劔呵護。食餅肉飯。盛以甆器。掬而啗之。茶弼沙國城方一千餘里。王着戰袍。縛金帶。頂金冠。穿皂靴。婦女着眞珠衫。土產金寶極多。人民住屋有七層。每一層乃一人家。其國光明。係太陽沒入之地。至晚日入。其聲極震。洪於雷霆。每於城門用千人吹角。鳴鑼擊鼓。雜混日聲。不然則孕婦及小兒聞日聲皆驚死、斯加里野國近蘆眉國界海嶼濶一千里、衣服風俗語音與蘆眉同、本國有山穴至深、四季出火、遠望則朝煙暮火、近觀則火勢烈甚、國人相與扛舁大石重五百斤或一千斤、拋擲穴中、須臾爆出碎如浮石、每五年一次火從穴出、流轉至海邊復回、所過林木皆不燃燒、遇石則焚爇如灰、默伽獵國王逐日誦經拜天、打纏頭着毛段番衫、穿紅皮鞋、教度與大食國一同、王每出入乘馬、以大食佛經用一函乘在駱駝背前行、管下五百餘州、各有城市，有兵百萬，出入皆乘馬。人民食餅肉，有麥無米。牛羊駱駝菓實之屬甚多。海水深二十丈，產珊瑚樹。

渤泥國

渤泥在泉之東南，去闍婆四十五日程，去三佛齊四十日程，去占城與麻逸各三十日程，皆以順風為則。其國以板為城，城中居民萬餘人，所統十四州。王居覆以貝多葉，民舍覆以草。王之服色畧倣中國。若裸體跣足，則臂佩金圈，手帶金鍊，以布纏身。坐繩床，出則施大布單坐其上、衆舁之、名曰阮囊、從者五百餘人、前持刀劍器械、後捧金盤貯香腦、檳榔等、從、以戰船百餘隻為衛、戰鬬則持刀披甲、甲以銅鑄、狀若大筒、穿之於身、護其腹背、器皿多用金、地無麥、有麻稻、以沙糊為糧（沙糊詳見黄麻駐）、又有羊及雞、漁、無絲蠶、用吉貝花織成布、有尾巴樹、加蒙樹、椰子樹、以樹心取汁為酒、富室之婦女皆以花錦銷金色帛纏腰、婚聘先以酒、檳榔、次之指環、又次之、然後以吉貝布、或量出金銀成禮、喪葬有棺歛、以竹為轝、載棄山中、二月始耕則祀之，凡七年則不復祀矣。以十二月七日為歲節。地多熱。國人宴會，鳴鼓吹笛，擊鉢歌舞為樂。無器皿，以竹編貝多葉為器，食畢則棄之。其國鄰於底門國，有藥樹，取其根煎為膏，服之，仍塗其體，兵刃所傷皆不死。土地所出：梅花腦、速腦、金脚腦、米腦、黃蠟、降真香、瑇瑁。番商興販，用貨金、貨銀、假錦、建陽錦、五色絹、五色茸、琉璃珠、琉璃瓶子、白錫、烏鉛、網墜、牙臂環、臙脂、漆椀楪、青甆器等博易。番船抵岸三日，其王與眷屬率大人（王之左右號曰大人）到船問勞。

船人用錦藉跳板迎肅，款以酒醴，用金銀器皿、褖蓆、涼傘等分獻有差。既泊舟登岸，皆未反博易之事，商賈日以中國飲食獻其王，故舟往佛泥，必挾善庖者一二輩與俱。朔望並講賀禮。幾月餘，方請其王與大人論定物價，價定，然後鳴鼓以召遠近之人，聽其貿易。價未定而私貿易者罰。俗重商賈，有罪抵死者罰而不殺。船回日，其王亦釃酒椎牛祖席，酢以腦子、番布等，稱其所施。船舟雖貿易迄事，必候六月望日排辦佛節，然後出港，否則有風濤之危。佛無他像，茅舍

數層規制如塔下置小龕罩珠二顆是謂聖佛土人云二珠其初猶小今漸大如拇指矣遇佛節其王親供花菓者三日國中男女

皆至太平

皆至太平興國二年遣使蒲亞利等貢腦子瑇瑁象牙檀香其表緘封數重紙類木皮而薄瑩滑色微綠長數尺博寸餘卷之僅可盈握其字細小橫讀之譯以華言云渤泥國王向打稽首拜皇帝萬歲萬歲萬萬歲又言每年脩貢易飄泊占城乞詔占城今後勿

留館其使於禮賓院優遣之元豐五年又遣使来貢

西龍宮

西龍宮什廟日麗胡蘆蔓頭蘇勿里馬膽逾馬喏居海島中用小船来徃服色飲食與渤泥同出生香降眞香黃蠟瑇瑁商人以白甆器酒米麄鹽白絹貨金易之

麻逸

麻逸國在渤泥之北團聚千餘家夾溪而居土人披布如被或腰布蔽體有銅佛像散布草野不知所自

盜少至其境商舶入港駐於官場前官場者其國闤闠之所也登舟與之雜處酋長日用白傘故商人必賫以為贐交易之例蠻賈叢至隨篋籮搬物貨而去初若不可曉徐辯認搬貨之人亦無遺失蠻賈廼以其貨轉入他島嶼貿易率至八九月始歸以其所得準償舶商亦有過期不歸者故販麻逸舶回最晚三嶼白蒲延蒲里嚕里銀東流新里漢等皆其屬也土產黃蠟吉貝真珠瑇瑁藥檳榔于達布商人用甆器貨金鐵鼎烏鉛五色琉璃珠鐵針等博易

三嶼

三嶼乃麻逸之屬、曰加麻延巴姥酉巴吉弄等各有種落散居島嶼、舶舟至則出而貿易總謂之三嶼、其風俗大畧與麻逸同、每聚落各約千餘家、地多崇岡疊嶂峭拔如壁、憑高依險編茅為屋、山無水源、婦女以首絫擎二三甕取水於溪、登陟如履平地窮谷別有種落號海膽人形而小、眼圓而黃、虬髮露齒巢於木顛或三五為群跧伏榛莽、以暗箭射人多罹其害、投以甆椀則俯拾忻然、跳呼而去、番商每抵一聚落未敢登岸，先駐舟中流，鳴皷以招之。蠻賈爭棹小舟持吉貝、黃蠟、番布、椰心簟等至，與之貿易，如議價未決，必賈豪自至，説諭餽以綃傘、甆器、籐籠，仍留一二輩為質，然後登岸互市，交易畢則返其質。停舟不過三四日，又轉而之他。諸蠻之居環繞三嶼，不相統屬。其山倚東北隅，南風時至，激水衝山，波濤迅駛，不可泊舟，故販三嶼者率四五月間即理歸棹。博易用甆器、皂綾、纈絹、五色燒珠、鉛網墜、白錫為貨。蒲哩嚕與三嶼聯屬，聚落差盛，人多猛悍，好攻刼。海多鹵股之

石槎牙如枯木芒刃銛於劍戟舟過其側預曲折以避之產青琅玕珊瑚樹然絕難得風俗博易與三嶼同

流求國

流求國當泉州之東舟行約五六日程王姓歡斯土人呼為可老王所居曰波羅檀洞塹柵三重環以流水植棘為藩殿宇多彫刻禽獸男女皆以白紵繩纏髮從頭後盤繞及以雜紵雜毛為衣製裁不一織籐為笠飾以羽毛兵有刀矟弓箭劍鼓之屬編熊豹皮

為甲所秉之車刻獸為像導從僅數十人無賦歛有事則均稅不知節朔眎月盈虧以紀時父子同牀而寢曝海水為鹽釀米麴為酒遇異味先進尊者肉有熊羆豺狼尤多猪雞無牛羊驢馬厥土沃壤先用火燒然後引水灌注持鍤僅數寸而墾之無他奇貨尤好剽掠故商賈不通土人間以所產黄蠟土金氂尾豹脯往售於三嶼旁有毗舍耶談馬顏等國

毗舍耶

毗舍耶語言不通商販不及袒裸盱睢殆畜類也泉

有海島曰彭湖，隸晋江縣。取其國密迩，煙火相望。時至寇掠，其来不測，多罹生噉之害，居民苦之。淳熙間，國之酋豪嘗率數百輩猝至泉之水澳、圍頭等村，恣行兇暴，戕人無數，淫其婦女，已而殺之。喜鐵器及匙筯，人閉户則免，但刓其門圈而去。擲以匙筯則俯拾之，可緩數步。官軍擒捕，見鐵騎則競刓其甲，駢首就戮而不知悔。臨敵用鏢，鏢以繩十餘丈為操縱，蓋愛其鐵不忍棄也。不駕舟楫，惟以竹筏從事，可摺疊如屏風，急則群舁之泅水而遁。

新羅國

新羅國弁韓遺種也其國與泉之海門對峙俗忌陰陽家子午之說故興販必先至四明而後再發或曰泉之水勢漸低故必經由四明有大族曰金氏朴氏唐武德中封眞金爲樂浪郡王其後常爲君長開耀中遣使乞唐禮及他文從之屋宇器用服飾官屬略倣中國其治峻法以繩下故少犯道不拾遺婚娶不用幣人知書喜學廝役之家亦相矜勉里有庠扁曰局堂處子弟之未婚者習書射於其中三歲一試舉

人有進士筭學諸科故號君子國地宜粳稻有槖駝水牛不用錢第以米博易民家器皿悉銅為之樂有二品曰庫樂曰鄉樂開元中嘗遣邢璹為弔使五代同光長興中各遣使修朝貢禮皇朝建隆二年遣使來貢興國二年又貢其國信陰陽鬼神之事多拘忌中國使至必消吉而後具禮受詔每受詔亦為謝表粗有文采地出人參水銀麝香松子榛子石決明松塔子防風白附子茯苓大小布毛施布銅磬瓷器草蓆鼠毛筆等商船用五色纈絹及建本文字博易

倭國

倭國在泉之東北今號日本國以其國近日出故名或曰惡舊名改之國方數千里西南至海東北限以大山山外即毛人國凡五畿七道三島三千七百七十二鄉四百一十四驛八十八萬三千餘丁地多山林無良田嗜海錯俗多文身自謂泰伯之後又言上古使至中國皆自稱大夫昔夏少康之子封於會稽斷髮文身以避蛟龍之害今倭人沉没取魚亦文身以猒水族計其道里在會稽之正東寒暑大類中國

王以王為姓歷七十餘世不易文武皆世官男子衣橫幅結束相連不施縫綴婦人衣如單被穿其中以貫頭一衣率用二三縑皆被髮跣足亦有中國典籍如五經白樂天文集之類皆自中國得之土宜五穀而少麥交易用銅錢以乾文大寶為文有水牛驢羊犀象之屬亦有金銀細絹花布多產杉木維木長至十四五丈徑四尺餘土人解為枋板以巨艦搬運至吾泉貿易泉人罕至其國樂有中國高麗二部刀楯弓矢以鐵為鏃挽射矢不能遠詰其故以其中國不

習戰鬭有屋宇父母兄弟卧息異處飲食用俎豆嫁娶不持錢帛死有棺無槨封土為塚初喪哭泣不食肉已葬舉家入水潔浴以祓不祥舉大事則灼骨以占吉凶不知正歲四時但計秋收之時以為年紀人多壽率八九十歲婦女不淫不妬無爭訟或罹于罪重者族滅輕者没其妻孥以金銀為貢賦即其地之東粵州及別島所產也其國自後漢嘗通中國歷魏晉宋隋唐並遣使修朝貢國朝雍熙元年國僧奝然與其徒五六人浮海至以銅器十餘事獻極精緻太

宗召見館於太平興國寺賜紫衣方袍撫之甚厚聞其王一姓傳繼臣下皆世官因歎息謂宰臣宋琪李昉曰此島夷爾乃世祚遐久其臣亦繼襲不絕此古之道也夫以一島夷而動太宗之歎息豈泰伯用夏變夷之遺風猶有存者歟

癸卯四月望日題星日學使刊

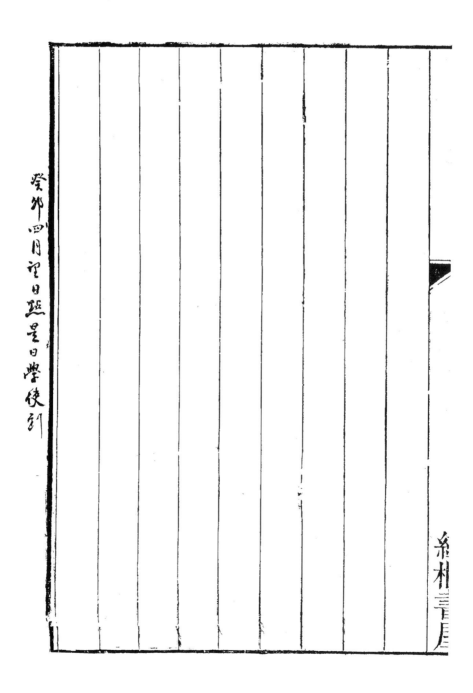

諸蕃志

志物

腦子

腦子出渤泥國，一作佛尼。又出賓窣國。世謂三佛齊亦有之，非也。但其國據諸蕃來往之要津，遂截斷諸國之物聚於其國，以俟蕃船貿易耳。腦之樹如杉，生於深山窮谷中，經千百年，支榦不曾損動，則賸有之。否則腦隨氣泄。土人入山採腦，須數十為群，以木皮為衣，賫沙糊為糧，分路而去。遇腦樹則以斧斫記，至十餘株然後截段均分、各以所得解作板段、隨其板傍橫裂而成縫、腦出於縫中劈而取之其成片者謂之梅花腦以狀似梅花也次謂之金脚腦、其碎者謂之米腦、碎與木屑相雜者謂之蒼腦、取腦已淨其杉片謂之腦札今人碎之與鋸屑相和置瓷器中以器覆之封固其縫煨以熱灰氣蒸結而成塊謂之聚腦、可作婦人花環等用、又有一種如油者謂之腦油、其氣勁而烈祇可浸香合香用、

乳香

乳香一名薰陸香，出大食之麻囉拔、施曷、奴發三國深山窮谷中。其樹大槩類榕，以斧斫株，脂溢于外，結而成香，聚而為塊。以象輦之至于大食，大食以舟載易他貨于三佛齊，故香常聚于三佛齊。番商貿易至，舶司視香之多少為殿最。而香之為品十有三，其最上者為揀香，圓大如指頭，俗所謂滴乳是也；次曰餅乳，其色亞於揀香；又次曰餅香，言收時貴重之，置于餅中；餅香之中又有上、中、下三等之別；又次曰袋香，言收時止置袋中，其品亦有三，如餅香焉；又次曰乳榻盖香之雜於砂石者也又次曰黑榻盖香色之黑者也又次曰水濕黑榻盖香在舟中為水所浸漬而氣變色敗者也品雜而碎者曰斫削簸揚為塵者曰纏末此乳香之別也

沒藥

沒藥出大食麻囉抹國其樹高大如中國之松皮厚一二寸採時先掘樹下為坎用斧伐其皮脂溢于坎中旬餘方取之

血竭

血竭亦出大食國。其樹畧與沒藥同，但葉差大耳。採取亦如之。有瑩如鏡面者，乃樹老脂自流溢，不犯斧鑿，此為上品。其夾插柴屑者，乃降真香之脂，俗號假血竭。

金顏香

金顏香正出真臘，大食次之。所謂三佛齊有此香者，特自大食販運至三佛齊，而商人又自三佛齊轉販入中國耳。其香乃木之脂，有淡黄色者，有黑色者，拗開雪白為佳，有砂石為下。其氣勁，上於聚衆香，今之

為龍涎軟香佩帶者多用之番人亦以和香而塗其身

篤耨香

篤耨香出眞臘國其香樹脂也其樹狀如杉檜之類而香藏於皮樹老而自然流溢者色白而瑩故其香雖盛暑不融名曰篤耨至夏月以火環其株而炙之令其脂液再溢冬月因其凝而取之故其香夏融而冬凝名黑篤耨土人盛之以瓢舟人易之以瓷器香之味清而長黑者易融滲漉於瓢碎瓢而爇之亦得

其髣髴今所謂篤耨瓢是也

蘇合香油

蘇合香油出大食國其味大抵類篤耨以濃而無滓者為上番人多用以塗身閩人患大風者亦倣之可合軟香及入醫用

安息香

安息香出三佛齊國其香迺樹之脂也其形色類核桃瓤而不宜於燒然能發衆香故人取之以和香焉通典叙西戎有安息國後周天和隋大業中曾朝貢

恐以此得名、而轉貨於三佛齊、

梔子花

梔子花出大食啞巴閑囉施美二國、狀如中國之紅花其色淺紫其香清越而有醞籍土人採花曬乾藏之琉璃缾中、花亦希有、即佛書所謂薝蔔是也

薔薇水

薔薇水大食國花露也五代時番使蒲訶散以十五缾效貢、厥後罕有至者、今多採花浸水蒸取其液以代焉、其水多偽雜、以琉璃缾試之翻搖數四其泡周

上下者為眞，其花與中國薔薇不同。

沉香

沉香所出非一，眞臘為上，占城次之，三佛齊、闍婆等為下。俗分諸國為上下岸，以眞臘、占城為上岸，大食、三佛齊、闍婆為下岸。香之大槩，生結者為上，熟脫者次之；堅黑者為上，黃者次之。然諸沉之形多異，而名亦不一。有如犀角者，謂之犀角沉；如燕口者，謂之燕口沉；如附子者，謂之附子沉；如梭者，謂之梭沉；文堅而理緻者，謂之橫隔沉。大抵以所產氣味為高下，不以形體為優劣世謂渤泥亦産非也一說其香生結成以刀修出者為生結沉自然脫落者為熟沉産於下岸者謂之番沉氣硬味辣而烈能治冷氣故亦謂之藥沉海南亦産沉香其氣清而長謂之蓬萊沉

箋香

箋香乃沉香之次者氣味與沉香相類然帶木而不甚堅實故其品次於沉香而優於熟速

速暫香

生速出於眞臘占城而熟速所出非一眞臘為上占

城次之。闍婆為下。伐樹去木而取香者謂之生速。樹仆於地木腐而香存者謂之熟速。生速氣味長。熟速氣味易焦。故生者為上。熟者次之。熟速之次者謂之暫香。其所産之高下與熟速同。但脫者謂之熟速。而木之半存者謂之暫香。其香半生熟。商人以刀刳其木而出其香。擇其上者雜於熟速。而貨之市者亦莫之辯。

黄熟香

黄熟香諸番皆出。而眞臘為上。其香黄而熟。故名。若皮堅而中腐者，其形如桶，謂之黄熟桶。其夾箋而通黑者，其氣尤勝，謂之夾箋。黄熟夾箋者，乃其香之上品。

生香

生香出占城、眞臘、海南諸處，皆有之。其直下於烏里，乃是斫倒香株之末老者。若香已生在木内，則謂之生香。結皮三分爲暫香，五分爲速香，七八分爲箋香，十分即爲沉香也。

檀香

檀香出闍婆之打網底勿二國、三佛齊亦有之、其樹如中國之荔支、其葉亦然、土人斫而陰乾、氣清勁而易泄、爇之能奪衆香、色黃者謂之黃檀、紫者謂之紫檀、輕而脆者謂之沙檀、氣味大率相類、樹之老者其皮薄、其香滿、此上品也、次則有七八分香者、其下者謂之點星香、為雨滴漏者謂之破漏香、其根謂之香頭。

丁香

丁香出大食闍婆諸國、其狀似丁字、因以名之、能辟

口氣郎官咀以奏事其大者謂之丁香母丁香母即雞舌香也或曰雞舌香千年棗實也

肉荳蔻

肉荳蔻出黄麻駐牛崘等深番樹如中國之栢高至十丈枝榦條枚蕃衍數廣敝四五十人春季花開採而曬乾今荳蔻花是也其實如榧子去其殼取其肉以灰藏之可以耐久桉本草其性温

降眞香

降眞香出三佛齊闍婆蓬豊廣東西諸郡亦有之氣

勁而遠，能辟邪氣。泉人歲除，家無貧富，皆爇之如燔柴。然其直甚廉，以三佛齊者為上，以其氣味清遠也。一名曰紫藤香。

麝香木

麝香木出占城、真臘，樹老仆湮没於土而腐，以熟脱者為上。其氣依稀似麝，故謂之麝香。若伐生樹取之，則氣勁而惡，是為下品。泉人多以為器用，如花梨木之類。

波羅蜜

波羅蜜大如冬瓜，外膚磈砢如佛髻，生青熟黄，削其膚食之味極甘。其樹如榕，其花叢生，花褪結子，惟一成實，餘各蘸死。出蘇吉丹、廣州、南海廟亦有之。

檳榔

檳榔産諸番國及海南四州，交趾亦有之。木如椶櫚，結子葉間，如柳條，顆顆叢綴其上。春取之為軟檳榔，俗號檳榔鮮，極可口。夏秋採而乾之為米檳榔，漬之以鹽為塩檳榔，小而尖者為雞心檳榔，大而匾者為大腹子，食之可以下氣。三佛齊取其汁為酒。商船興販泉廣稅務歲收數萬緡。惟海南最多。鮮檳榔鹽檳榔皆出海南。雞心大腹子多出麻逸。

椰子

椰子木身葉悉類棕櫚檳榔之屬。子生葉間，一穗數枚，大如五升器，菓之大者惟此與波羅蜜耳。初採皮甚青嫩，已而變黃，久則枯乾。皮中子殼可為器。子中穰白如玉，味美如牛乳。穰中酒新者極清芳，久則渾濁不堪飲。南毗諸國取其樹花汁，用蜜糖和之為酒。

沒石子

沒石子出大食勿厮離，其樹如樟，歲一開花結實如中國之茅栗，名曰沙沒律，亦名蒲蘆，可採食之，次年再生名曰麻茶，麻茶沒石子也，明年又生沙沒律，間歲方生沒石子，所以貴售，一根而異產，亦可恠也。

烏構木

烏構木似椶櫚，青綠聳直，高十餘丈，蔭綠茂盛，其木堅實如鐵，可為器用，光澤如漆，世以為珍木。

蘇木

蘇木出眞臘國，樹如松柏，葉如冬青，山谷郊野在在有之，聽民採取，去皮曬乾，其色紅赤，可染緋紫，俗號曰宊木。

吉貝

吉貝樹類小桑，蕚類芙蓉，絮長半寸許，宛如鵝毳，有子數十。南人取其茸絮，以鐵筋碾去其子，即以手握茸就紡，不煩緝績，以之為布，最堅厚者謂之兜羅綿，次曰番布，次曰木綿布，又次曰吉布，或染以雜色，異紋炳然，幅有闊至五六尺者。

椰心簟

椰心簟出丹戎武囉番、商運至三佛齊凌牙門及闍婆貿易又出三嶼蒲哩嚕、山產草其狀似藤長丈餘、紋縷端膩無節目名曰椰心草、番之婦女採而絲破織以為簟、或用色染紅黑相間者曰花簟冬溫而夏涼便於出入以三佛齊者為上三嶼者最為下、

木香

木香出大食麻囉抹國施曷奴發亦有之樹如中國絲瓜冬月取其根剉長一二寸曬乾以狀如雞骨者為上、

白荳蔻

白荳蔻出眞臘、闍婆等番，惟眞臘最多。樹如絲瓜，實如蒲萄，蔓衍山谷。春花夏實，聽民從便採取。

胡椒

胡椒出闍婆之蘇吉丹、打板、白花園、麻東、戎牙路，以新拖者爲上，打板者次之。胡椒生於郊野村落間，亦有界畔。中國之蒲萄，土人以竹木爲棚，畔開花，四月結實，花如鳳尾，其色青紫，五月收採，曬乾藏之倉廩，次歲方發出，以牛車運載博易。其實不禁日而耐雨，

旱則所入者寡潦則所入倍常、或曰南毗無離拔國至多番商之販於闍婆來自無離拔也

蓽澄茄

蓽澄茄樹藤蔓衍、春花夏實類牵牛子、花白而實黑、曬乾入包出闍婆之蘇吉丹

阿魏

阿魏出大食木俱蘭國、其樹不甚高大、脂多流溢、土人以繩束其稍去其尾納以竹筒、脂滿其中、冬月破筒取脂以皮袋收之、或曰其脂最毒人不敢近、每採

魏時繫羊於樹下，自遠射之，脂之毒着於羊，羊斃，即以羊之腐者為阿魏。未知孰是，姑兩存之。

蘆薈

蘆薈出大食奴發國，草屬也。其狀如鱟尾，土人採而以玉器搗研之，熬而成膏，置諸皮袋中，名曰蘆薈。

珊瑚樹

珊瑚樹出大食毗啫耶國。樹生於海之至深處，初生色白，漸漸長茁，拆甲，歷一歲許，色間變黄，支格交錯，高極三四尺，大者圍尺。土人以絲繩繫五爪鐵猫兒用烏鉛爲墜，拋擲海中，發其根，以索繫於舟上，絞車搭起，不能常有，驀得一枝，肌理數膩，見風則乾硬，變爲乾紅色，以最高者爲貴，若失時不舉，則致蠹敗。

琉璃

琉璃出大食諸國，燒煉之法與中國同，其法用鉛硝石膏燒成，大食則添入南鵬砂，故滋潤不烈，最耐寒暑，宿水不壞，以此貴重於中國。

猫兒睛

猫兒睛狀如母指大，即小石也，瑩潔明透如猫兒眼故名。出南毗國。國有江曰淡水江。諸流匯匯。深山碎石爲暴雨漰流悉萃于此。官以小舸漉取其圓瑩者即猫兒睛也。或曰有星炤其地。秀氣鍾結而成。

眞珠

眞珠出大食國之海島上。又出西難、監篦二國。廣西、湖北亦有之。但不若大食監篦之明淨耳。每採珠用船三四十隻。船數十人。其採珠人以麻繩繫身。以黄蠟塞耳鼻。入水約三十餘丈。繩纏於船上。繩摇動則引而上。先煑毳衲極熱。出水則急覆之。不然寒慄致死、或遇大魚蛟鼉諸海恠爲鬐鬛所觸、往往潰腹折支、人見血一縷浮水面則知採珠者已葬魚腹、嘗有採珠者繩動而引之不上、衆極力舉之足已爲蛟鼉所斷矣、所採者曰珠母、番有官監視、隨其所採籍其名、掘地爲坎置諸坎中、月餘珠母殼腐、取珠淘淨與採珠者均之、大率以圓潔明淨者爲上、圓者置諸盤中終日不停、番商多置夾擩內及傘柄中、規免抽解、

硨磲

硨磲出交趾國、狀似大蚌、沿海人磨治其殼、因其形

為荷葉杯，膚理瑩潔，如珂玉。其最大者琢其根柢為杯，有厚三寸者。脫落碎瑣，猶為環珮諸玩物。按佛書以此為至寶，今乃海錯耳。未審是古硨磲否。

象牙

象牙出大食諸國及眞臘、占城二國。以大食者為上，眞臘、占城者為下。大食諸國惟麻囉抹最多。象生於深山窮谷中，時出野外蹂踐，人莫敢近。獵者用神勁弓，以藥箭射之，象負箭而遁，未及一二里許，藥發即斃。獵者隨其斃，取其牙，埋諸土中，積至十餘株，方搬至大食、以舟運載、與三佛齊日囉亭交易、大者重五十斤至百斤、其株端直、其色潔白、其紋細緇者大食出也、眞臘占城所産、株小色紅、重不過十數斤至二三十斤、又有牙尖、止可作小香疊用、或曰象媒誘致恐此乃馴象也、

犀角

犀狀如黄牛、只有一角、皮黑毛稀、舌如栗殼、其性鷙悍、其走如飛、專嗜竹木等刺、人不敢近、獵人以硬箭自遠射之、遂取其角、謂之生角、或有自斃者、謂之倒

山角。角之紋如泡，以白多黑少者爲上。

膃肭臍

膃肭臍出大食伽力吉國，其形如猾，脚高如犬，其色或紅或黑，其走如飛。獵者張網於海濱捕之，取其腎而漬以油，名膃肭臍。番惟渤海最多。

翠毛

翠毛真臘最多，産於深山澤間，巢於水次。一壑之水止一雌雄，外有一焉，必出而死鬭。人用其機，飼媒孳諸左手以行，巢中者見之，就手格鬭，不復知有人也。

右手即以羅掩之無能脫者邕州右江亦產一種茸翠其背毛悉是翠茸窮侈者多以撚織如毛段然比年官雖厲禁貴人家服用不廢故番商冒法販鬻多寘布襦袴中

鸚鵡

鸚鵡產占城有五色唐太宗時環王所獻是也案傳謂能訴寒有詔還之環王國即占城也欽州有白鸚鵡大如小鵝羽毛有粉如蝴蝶翅謂之白鸚鵡其色正紅尾如烏鳶之尾謂之紅鸚鵡

龍涎

龍涎，大食西海多龍，枕石一睡，涎沫浮水，積而能堅。鮫人採之，以爲至寶。新者色白，稍久則紫，甚久則黑。不薰不蕕，似浮石而輕也。人云龍涎有異香，或云龍涎氣腥，能發衆香，皆非也。龍涎於香本無損益，但能聚煙耳。和香而眞用龍涎，焚之，一縷翠煙浮空，結而不散，座客可用一剪分煙縷。此其所以然者，蜃氣樓臺之餘烈也。

瑇瑁

瑇瑁形似龜黿、背甲十三片、黑白班紋間錯、邊襴缺齧如鋸、無足而有四鬣、前長後短、以鬣掉水而行、鬣與首班紋如甲、老者甲厚而黑白分明、少者甲薄而花字模糊、世傳鞭血成班妄也、漁者以秋間月夜採捕肉亦可喫、出渤泥三嶼蒲嘿嚕閣婆諸國、

黃蠟

黃蠟出三嶼麻逸眞臘三佛齊等國、蜂生於深山窮谷中、或窠老樹或窠芭蕉樹或窠巖穴、較諸中國之蜜差大而黑、番民以皮鞾軀先用惡草作煙迫逐群

蜂飛散，隨取其窠，擠去蜜，其滓即蠟也。鎔範成磚，或雜灰粉、鹽石，以三佛齊者為上，眞臘次之，三嶼、麻逸、蒲嘿嚕者為下。

海南附

海南，漢朱崖、儋耳也。武帝平南粵，遣使自徐聞今雷州徐聞縣渡海略地，置朱崖、儋耳二郡。昭帝省儋耳，併為朱崖郡。元帝從賈捐之議，罷朱崖。至梁、隋復置。唐貞觀元年析為崖、儋、振三州，隸嶺南道。五年分崖之瓊山置郡，陞萬安縣為州，今萬安軍是也。儋、振則今之吉陽昌化軍是也貞元五年以瓊爲督府今因之徐聞有遞角場與瓊對峙相去約三百六十餘里順風半日可濟中流𩅰三合溜涉此無風濤則舟人舉手相賀至吉陽廼海之極亡復陸塗外有洲曰烏里曰蘇吉浪南對占城西望眞臘東則千里長沙萬里石床渺茫無際天水一色舟舶來往惟以指南針爲則晝夜守視唯謹毫釐之差生死繫焉四郡凡十一縣悉隸廣南西路環拱黎母山黎獠蟠踞其中有生黎熟黎之别地多荒田所種秔稌不足於食乃以

藷時諸切芋雜米作粥糜以取飽故俗以貿香為業、土産沉香蓬萊香鷓鴣班香箋香生香丁香檳榔椰子吉貝苧麻楮皮赤白藤花縵黎幙青桂木花梨木海梅脂瓊枝菜海漆蓽撥高良薑魚鰾黄蠟石蝉之屬、其貨多出於黎峒、省民以鹽鐵魚米轉博與商賈貿易、泉舶以酒米麪粉紗絹漆器瓷器等為貨、歳杪或正月發舟五六月間回舶、若載鮮檳榔搀先則四月至、

瓊州

瓊州在黎母山之東北郡治即古崖州也政和間陞為節鎮以靖海軍為額瀕海少山秋霖春旱夏不極熱冬不甚寒多颶風常以五六月發有暈如虹者謂之颶母按隋志謂人性輕悍椎髻卉裳刻木為符力穡朴野父子別業豪黠共鑄銅為大鼓初成懸於庭鳴鼓以招同類至者如雲群情趨服者號為都老人着紬緶以土為釜瓠匏為器無麯蘖以安石榴花醞釀為酒今之上衣無異中土惟下裳男子用布縵女子用裙以紡貝為生土釜至今用之瓠瓢間以斟水

酒用薯粮以變色雖無富民而俗尚儉約故無悍獨
凶年不見匃者丁晉公嘗貶為州司户教民讀書著
文慶曆間宋侯貫之創郡庠嘉定庚午趙侯汝厦新
之祠東坡蘇公澹庵胡公於講堂之東西偏扁其堂
曰明道海口有漢兩伏波廟路博德馬援祠也過海
者必禱於是得环珓之吉而後敢濟屬邑五瓊山澄
邁臨高文昌樂會皆有市舶於舶舟之中分三等上
等為舶中等名包頭下等名蜑船至則津務申州差
官打量丈尺有經冊以格稅錢本州官吏兵卒仰此

以贍西二百三十六里抵昌化軍治

昌化

昌化在黎母山之西北即古儋州也子城高一丈四尺周廻二百二十步舊經以為儋耳夫人驅鬼工供畚鍤一夕而就或謂土人耳長至肩故有儋耳之號今昌化即無大耳兒蓋黎俗慕佛以大鐶墜耳俾下垂至肩故也地無煙瘴水潦之患氣候與中州異群花皆早發至春時已盡獨荷花自四五月開至窮臘與梅菊相接俗尚淳朴儉約婦人不曳羅綺不施粉

黨、婚姻喪祭皆循典禮、無饑寒之民、學在東南隅後遷于西、紹興間復遷于城東、參政李公光為之記、去州十五里地名蛋場、忠簡趙公鼎謫吉陽嘗過斯地、盛暑苦旱井泉枯竭、鑿井不數尺得泉至今不涸、號曰相泉、又有白馬井泉味甘美、商舶回日汲載以供日用、靈濟廟在鎮安門内即儋耳夫人祠也、紹興間封顯應夫人、海外黎峒多竊發惟儋獨全、夫人之力也、城西五十餘里一石峯在海洲巨浸之間、形類獅子、俗呼獅子神、實貞利侯廟、商舶祈風于是、屬邑三、

曰宜倫曰昌化曰感恩南三百四十里抵吉陽軍界

吉陽

吉陽軍在黎母山之西南郡治振州吉陽縣基也瓊管雖有陸路可通然隔越生黎峒必再涉海而後至胡澹庵謂再涉鯨波險是也郡治之南有海口驛商人艤舟其下前有小亭為迎送之所地狹民稀氣候不正春常苦旱涉夏方雨耕種不糞不耘樵牧漁獵與黎獠錯雜出入必持弓矢婦人不事蠶桑惟織吉貝花被縵布黎幕男子不喜營運家無宿儲俗尚鬼

不事醫藥，病則宰牲牷動鼓樂以祀，謂之作福。禁人造門，喪祭亦皆用樂。地多崇崗峻嶺，峯巒秀拔，故郡之士人間有能自立者。學在郡城之東北，去城十三里，有石面平如掌，非磨琢之工所能為。周圍數丈，可坐十客，林木茂密，澗水甘冽。周侯創結茅亭其上，扁曰清賞。熟黎峒落稀少，距城五七里許外即生黎所居，不啻數百峒，時有侵擾之害。周侯遣熟黎洞首諭之，約定寅酉二日為虛市，率皆肩擔背負或乘桴而來，與民貿易，黎人和悅，民獲安息。頒吉陽寧遠二縣

政和間併為寧遠一縣東一百二十里抵萬安軍界

萬安軍

萬安軍在黎母山之東南唐貞觀五年置萬安州領縣三曰萬安富雲博遼天寶初更州為郡至德二載更為萬全乾元初復為州皇朝省富雲博遼二縣更萬安縣曰萬寧熙寧六年更為軍析萬寧為陵水是也民與黎蜑雜居其俗質野而畏法不喜為盜牛羊被野無敢冐認居多茅竹瓦屋絶少婦媪以織貝為業不事文繡病不服藥信尚巫鬼殺牲而祭以祈福

佑黄侯申首創藥局人稍知服藥之利。城東有舶主都綱廟，土人敬信，禱卜立應，舶舟往来，祭而後行。三郡士子當歲大比，皆附試于瓊管。

黎海

黎海南四郡島上蠻也。島有黎母山，因祥光夜見，旁照四郡，按晉書分野屬婺女分，謂黎牛婺女星降現，故名曰黎婺，音訛為黎母。諸蠻環處，其山峻極，常在霧靄中，黎人自鮮識之，秋朗氣清時見翠尖浮揷半空。山有水泉湧流，泒而為五：一入昌化，一入吉陽，一入萬安其二入瓊州一流為大溪有灘三十六至長寮村屬澄邁縣一流為小溪有灘二十四至祿運村屬樂會縣二水合流為三合水屬瓊山縣去省地遠者為生黎近者為熟黎各以所邇隸於四軍州黎之峒落日以繁滋不知其幾千百也咸無統屬峒自為雄長止於王符張李數姓同姓為婚省民之負罪者多逋逃歸之其人椎髻跣足插銀銅錫釵婦人加銅鐶耳墜垂肩女及笄即黥頰為細花紋謂之繡面女既黥集親客相賀慶惟婢獲則不繡面女工紡織得

中土綺綵拆取色絲加木綿挑織為單幕又純織木綿吉貝為布祭神以牛犬雞彘多至百牲無鹽鐵魚蝦以沉香縵布木綿麻皮等就省地博易得錢無所用也屋宇以竹為棚下居牧畜人處其上男子常帶長靶刀長矟刀弓跣步不離喜讐殺謂之捉拗其親為人所殺後見仇家人及其峒中種類即擒取而械之械用荔枝木長六尺許其狀如碓要牛酒銀鉼乃釋謂之贖命議婚姻折箭為質聚會椎鼓舞歌死必殺牛以祭土產沉水蓬萊諸香為香譜第一漫山悉

檳榔椰子樹小馬翠羽黃蠟之屬閩商值風飄蕩貲貨陷沒多入黎地耕種不歸官吏及省民經由村峒必舍其家恃以為安熟黎之外海南四州軍鎮其四隅地方千里路如連環欲歷其地非一月不可遍馬伏波之平海南也命陶者作缶器大者盛水數石小者盛五斗至二三斗者招到深峒歸降人即以遺之任意選擇以測其巢穴之險夷黎人止取二三斗之小者詰之云來時皆懸崖緣木而下不取大者恐將歸不得以是知其峒穴深而險峻不可入四郡之人

多黎姓，蓋其裔族，而今黎人乃多姓王。淳熙元年，五指山生黎洞首王仲期率其傍八十洞丁口千八百二十歸化，仲期與諸洞首王仲文等八十一人詣瓊管公參，就顯應廟研石歃血，約誓改過，不復抄掠，犒賜遣歸。瓊守圖其形狀，衣裳上經畧司。髻露者以絳帛約髻根，或以彩帛包髻，或戴小花笠，皆簪二銀篦，亦有著短織花裙者。惟王仲期青巾紅錦袍，束帶自云：祖父宣和中嘗納土，補官賜錦袍云。

物貨

海南土産、諸番皆有之、顧有優劣耳、箋沉等香味清且長、敻出諸番之右、雖占城眞臘亦居其次、黄蠟則迥不及三佛齊、較之三嶼抑又劣焉、其餘物貨多與諸番同、惟檳榔吉貝獨盛、泉商興販大率仰此

十六日自春明園歸題完時雨聲蕭蕭也

島夷誌略一卷

〔元〕汪大淵撰

《島夷誌略》一卷，元汪大淵撰。大淵字焕章，南昌人。年二十，附商船浮海，前後兩下東西洋，足跡遍及亞非數十國家與地區。是書成於至正九年（一三四九），上承宋趙汝适《諸蕃志》，下啓明馬歡《瀛涯勝覽》、費信《星槎勝覽》等。所記海國範圍，東南抵今菲律賓群島，西至非洲，涉及國名、地名凡二百二十，其中九十九條爲撰者親歷之東西洋諸地情形，其餘則多節録舊記。各條並非盡依地域編次，所譯地名物名，亦有名同而實異者，向稱難讀，故近代以降中外學者多所董理。據中國國家圖書館藏清彭氏知聖道齋抄本影印。

島夷誌畧序

九海環大瀛海而中國曰赤縣神州其外　州者復九有稗海環之人民禽獸莫能相通如一區中者乃為一州此騶氏之言也人多疑其荒唐誕誇況當時外徼未通於中國將何以徵驗其言哉漢唐而後於諸島夷力所可到利所可到班班史傳固有其名矣然考於見聞多襲舊書未有身遊目識而能詳記其實者猶未盡徵之也西江汪君煥章當冠年嘗兩附舶東西洋所遇輒采録其山川風土物産之詭異居室飲食衣服之好尚與夫貿易賚用之所宜非親見不書則庶乎其可徵也與予言海中者自多鉅魚若蛟龍鯨鯢之屬群出遊鼓濤距風莫可名

数舟人燔鷄毛以觸之則遠遊而没一島嶼間或廣袤数千里島人浩穰其君長所居多明珠麗玉犀角象牙香木為飾橋梁或甃以金銀若珊瑚琅玕玳瑁人不以為奇也所言猶有可觀則騶衍皆不誕焉知是誌之外煥章之所未歷不有瑰怪廣大又逾此為國者哉大抵一元之氣充溢乎天地其所能融結為人為物惟中國文明則得其正氣環海于外氣偏于物而寒燠殊候材質異賦固其理也今乃以耳目弗逮而盡疑之可乎莊周有言六合之外聖人存而不論然博古君子求之異書亦所不廢也泉脩郡乘既以是誌刊入之煥章將歸復刊諸西江以廣其傳故予序之至正十年龍集庚寅二月朔日翰林脩撰河

另行

東張翥叙中國之外四海維海之外夷國以萬計唯北海以風
惡不可入東西南數千萬里皆得梯航以達其道路象胥以譯
其語言惟有　聖人在乎位則相率而效朝貢通互市雖天際
窮髮不毛之地無不可通之理焉世祖皇帝既平宋氏始命正
奉大夫工部尚書海外諸番宣慰使蒲師文與其副孫勝夫尤
永賢等通道外國撫宣諸夷獨爪哇負固不服遂命平章高興
史弼等帥舟師以討定之自時厥後唐人之商販者外番率待
以命使臣之禮故其國俗土產人物奇怪之事中土皆得而知
奇珍異寶流布中外為不少矣然欲考求其故實則執事者多
秘其說鑿空者又不得其詳唯豫章汪君煥章少負奇氣為司

知聖道齋

馬子長之遊足跡幾半天下矣欲以海外之風土國史未盡其
蘊因附舶以浮于海者數年然後歸其目所及皆為書以記之
校之五年舊誌大有逕庭矣以君傳者其言必可信故附錄清
源續志之後不惟使後之圖王會者有足徵亦以見國家之懷
柔百蠻蓋此道也

至正己丑冬十月又二望日三山吳鑒序

古有九丘之書誌九州之土地所有風氣之宜與三墳五典並
傳周列國皆有史晉有乘與楚有檮杌魯之春秋是也孔子定
書以黜三墳衍述職方以代九丘筆削春秋以寓一王法而乘
輿檮杌遂廢不傳及秦罷侯置守廢列國史西漢司馬遷作史記

閩牧守年月不表郡國記載浸無可考學者病之厥後江表華陽有誌汝顏之名士襄陽之耆舊有傳隋大業首命學士十八人著十郡誌亢以補史氏之闕遺也閩文學始唐至宋大盛啟故家文獻彬彬可考時號海濱洙泗蓋不誣矣

國朝混一區域至元丙子郡既內附繼遭兵燬郡域之外莽為戰區雖值承平未能盡復舊觀清源前誌放夫後誌止於淳祐庚戌建令百有餘年前政牧守多文吏武夫怠薄書期會而不遑於典章文物比年修宋遼金三史

詔郡國各上所錄而泉獨不能具無以稱德意有識愧焉至正九年朝以閩海憲使高昌偰侯來守泉臨政之暇考求圖誌領

吳鑒序　另二頁
古有九正三出以下另二頁
島夷誌畧　彭湖　以下照抄
島分云云

是邪古今政治沿革風土習尚變遷不同太平百年譜牒猶有遺逸矣今不紀後將無徵遂分命儒生搜訪舊聞隨邑編緝成書鑒時寓泉辱命與學士君子裁定刪削為清源序誌二十卷以補清源故事然故老凘愚新學漸于聞見前朝遺事蓋十具一二以傳言

至正十一年暮春修禊日三山吳鑒序

島夷誌畧

彭湖

島分三十有六巨細相間坡隴相望乃有七澳居其間各得其名自泉州順風二晝夜可至有草無木土瘠不宜禾稻泉人結

鈔校書籍

茅為屋居之氣候常暖風俗朴野人多眉壽男女穿長布衫繫以土布黄海為塩醸秫為酒採魚蝦螺蛤以佐食爇牛糞以爨魚膏為油地産胡麻緑豆山羊之孳生数萬為群家以烙毛刻角為記晝夜不収各遂其生育工商興販以樂其利地隷泉州晋江縣至元年間立巡檢司以週歲額辧塩課中統錢鈔一十錠二十五兩別無科差

琉球

地勢盤穹林木合抱山曰翠麓曰重曼曰斧頭曰大峙其峙山極高峻自彭湖望之甚近余登此山則觀海潮之消長夜半則望暘谷之出紅光燭天山頂為之俱明土潤田沃宜稼穡氣候

漸暖俗與彭湖差異水無舟楫以筏濟之男子婦人拳髮以花布為衫煑海水為鹽釀蔗漿為酒知番主酋長之尊有父子骨肉之義他國之人倘有所犯則生割其肉以啖之取其頭懸木竿地産沙金黄荳黍子琉黄黄蠟鹿豹麂皮貿易之貨用土珠瑪瑙金珠粗碗處州磁器之屬海外諸國蓋由此始

三島

居大奇山之東嶼分鼎峙有疊山層巒民傍緣居之田瘠穀少俗質朴氣候差暖男女間有白者男頂拳婦人椎髻俱披单衣男子常附舶至泉州經紀罄其資囊以文其身既歸其國則國人以尊長之禮待之延之上座雖父老亦不得與争焉習俗以其

至唐故貴之也民煑海為鹽釀蔗漿為酒有酋長地產黃蠟木綿花布貿易之貨用銅珠青白花碗小花印有鐵塊之屬次曰答陪曰海瞻曰巴弄吉曰蒲里咾曰東流里無甚異產故附此耳

麻逸

山勢平寬夾溪聚落田膏腴氣候稍暖俗尚節義男女椎髻穿青布衫凡婦喪夫則削其髮絕食七日與夫同寢多瀕于死七日之外不死則親戚勸以飲食或可全生則終身不改其節甚至喪夫而焚尸則赴火而死酋豪之喪則殺奴婢二三千人以殉葬民煑海為鹽釀糖水為酒地產木棉黃蠟玳瑁檳榔花布

貿易之貨用鬥鐵塊丘采紅布紅絹牙錠之屬蠻賈議價領去
博易土貨然後准價舶商信守如約終如始不爽約也

無枝拔

在龜麻羅華之東南石山對峙民墾闢山為田鮮食多種薯氣
候常熱獨春有微寒俗直男女編髮纏頭繫細紅布極以婚姻
為重往往指腹成親通國守義如有失信者罰金二兩重以納
其主民煮海為鹽釀椰漿蕨粉為酒有酋長產花斗錫鉛綠毛
狗貿易之貨用西洋布青白處州甆器瓦壜鐵鼎之屬

龍涎嶼

嶼方而平延袤荒野上如雲塢之盤絕無田產之利每值天清

氣和風作浪湧群龍游戲出沒海濱時吐涎沫於其嶼之上故以得名涎之色或黑于烏香或類于浮石聞之微有腥氣然用之合諸香則味尤清遠雖茄藍木梅花腦檀麝梔子花沉速木薔薇水衆香必待此以發之此地前代無人居之間有他番之人用完木鑿舟駕使以拾之轉鬻于他國貨用金銀之屬博之

交趾

古交州之地今為安南大越國山環而險溪道互布外有三十六庄地廣人稠氣候常熱田多沃饒俗尚禮義有中國之風男女面白而齒黑戴冠穿唐衣皂褶絲襪方履凡民間俊秀子弟八歲入小學十五入大學其誦詩讀書談性理為文章皆與中

國同惟言語差異耳古今歲貢中國已載諸史民煑海為鹽釀秫為酒酋長以同　為妻地産沙金白銀銅錫鉛象牙翠毛肉桂檳榔貿易之貨用諸色綾羅匹帛青布牙梳紙扎青銅鐵之類流通使用銅錢民間以六十七錢折中統銀壹兩官用止七十為率舶人不販其地惟偷販之舟止于斷山上下不得至其官場恐中國人窺見其國之虚寔也

占城

地據海衝與新舊州為隣氣候乍熱田中上等宜種穀俗喜侵掠歲以上下元日縱諸人採生人膽以鬻官家官以銀售之以膽調酒與家人同飲云通身是膽使人畏之亦不生疵癘也城

之下水多洄旋舶往復數日止舟載婦人登舶與舶人為偶及去則垂涕而別明年舶人至則偶合如故或有遭難流落於其地者則婦人推舊情以飲食衣服供其身歸則又重贐以送之蓋有此情義如此仍禁服半似唐人日三四浴以腦射合油塗體以白字寫黑皮為文書煮海為鹽釀小米為酒地產紅柴茄藍木打布貨用青磁花碗金銀首飾酒卮布燒珠之屬

民多朗

臨海要津溪通海水不醎田沃饒米穀廣氣候熱俗尚儉男女椎髻穿短皂衫下繫青布短裙民鑿井而飲煮海為鹽釀小米為酒有酋長禁盜盜則戮及一家地產烏梨木射檀木綿花牛

麂皮貨用漆器銅鉼闍婆布紅絹青布斗錫酒之屬

賓童龍

賓童龍隸占城土骨與占城相連有雙溪以間之佛書所稱王舍城是也或云目連屋基猶有田土人物風俗氣候與占城畧同人死則持孝服設佛擇僻地以葬之國主騎象或馬打紅傘從者百餘人執盾贊唱曰亞或僕番語也其尸頭蠻女子害人甚於占城故民多廟事而血祭之蠻亦父母胎生與女子不異特眼中無瞳人遇夜則飛頭食人糞尖頭飛去若人以紙或布掩其項則頭歸不接而死凡人居其地大便後必用水淨浣否則蠻食其糞即逐臭與人同睡倘有所犯則腸肚皆為所食精神

盡為所奪而死矣地產茄藍木象牙貨用銀印花布次曰胡麻沙曼頭羅沙㨂寶毗齊新故越州諸番無所產舶亦不至

真臘

州南之門實為都會有城週圍七十餘里石河週圍廣二十丈戰象幾四十餘萬殿宇凡三十餘里所極其壯麗飾以金壁鋪銀為磚置七寶椅以待其主貴人貴戚所坐〻皆金機（机）歲一會則以玉猿金孔雀六牙白象三角銀蹄牛羅獻于前列金獅子十隻於銅臺上列十二銀塔鎮以銅象人凡飲食必以金茶盤籩豆金碗貯物用之外名百塔州作為金浮屠百座一座為狗所觸則造塔頂不成次曰馬司錄池複建五浮屠黃金為尖次

曰桑香佛舍造褁週金石橋四十餘丈諺云富貴真臘者也氣候常暖俗尚華侈田產富饒民煮海為鹽釀小米為酒男女椎髻生女九歲請僧作梵法以指挑童身取紅點女額及母額名為利市云如此則他日嫁人宜其室家也滿十歲即嫁若其妻與客淫其夫甚喜誇於人我妻巧慧得人愛之也以錦圍身眉額施珠酋出入用金車羽儀体披瓔珞右手持劍左手持麈尾法則劓刖刺配之刑國人犯盜則斷手足烙胸背黥額殺唐人則死唐人殺番人至死亦重罰金如無金以賣身取贖地產黃蠟犀角孔雀沉速香蘇木大楓子翠羽冠於各番貨用銀黃紅燒珠龍段建寧錦絲布之屬

丹馬令

地與沙里佛來安為隣國山平亘田多食粟有餘新收者復留以待陳俗節儉氣候温和男女椎髻衣白衣衫繫青布縵定婚用緞錦白錫若干塊民煑海為鹽釀小米為酒有酋長產上等白錫米腦龜筒鶴頂降真香及黃熟香頭貿易之貨用甘理布紅布青白花碗鼓之屬

日麗

介两山之間立一關之市田雖平曠春乾而夏雨種植常違其時故歲少稔仰食于他國氣候冬暖風俗尚節義男女椎髻白縵纏頭繫小黃布男喪女不嫁煑海為鹽釀漿為酒有酋長土

知聖道齋

產龜筒鶴頂降真錫貿易之貨用青磁器花布粗碗鉄塊小印花
之屬

麻里嚕

小港迢遞入于其地山陰而水多鹵服石林少田高而瘠民多種薯芋地氣熱俗尚義若番官没其婦再不嫁於凡夫必有他國番官之子孫閥閲相稱者方可擇配否則削髮看經以終其身男女拳髮穿青布短衫繫紅布縵民煮海為鹽釀蔗漿為酒編竹片為床燃生蠟為燈地產玳瑁黃蠟降香行布木綿花貿易之貨用足錠青布磁器盤處州磁水墵大甕鉄鼎之屬

遐來勿

古泪之下山盤數百里厥田中下俗尚妖怪氣候春夏秋熱冬微冷則人無病反此則瘴生人畜死男女挽髻纏紅布繫青綿布捎凡人死則研生腦調水灌之以養其屍欲葬而不腐民煑海爲鹽釀椰漿爲酒有酋長地産蘇木玳瑁木棉花檳榔貿易之貨用占城海南布鐵線銅鼎紅絹五色布木梳篦子青器粗碗之屬

彭坑

石崖週匝崎嶇遠如平塞田沃穀稍登氣候半熱風俗與家丁盧小異男女椎髻穿長布衫繫單布稍富貴女頂帶金圈數四常人以五色焇珠爲圈以束之凡講婚姻互造換白銀五錢重

為淮民煑海為盐釀椰漿為酒有酋長地產黄　香頭沉速打
白香腦子花錫粗降真貿易之貨用諸色絹闍婆布銅鉄器漆
磁器鼓板之屬

吉蘭丹

地勢博大山瘠而田少夏熱而倍収氣候平熱風俗尚禮男女
束髪繫短衫布皂縵每遇四時節序生辰婚嫁之類衣紅布長
衫為度民煑海為盐織木綿為業有酋長地産上等沉速粗降
真香黄蠟龜筒鶴頂檳榔外有小港索邊極深水鹹魚美出花
錫貨用塘頭市布占城布青盤花碗紅緑焇珠琴阮鼓板之屬

丁家盧

三角嶼對境港已通其津要山高曠田中下下民食足春多雨氣候微熱風俗尚恠男女惟髻穿綠頡布短衫繫遮里絹刻神木為神殺人血和酒祭之每水旱疫癘禱之則立應及婚姻病喪則卜其吉凶亦驗今酋長主事貪禁勤儉守土地產降真腦子黄蠟玳瑁貨用青白花磁器占城布小紅絹斗錫酒之屬

戎

山逺溪環部落坦夷田畬連成片土膏腴氣候不正春夏苦雨俗陋男女方頭兒生之後以木板四方夾之二周後去其板四季祝髮以布縵遶身以椰水浸秫米半月方成酒味極苦辣而味長二月海榴結實復釀榴實酒味甘酸宜解渴地產白豆蔻

象牙翠毛黄蠟木棉紗貿易之貨用銅漆器青白花碗磁壺瓶花銀紫焼珠巫崙布之屬

羅衛

南真駱之南實加羅山即故名也山瘠田美等為中上春末則禾登民有餘蓄以移他國氣候不　風俗勤儉男女文身為禮以紫縵纏頭繫溜布以竹筒實生蠟為燭𥠖木綿為業煑海為鹽以葛根浸水釀酒味甘軟竟日飲之不酸有酋長地產粗降真玳瑁黄蠟綿花雖有珊瑚樹無能割貿易之貨用棊子手巾狗跡絹五色焼珠花銀青白碗鉄條之屬

羅解

山形如城郭，白石峭厲，其田平衍而多稼，遲人仰之。氣候常暖如春。風俗勁悍。男女椎髻，白布纏頭，穿長布衫。每有議刑法錢穀出入之事，並決之於婦人，其志量常過於男子。煮海為鹽，釀秫米為酒。有長酋。法以𧴩子代錢，流通行使，每一萬準中統鈔二十四兩，甚便民。此地產羅斛香，味極清遠，亞於沉香；次蘇木、犀角、象牙、翠羽、黃蠟。貿用青器、花印布、金、錫、海南檳榔口、𧴩子。次曰彌勒佛，曰忽南圭，曰善司坂，曰蘇剌司坪，曰吉頓力，地無所產，用附于此。

東冲古剌

巉嶭豊林，下臨淡港，外堞為之限界。田美穀秀。氣候驟熱，雨下

則微冷風俗輕剃男女斷髮紅手帕纏頭穿黃綿布短衫繫越
里布凡有人喪亡者不焚化聚其骨撒于海中謂之種植法使
子孫復有生意持孝之人齋戒數月而後已民不善煑海為鹽
釀蔗漿為酒有酋長地產沙金黃蠟粗降真香龜筒沉香貿易
之貨用花銀鹽青白花碗大小水埕青段銅鼎之屬

蘇洛鬲

洛山如関并溪如帶宜有聚落田瘠穀少氣候少暖風俗勇悍
男女椎髻穿青布短衫繫木棉白縵凡生育後悪露不下汲井
水澆頭即下有害熱症者亦皆用水沃數四則愈民煑海為鹽
青長地產上等降真片腦鶴頂沉速玳瑁貿易之貨用青白花器海

巫崙布銀鉄水埕小罐銅鬥之屬

針路

自馬軍山水路由麻来墳至此地則山多鹵股田下下等少耕植民種薯及葫蘆西瓜蕉採海螺螃蛤蝦食之内坪下小溪有魚蠏極美民間臨溪每一舉網輙食數日而有餘氣候差熱俗悪男女以紅綿布纏頭皂縵繫身民煮海為鹽織竹絲布為業有酋長地産芎蕉射子通暹准錢使用貿易之貨用銅條鉄鼎銅珠五色硝珠大小埕花布鼓青布之屬

八都馬

鬧市廣陽山茂田少民力齊常足食氣候暖俗尚朴男女椎髻

知聖道齋

纏青布縵繫甘埋布茵長守土安民樂其生親沒必沐浴齋戒號泣半月而葬之日奉素香佛惟謹有犯奸盜者梟之以示戒有遵蛮法者賞之以示勸俗稍〻近理地產象牙重者百餘觔輕者七八十觔胡椒亞於闍婆貿易之貨用南北絲花銀赤金銅鐵鼎絲布草金緞丹山錦山紅絹白礬之屬

淡邈

小港去海口數里山如鐵筆迤邐如長蛇民傍緣而居田地平宜谷粟食有餘氣候暖風俗儉男女椎髻穿白布短衫繫竹布捎民多識山中草藥有疵癘之疾服之有效如神煮海為鹽事網罟為業地產胡椒亞於八都馬貨用黃硝珠麒麟粒西洋絲

布粗碗青器銅罌之屬

尖山

自有宇宙茲山盤據于小東洋卓然如文筆插霄漢雖懸隔數百里望之儼然田地少多種薯栰以代飯氣候頗熱風俗纖嗇男女斷髮以紅絹纏頭以佛南圭布纏身煑海為鹽釀蔗漿水米為酒地產木綿花竹布黃蠟粗降真沙地所生故不結實貿易之貨用牙錠銅鐵罌青碗大小埕甕青皮單錦鼓樂之屬

八節那間

甘邑臨海嶺方木瘦田地瘠宜種粟麥俗倘尚邪與湖北道澧州風俗同男女椎髻披白布縵為繫以土布一歲之間三月內民

採生以祭鬼酬愿信不生灾害民煑海為塩有酋長地産单皮花印布不退色木綿花檳榔貿易之貨用青器紫鑛土粉青緑布埕甕鉄器之屬

三佛齊

自龍牙門去五晝夜至其國人多姓蒲習水陸戰官兵服藥刀兵不能傷以此雄諸國其地人烟稠密田土沃美氣候暖春夏常雨俗淳男女椎髻穿青棉布短衫繫東沖布喜潔凈故于水上架屋採蚌蛤為鮓煑海為塩釀秫為酒有酋長地産梅花片腦中等降真香檳榔木棉布細花木貿易之貨用色絹紅硝珠絲布花布銅鉄鍋之屬舊傳其國地忽穴出牛數萬人取食之

後用竹木塞之乃絕

嘯噴

繇監毗吉陀以東其山嵌延袤數千里結茅而居田沃宜種粟氣候常暖俗陋男女椎髻以籐皮煮軟織粗布為短衫以生布為捎地差惟蕪木盈山地物不見每歲與前綱國相通貿易通舶人貨用五色硝珠磁銅鉄鍋牙錠瓦甕粗碗之屬

浡泥

龍山磻碑於其石基宇椎敞源田獲利夏月稍冷冬乃極熱尚俗男女椎髻以五采繫腰花錦為衫崇奉佛像唯嚴尤敬愛唐人醉也則扶之以歸歇處民煮海為鹽釀秫為酒有酋長仍選

其國能算者一人掌文簿計其出納收稅無纖毫之差焉地產降真黄臘玳瑁梅花片腦其樹如杉檜劈裂而取之必齋浴而後往貨用白銀赤金色段牙箱鉄器之屬

明家羅

故臨國之西山而三島中島崇香佛所居琢寶而前人莫能取一島虎豹蛇虺縱横人莫敢入一島土中紅石握而取之其色紅活名鴉鶻也舶人興販往々金銀與之貿易土瘠宜種粟氣候大熱俗朴男女衣青单被民煑海為塩柱主長推產紅石之外别物不見

暹

自新門臺入港外山崎嶇內領深邃土瘠不宜耕種穀米歲仰羅斛氣候不正尚侵掠每他國轉輙駕百十艘以沙湖滿載舍而往務在必取近年以七十餘艘來侵單馬錫攻打城池一月不下本處閉關而守不敢與爭遇爪哇使臣經過暹人聞知乃遁遂掠昔里而歸至正己丑夏五月降于羅斛凡人死則灌水銀以養其身男女衣着與羅斛同仍以𧴩子權錢使用地產蘇木花錫大風子象牙翠羽貿易之貨用硝珠水銀青布銅鐵之屬

爪哇

爪哇即古闍婆國門遮把逸山係官場所居宮室壯麗地廣人

稠寔夾東洋諸番舊傳國王係雷震石中而出令女子為酋以長之其田膏沃地平行穀米富饒倍于他國民不為盜道不拾遺諺云太平闍婆者此也俗朴男子椎髻裹打布惟酋長留髮大德年間亦黑迷失平章史弼高興曾往其地令臣屬納稅貢立衙門振綱紀設鋪兵以遞文書守常刑重鹽法使銅錢俗以銀錫鍮銅雜鑄如螺甲大名為銀錢以權銅錢使用地產青鹽係晒成胡椒每歲萬斤極細堅耐色印布有半鸚鵡之類藥物皆自他國來也貨用硝珠金銀青段色絹青白花碗鐵器之屬次曰巫崙曰希苓曰三打板曰吉舟曰孫剌等地無異產故附此耳

重迦羅

杜瓶之東曰重迦羅嶼爪哇界相接間有高山奇秀不產地木滿山皆鹽敷樹及楠樹一石洞前後三門可容一二萬田土至於闍婆氣候熱俗淳男女撮髻衣長衫地產綿羊鸚鵡細花木綿單椰子木綿花紗貿易之貨用花銀花宣絹諸色布煮海為鹽釀秫為酒無酋長年尊者統攝次曰諸番相去約數日水程曰孫陀曰琵琶曰丹重曰員嶠曰彭里不事耕種專尚寇掠與吉陀亞崎諸國相通交易舶人所不及也

都督岸

自海腰平原津通淡港土薄地肥宜種谷廣栽薯芋氣候夏涼

多淫雨春與秋冬皆熱俗尚節序男女椎髻穿綠布短衫繫白布梢民間每以正月三日長幼焚香拜天以酒牲祭山神之後長幼皆羅拜於庭名為慶節序不喜煮釀蜜水為酒有酋長地片腦粗速香玳瑁龜筒貿易之貨用海南占城布紅絹綠鹽鉄銅器色緞之屬

文誕

渤山高環溪水若淡田地瘠民半食沙糊椰子氣候若熱俗淫男女椎髻路體繫青皮布梢日間畏熱不事布種月夕耕鋤漁獵採薪取水山無蛇虎之患家無盜賊之虞煮海為鹽釀椰漿為酒婦織木綿為業有酋長地產肉荳蔻黑小廝荳蔻花小丁

皮貨用水綾絲布花印布烏瓶鼓瑟青磁器之屬

蘇祿

其地以石倚山為堡障山畬田瘠宜種粟麦民食沙湖魚蝦螺蛤氣候半熱俗鄙薄男女斷髮纏皂縵繫小印花煑海為塩釀蔗漿為酒織竹布為業有酋長地産中等降真條黄蠟玳瑁珍珠較之沙里八丹第三港等處所産此蘇祿之珠色青白而圓其價甚　中國人首飾用之其色不退號為絶品有徑寸者其出産之地大者已直七百八餘里　錠中者二三百錠小者一二十錠其餘小珠一萬上兩重者或一千至三四百兩重者出於西洋之地　三港此地無之貿易之貨赤金花銀八都剌布青

珠處器鉄條之屬

龍牙犀角

峯嶺内平而外聳民環居之如蟻附坡厥田下等氣候半熱俗厚男女椎髻齒白繫麻逸布俗以結親為重親戚之長者一日不見面必携酒持物以問勞之為長夜之飲不見其醉民煑海為鹽釀秫為酒有酋長地産沉香冠于諸番次鶴頂降真蜜糖黄熟香頭貿易之貨用土印有八都剌布青白花之屬

蘓門傍

山如屏而石峭中有窩藏平坦地瘠田少多種麥而食氣候常暖俗鄙薄藉他番以足其食賴商賈以資其國男女披長髮

衫為衣繫斯吉丹布煑海為鹽有酋長地產翠羽蘇木黃蠟檳榔貿易之貨用白糖巫崙布紬絹衣花色宣絹塗油大小水埕之屬塗油出於東埕塗熬晒而成

舊港

自淡港入彭家門民以竹代舟道多磚塔田利倍於他壤云一季種谷三年生金言其谷變而為金也後西洋人聞其田美故造舟來取田內之土骨以歸彼田為之脉而種谷舊港之田金不復生亦恠事也氣候稍熱男女椎髻以白布為捎煑海為鹽釀椰漿為酒有酋長地產黃熟香頭金顏香木棉花冠於諸番黃蠟粗降真絕高鶴頂中等沉速貿易之貨用門邦丸珠四色燒

珠麒麟粒處甆銅罁五色布大小水埕甕之任

龍牙菩提

環宇皆山石排類門無田耕種但栽薯芋蕪以代粮當𣏐之當番家必推貯数屋如中原人積粮以供歲用食餘則存下年之不熟也園種菓採蛤蚌魚蝦而食倍于薯芋氣候倍熱俗朴男女椎髻披絲木綿花单被煮海為塩浸　根汁以釀酒地産粗香檳榔椰子貿易之貨用紅綠燒珠牙箱錠鉄罁青白土印布之屬

毗舍耶

僻居海東之一隅山平曠田地少不多種植氣候倍熱俗尚虜

掠男女撮髻以墨汁刺身至踈頸門朗纏紅絹繫黄布侍以國無酋長地無出産時常畏乾粮棹小舟遇外番伏荒山窮谷無人之境遇捕魚採薪者輒生擒以歸鬻於他國每一人易金二兩重蓋彼國之人遞相倣傚習以為業故東洋聞毗舍野之名皆畏而逃者

班卒

地勢連龍牙門後山若纏若斷起凹峯而盤結故民環居焉田瘠谷少登氣候不齊夏則多雨而微寒俗質披短髮假錦纏頭紅油布繫身煑海為塩釀米為酒名明家西酋長地産上等鶴頂中等降真木棉花貿易之貨用絲布鐵條土印布赤金甆器

鈇鼎之屬

蒲奔

地控海濵山蹲白石不宜耕種歲仰食於他國氣候乍熱而微冷風俗果決男女青黒男埀髻女拳髻白縵民煑海為塩採蝌黄為鲊以木板造舟藤篾固之以綿花塞縫底甚柔軟隨波上下蕩以木而為槳未嘗見有損壞有酋長白藤浮留藤桹榔貿易之貨用青甆器粗碗海南布鉄線大小埕甕之屬

假里馬打

山列翠屏闤闠臨溪田下穀不收氣候熱俗磽薄男女髠頭以竹布為桶様穿之仍繫以稍罔知廉耻採蕉實為食煑海為塩

以適他國易米每鹽一斤易米一斗前代地産番羊高大者可騎日行五六十里及紫玳瑁易之貨用硫磺珊瑚珠闍婆布青色燒珠小花印布之屬

文老古

益溪通津地勢卑窄山林茂　田瘠稻慳氣候熱俗薄男女椎髻繫花竹布為梢以象齒樹之內室為供養之具民煮海為鹽取沙湖為食地産丁香其樹滿山然多不常生三年中間或二年熟有酋長地每歲望唐舶販其地往往以五梅雞雛出必唐船一隻來二雞雛出必有二隻以此占之如響斯應貿易之貨用銀鉄水綾絲布巫崙八節那澗布土印布象齒燒珠青甆器

埕器之屬

古里地悶

居加羅之東北山無異木唯檀樹為最盛以銀鉄碗西洋絲布色絹之屬為之貿易也地謂之馬頭凡十有二所有尊長田宜穀粟氣候不齊朝熱而夜冷風俗淫濫男女斷髮穿木綿短衫繫占城布市所酒肉價廉婦不知耻部領目縱食而貪酒色之餘卧不覆被至染疾者多死倘在番苟免回舟之期櫛風沐雨其疾發而為狂熱謂之陰陽交交則必死昔泉之吳宅發舶稍衆百有餘人到彼貿易既畢死者十八九間存一二爾多羸弱之舟駕舟隨風回舶或時風恬浪惡黃昏之際則狂　蕩唱歌

搖櫓亘半則添炬燁燿使人魂遊而膽寒吁良可畏哉然則其地互市雖有萬倍之利何益昔柳子厚謂海賈以生易利生此有甚者乎

龍牙門

門以単馬錫番兩山相交若龍牙門中有水道以間之田瘠稻少天氣候熱四五月多淫雨俗好刼掠昔酋長掘地而得玉冠歲之始以見月為正初酋長戴冠披服受賀今亦遞相傳授男女兼中國人居之多椎髻穿短布衫繫青布稍產粗降真斗錫貿易之貨赤金青段花布處磁器鐵鼎之類蓋以山無美林貢無異貨以通泉州之貿易皆剽竊之物也舶往西洋本番置之

不問回船之際至吉利門舶人須駕箭稠張布幕利器械以防之賊舟二三百隻必然来迎戰数日若僥倖順風或不遇之否則人為所戮貨為所有則人死係乎頃刻之間也

崑崙

古者崑崙山又名軍屯山〻高而方根盤幾百里截然乎瀛海之中與占城西竺鼎峙而相望下有崐崙洋因是名也舶販西洋者必掠之順風七晝夜可渡諺云上有七州下有崑崙針迷舵失舟就存雖則地無異產人無居室山之高有男人数十人恠形而異狀穴居而野處既無衣褐日食山菓魚蝦夜則宿於樹巢仿摽技野鹿之世何以知其然也百舶阻恶風灣泊其山

之下男女羣聚而歡撫掌而咲云而去自適天趣吾故曰其無懷大庭氏之民歟其葛天氏之民歟

靈山

嶺峻而方石泉下咽民居星散以結網為活田野闢宜耕種一歲凡二収穀舶至其所則舶入齋沐三日其什事崇佛諷經燃水燈放彩船以禳本船之災始度其下風俗候氣候男女與占城同地產籘枝輕小黑文相對者為冠每條 互易一花斗錫麗大而紋跡者一花斗錫互易三條舶之往復此地必汲水採薪以濟日用次得梹榔茗葉餘無異物貿易之貨用粗碗燒珠鐵條之屬

東西竺

石上嵯峩形勢對峙地勢雖有東西之殊不啻蓬萊方丈之爭奇也田瘠不宜耕種歲仰淡浄米穀足食氣候不齊四五月淫雨而尚寒俗朴畧男女斷髮繫占城布煑海為塩釀椰漿為酒有酋長地産檳榔老葉椰子簞木綿花番人取其椰心之嫩者或素或染織而為簞　售唐人其簟冬煖而夏凉亦可貴也貿易之貨用花錫胡椒鉄器薔薇露水之屬

急水灣

灣居石綠嶼之下其流奔鶩船之時月遲延兼以潮汐南北人莫能測船洄漩于其中則一月莫能出昔有度元之船流寓在

其中二十餘日失風針迷舵折船遂閣淺人船貨物俱各漂蕩偶遺三人於礁上者膓腹五日又且斷舶往來輙入礁上螺蚌食之當此之時命懸于天忽一日大木二根浮海而至礁傍人抱其木隨颯飄至須門答剌之國幸而免溺焉

花面

其山逶迤其地阻如田極肥美足食有餘男女以墨汁刺于其面故謂之花面國名因之氣候倍熱俗淳有酋長地産牛羊雞鴨檳榔甘蔗差葉木棉貨用鉄條青布粗碗青處器之屬舶經其地不過貿易以供日用而已餘無可與販也

淡洋

港口通官塲百有餘里洋其外海也内有大溪之水源二千餘里奔流衝合於海面一流之水清淡舶人往々經過乏水則必由此汲之故名曰淡洋過此以往未見其海洋之水不鹹也嶺竊有田常熟氣候熱風俗淳男女椎髻繫溜布有酋長地產降真香味與亞芦同来顯雖小然飲則香貿易之貨用赤金鉄器粗碗之屬

須文答剌

峻嶺掩抱地勢臨海田饒穀少男女繫布縵俗薄其酋長人物修長一日之間必三变色或青或黑或赤每歲必殺十餘人取自然血浴之則四時不生疾病故民皆畏服焉男女椎髻繫紅

布土產腦子粗降真香味短鶴頂斗錫種茄樹高丈有餘經三四年不萃生茄子以梯摘之如西瓜大重十餘斤貿易之貨用西洋絲布樟腦薔薇水黃油傘青布五色緞之屬

僧加剌

疊山環翠洋海橫絲其山之腰有佛殿巋然則釋迦佛肉身所在民從而像之迨今以香燭事之若存海濱有石如蓮臺上有佛足跡長二尺有四寸濶七寸深五寸許蹟中海水入其內不鹹而味淡甘如醴病者飲之則愈老者飲之可以延年土人長七尺餘面紫身黑眼巨而長手足温潤而壯健聿然佛家種子壽多至百有餘歲者佛初憐彼方之人貧而為盜故以善化其

民復以甘露水洒其地産紅石土人掘之以左手取者為貧右手尋者設佛後得以濟貿易之貨皆令温飽而善良佛業前有一鉢盂非玉非銅非鐵色紫而潤敲之有玻瓈聲故國初凡三遣使取其至是則舉浮屠之教以語人故未能免於儒者之儀然觀其土人之梵相風俗之敦厚詎可弗信也夫

勾欄山

嶺高而樹林茂密田瘠穀少氣候熱俗射獵為事國初軍士征闍婆遭風於山下輙損舟一舟幸免唯存丁灰見其山多木故於其地造舟一十餘隻若檣柁若帆若篙靡不宜備飄然長往有病卒百餘人不能去者遂留山中今唐人與番

人叢雜而居之男女椎髻穿短衫繫巫倫布地産熊豹鹿麂皮玳瑁貿易之貨用榖米〻色絹青布銅器青器之屬

特番里

國居西南角名為小食官場深邃前有石崖當關以守之後有石洞周匝以居之厥土塗泥厥田沃饒臨溪〻又通海〻口有閘春月則放水灌田耕種時雨降則閉閘或歲旱則開焉民無水旱之憂長有豐稔之慶故號為樂土氣候應節俗淳男女椎髻繫青布煮海為鹽釀蔗葉為酒燒羊羔為食地産黄蠟綿羊高四尺許波羅大如斗甜瓜三四尺圍貿易之貨用麻逸布五色紬假錦緞銅鼎紅油布之屬

班達里

地與鬼屈波思國爲隣山峙而石盤田瘠穀少氣候微熱淫雨間作俗怪屋傍每有鬼啼如人身相續至五更而啼止次日酋長必遣人乘騎鳴鑼以逐之卒不見其蹤影也厥後立廟宇于盤石之上以立馬否則人畜有疾國必有灾男女椎髻繫巫崙布不事針縷紡績煑海爲鹽地産句子鵶忽石兠羅綿木綿花青蒙石貿易之貨用諸色緞青白磁鐵器五色燒珠之屬

曼陀郎

國界西北隅與播寧接壤〻瘠宜種麦酋長七尺有餘二國勢均不事侵伐故累世結姻頗有朱陳村之俗焉蠻陌之所近聞

他國之所未見者氣候少熱男女挽髻以白布包頭皂布為服以木犀花釀酒地產犀角木綿摘四斗花可重一斤西瓜五十斤重有餘石榴大如斗貿易之貨用丁香荳蔻良姜蓽　五色布青器斗錫酒之屬

喃哑哩

地當南哑哩之要衝大波山如動盪日月望洋之際疑若無地民居環山各得其所男女椎髻露躰繫捎布田瘠谷少氣候暖俗尚刼掠亜於牛單錫也產地鶴頂龜筒玳瑁降真香冠於各番貿易之貨用金銀鐵器薔薇水紅絲布樟腦青白花碗之屬夫以舶歷風濤間經此國幸而免於魚龍之厄而又罹虎口莫

能逃之其赤風迅迅之乘時便之然哉

北溜

地勢居下千嶼萬島船往西洋過僧加剌傍潮流迅急更值風逆輒漂此國候次年夏東南風船仍上溜之皆水中有石槎中牙利如鋒刃蓋已不勝舟矣地產椰子索𧴩子魚乾大手巾布海商每將一船𧴩子下烏爹朋加剌必互易米一船有餘蓋彼番以𧴩子推錢用亦久遠之食法也

下里

國居小唄喃古佛里之中又名小港口山曠而原平地方數千餘里民所奠居星羅棊布家給人足厥田中下農力耕氣候暖

風俗淳民尚氣出入必懸弓箭及牌以隨身男女削髮繫溜布地產胡椒冠於各番不可勝計樹木滿山蔓衍如藤蘿冬花而夏實民採而蒸曝以乾爲度其味辛採者多不禁其味之觸人甚至以川芎煎湯解之他番之有胡椒者皆此國流波之餘也

高郎步

大佛山之下灣環中縱橫皆鹵股石其地濕卑田瘠米穀翔貴氣候暖俗薄舶人不幸失風或駐閣於其地者徒爲酋長之利舶中所有貨物多至金璧而歸之酋以爲天賜也孰知舶人妻子飢寒之所望哉男女撮髻繫八郎那間布捎煑海爲鹽釀蔗漿爲酒有酋長地產紅石頭與僧加剌同貿易之貨用八丹布

斗錫酒薔薇水蘇木金銀之屬

沙里八丹

國居古里佛山之後其地沃衍田少俗美氣候微暖男女繫布纏頭循海而居珠貨之馬頭也民有犯罪者以石灰畫圈于地使之立圈内不令轉足此其極刑也地産八丹布珎珠由第三港來皆物之所自産也其地採珠官抽畢皆以小舟渡此國互易富者用金銀以低價塌之舶至求售於唐人其利豈淺鮮哉

金塔

古崖之下聖井傍有塔十丈有餘塔頂曾渡以金其頂額而石爛惟苔蘚青々耳上有鶴巢寬七尺餘有朱頂雌雄二鶴長存

漢人每歲棄　其上酋長子孫相傳以來千有餘年矣春則育一二雛及羽翼成飛去惟老鶴為其國人書扁曰老鶴里土瘠而民貧氣候不齊俗朴男女椎髻纏白布繫溜布民煑海為鹽女耕織為業壽多至百有餘歲地產大布手巾木綿貿易之貨用鈇鼎五色布之屬

東淡邈

皐揵相去有間近希苓數日程山瘠民間田沃稻登百姓充給氣候熱俗重耕牛每于二月舂米為餅以飼之名為報耕種之本男女椎髻繫八丹布煑海為鹽釀椰漿為酒有酋長地產胡椒亞于闍婆玳瑁木綿大檳榔貿易之貨用銀五色布銅鼎鐵

器燒珠之屬

大八丹

國居西洋之後名雀婆嶺相望數百里田平豐稔時雨霑渥近年田中生叢禾丈有餘長禾莖四十有八穀粒一百三十長半寸許國人傳玩以為禾王民間禾土移至酋長之家一歲之上莖不枯槁後其國自墜色如金養之以梹榔灰使其不蛀迨今存其時國人賜之以為寶焉氣候熱俗淳男女短髮穿南溜布煑海為鹽地産綿布婆羅密貿易之貨用南絲鐵條紫粉木梳白糖之屬

加里那

國近具山其地磽确田瘠穀少王國之亞波下有石穴深邃有白牛種每歲逢春產白牛仍有雌雄酋長畜之名官牛聽其自然孳育於國酋長其繁衍以之互市他國得金十兩厥後牛遂不產氣候稍熱風俗淳厚男女髡髮穿長衫煮井為鹽釀椰漿為酒地產綿羊高者二百餘斤逢春則割其尾用番藥搽之次年其尾復生如故貿易之貨用青白花碗細絹藊木鉄條水銀之屬

土塔

居八丹之平原亦石圍遶有土磚甃塔高數丈漢字書云咸淳三年八月畢工傳聞中國之人其年敂彼為書於石以刻之至

今不磨碱馬土瘠田少氣候半熱秋冬微冷俗善好民間多事
奈香聖佛以金銀器皿事之男女斷髮其身如漆繫以白布有
酋長地產綿布花布大手巾檳榔貿易之貨用糖霜五色絹青
段蘇木之屬

第三港

古號為淵今名新港口岸分南北民結屋而居田土氣候俗男
女與八舟同去此港八十餘里洋名大朗蚌珠海內為最富採
取之際酋長殺人及十數牲祭海神選日集舟人採珠每舟以
五人為率二人蕩槳二人收緶其一人用圈竹匡其袋口懸於
頸上仍用收緶繫石於腰放墜海底以手爬珠蚌入袋中遂執

綆牵制其舟中之人收綆人随綆而上總以珠蚌傾舟中既滿載則官場週回皆官兵守之越数日候其肉腐爛則去其殼以羅盛腐肉漩轉洗之則肉去珠存仍巨細篩閱於十分中官抽一半以五分與舟人均分若夫海神以取之入水者多葬於鰐魚之腹吁得之良可憫也舶人幸當其取之歲往〻以金與之互易歸則樂数倍之利富可立致特 逢其時耳

華羅

揎椰樹為彊理疊青石為室田土瘠磽宜種移氣候常熱秋冬草木越增茂盛俗惟民間每創石亭数四塑以泥牛或刻石為像朝夕諷經敬之若人佛焉仍以香花燈燭為之供養凡所生

之壇所行之地及屋壁之上悉以牛糞和泥塗之反為潔淨隣人往來苟非其類則不敢造其所男女形黑無酋長年尊者主之語言譫（陟加反）詉（女加反）以檀香牛糞搽其額以白細布纏頭穿長衫與今之南毗人少異而大同

麻那里

界迷黎之東南居垣角之絕島石有楠樹萬枝周圍皆水有蠓如山立人少主土薄田瘠氣候不齊俗侈男女辮髮以帶捎臂用金鈿穿五色絹短衫以朋加剌布為獨幅裙繫之地產駱駝高九尺土人以之負重有仙鶴高六尺許以石為食聞人拍掌則聳翼而舞其容儀可觀亦異物也

加將門里

去加里二千餘里喬木成林修竹高節其地堰瀦甲肥美一歲三收穀通商販於他國氣候常熱俗薄男女挽髻穿長衫叢雜回人居之土商每興販黑囡往朋加剌互銀錢之多寡隨其大小高下而議價民煮海為鹽釀漿為酒有酋長地產象牙兜羅綿花布貿易之貨用蘇杭五色緞南北絲土紬絹巫崙布之屬

波斯離

境與西夏聯屬地方五千餘里關市之間民比居如魚鱗田宜麦禾氣候常冷風俗侈麗男女長身編髮穿駝褐毛衫以軟錦為茵褥燒羊為食煮海為鹽有酋長地產琥珀軟錦駝毛膃肭

臍没藥萬年棗貿易之貨用氊毯五色緞雲南葉金白銀倭鉄
大風子牙梳鉄器達剌斯離香之屬

撻吉那

國居達里之地即古之西域山少而瘠氣候半熱天常陰晦俗
與羗同男女身面如漆眼圓白髮鬅鬙籠軟錦為衣女資紡織
為生男採鴉鶻石為活煮海為塩釀安石榴為酒有酋長地産
安息香琉璃瓶鵬沙梔子花尤勝於他國貿易之貨用沙金花
銀五色緞鉄鼎銅線琉水銀之屬

千里馬

北與大奮山截界溪水護市四時澄徹形勢寬容田瘠穀少氣

候作熱俗淳男女斷髮身繫絲布煮海爲鹽釀柱屑爲酒有酋長地産翠羽百合蘿蔔貿易之貨用鉄條麄碗蘓木鉛針之屬

大佛山

大佛山界于迓里高郎步之間至順庚午冬十月有二日因卸帆於山下是夜月明如畫海波不興水清徹底起而徘徊俯窺水國有樹婆娑余指舟人而問此非清琅玕珊瑚珠者耶曰非也此非月中娑羅樹影者耶曰亦非也命童子入女水採之則柔滑拔之出水則堅如鉄把而翫之高僅盈尺則其樹槎牙盤結奇怪枝有一花一蘂紅色天然既開者彷彿牡丹半吐者類乎菡萏舟人秉燭環堵而觀之衆乃雀躍而笑曰此瓊樹開花

也誠海中之稀有亦中國之異聞余歷此四十餘年未嘗覩於此君今得之茲非千載而一遇者乎余次日作古體詩百首以記其實袖之以歸豫章邵菴虞先生見而賦詩追今留於君子堂以傳玩焉

須文那

國中班支尼那接境山如瓜瓠民樂奠居田瘠穀少氣候應節俗鄙薄男女蓬頭繫絲酋長之家有石鶴高七尺餘身白而頂紅彷然生像民間事之為神鶴四五月間聽其夜鳴則是歲豐稔凡有疾則卜之如響斯應民不善煮海為塩地產絲布胡椒亞於希苓淡邈狹兒茶　名烏爹土又名胥實失之其實檳榔

汗也貿易之貨用五色細緞青緞荳蔻大小水罐蘇木之屬

萬里石塘

石塘之骨由潮州而生迤邐如長蛇橫亘海中越海諸國俗云萬里石塘以余推之豈止萬里而已哉舶由玳瑁門掛四帆乘風破浪海上若飛至西洋或百日之外以一日一夜行里計之萬里曾不足故原其地脉歷歷可考一脉至爪哇一脉至勃泥及古里地悶一脉至西洋遐崑崙之地蓋紫陽朱子謂海外之地與中原地脉相連者其以是歟觀夫海洋泛無涯涘中匿石塘孰得而明之避之則吉遇之則凶故子午針人之命脉所係苟非舟子之精明能不覆且溺矣吁得意之地勿再往豈可以風

濤為徑路也哉

小唄喃

地與都欄礁相近厥土黑墳本宜穀麥民居懶事耕作歲籍烏爹運米供給或風迅到遲馬船已去貨載不滿風迅或逆不得遇喃呸哩洋且防高浪阜中鹵股石之厄所以此地駐冬候夏年八九月馬船復來移船回古里佛互市風俗男女衣着與古里佛同有村主無酋長地產胡椒椰子檳榔溜魚貿易之貨用金錢青白花器八丹布五色緞鐵器之屬

古里佛

當巨海之要衝去僧加剌蜜耳亦西洋諸馬頭也山橫而田瘠

宜種麥每歲籍烏爹水至行者讓路道不拾遺俗稍近古其法至垣盜一牛酋以牛頭為準失主仍以犯人家產籍沒而戳之官場居深山中海濱為市以通貿易地產胡椒亞於下里人間居有倉廩貯之每播荷三百七十五斤稅收十分之下二次加張葉皮桑布薔薇水波羅蜜孩兒茶其珊瑚琛珠乳香諸等貨皆由甘理佛朗來也去貨與小唄喃國同蓄好馬自西極來故以船載至此國每疋互易動金錢千百或至四千為率否則番人議其國空乏也

明加剌

五嶺崔嵬樹林拔萃民環而居之歲以耕殖為業故野無曠土

山𡼖極美一歲凡三收穀百物皆廉即古忻都州府也氣候常熱風俗最為淳厚男女以細布纏頭穿長衫官稅以十分中取其二馬國鑄銀錢名唐加每歲錢八分重流通使用互易貝子一萬五百二十有餘以權小錢便民良有益也產苾布高你布兜羅錦翠羽貿易之貨用南北絲五色絹緞丁香荳蔻青白花甆白纓之屬茲番所以民安物泰皆白平農力有以致之是故原防菅茅之地民墾闢種植不倦廉勞冉之役因天之時而分地利國富俗厚可以軼舊港而邁闍婆也

巴南巴西

國居大㬨山之南環居數十里土瘠宜種荳氣候乍涼俗尚澆

薄男女體小而形黑眼圓耳長手垂過膝身披絲絨單被凡民間女子其形窊切於加嬰切若加自七歲父母以歌舞教之身摺疊而圓轉變態　出粗有可觀倘適他國呈其藝術則予以小錢為賞地產細綿布舶人以錫易之

放拜

居巴隘亂石之間渡橋出入週圍無田平曠皆陸地宜種麦氣候常暖風俗質朴男女面長目反白容黑如漆編髮為繩穿斜紋木綿長衫煑海為塩煆鵞卵石為炭以代炊有酋長地產絕細布匹濶七尺長有餘大檳榔為諸番之冠貨用金𧴩子紅白燒珠之屬

大烏爹

國近巴南之地界西洋之中峯山多鹵股田雜沙土有黑歲宜種荳氣候常熱俗尚淳男女身修長女生髮穿細布繫紅絹捎女善戰使標鎗批竹矢毒於蛇使國人極畏之仍以金錢魚鮝𧴩子使用煑海為塩以逡巡法釀酒有酋長地產布匹猫兒眼精鴉鶻石翠羽貿易之貨白銅鼓扳五色緞金銀鉄器之屬國以𧴩子金錢流通使用所以便民也成周以世用錢幣漢武造史幣鑄白銀無非子母相權而已如西洋諸番國鑄為大小金錢使用與中國銅錢異雖無其幣以兼之得非法古之道者哉

萬年港

淺門正灣為之引從彷彿相望中有長潤二十餘丈其深無底魚龍之淵藪也旁有山如氐環而居田寬地窄宜谷麦氣候常熱俗朴男女椎髻繫青布捎煮海為塩釀蔗漿為酒有酋長地產降真條木綿黃蠟貿易之貨用鐵條銅線土印花布瓦瓶之屬

馬八兒嶼

控西北之隅居加將門之右瀨山而居土鹹田沃饒歲倍收氣候熱俗淳男女散髮以椰葉蔽羞不事緝織鑿井煮海為塩釀椰漿為酒無酋長地產羽細布大羊百有餘斤穀米價廉貿易之貨用砂金青段白礬紅綠燒珠之屬次曰拔忽曰里達那曰

骨里傍曰安其曰伽忽皆屬此國之節制焉

阿思里

極西南達國里之地無山林之限風起則飛沙撲面人不敢行居人編竹以蔽之氣候熱半年之間多不見雨掘井而飲深至二三百丈味甘而美其地防原宜種麦或潮至水原下則其地上潤麦苗自秀俗悪男女編髪以牛羊為繩接髪梢至膝為奇以鳥羽為衣搗麦々餅為食民不善煮海為塩地産大綿布小布疋貿易之貨用銀鉄器青燒燭珠之屬

哩伽塔

國居遼西之界乃國王海之濱田瘠宜種黍民疊板石為居掘

地丈有餘深以藏種子雖三載亦不朽也氣候秋熱而夏涼俗尚朴男女瘦長其形古怪髮長二寸而不見長穿布桶衣繫皂布捎煑海為塩釀黍為酒以牛乳為食地產青琅玕珊瑚樹其樹或長一丈有餘或七八尺許一尺有餘秋冬民間皆用舡採取以橫木繫破網及紗線於其上仍以索縛木兩頭大於船上牵以拖之則其樹槎牙掛挽而上貿易之貨用金銀五色緞巫崙布之屬

天堂

地多曠漠即古筠沖之地又名為西域風景融和四時之春也田沃稻饒居民樂業云南有路可通一年之上可至其地西洋

亦有路通名為天堂有回〻歷與中國授時歷前後至爭三日其選日永無差異氣候暖風俗好善男女辮髮穿細布〻衫繫細布捎地產西馬高八尺許人多以馬乳拌飯為食則人肥美貿易之貨用銀五色緞青白花器鉄鼎之屬

天竺

居大食之東隸秦王之主去海二百餘里地平沃氣候不齊俗尚古風男女身長七尺小目長項手帕繫額編髮垂耳穿百日衣以籐皮織鞋以綿紗結襪仍將穿之示其執禮也不善煑鹽海為鹽食仰他國民間以金錢流通使用有酋長地產金沙駿馬貿易之貨用銀青白花器斗錫酒色印布之屬

層搖羅

國居大食之西南崖無林地多淳田瘠穀少故多種薯以代糧食每每販於其地者若有穀米與之交易其利甚博氣候不齊俗古直男女挽髮穿無縫短裙民事網罟取禽獸為食煮海為鹽釀蔗漿為酒有酋長地產紅檀紫蔗象齒龍涎生金鴨嘴膽礬貿易之貨用牙箱花銀五色段之屬

馬魯澗

國與遐邇沙喃之後山接壤民樂業而富遶廻廣一萬八千餘里西洋國悉臣屬焉有酋長元臨漳人陳其姓也幼能讀書長練兵事國初領兵鎮甘州遂入此國討境不復返兹地產馬故

多馬軍動侵番國以兵允若干萬歲以正月三日則建高壇以受兵賀所至之地即成聚洛一所民間互易而卒無擾攘之患蓋以形刑法之重如此觀其威逼諸番嚴行賞罰亦酋豪中之表表者乎

甘埋里

國居西南馮之地與佛郎相近乘風張帆二月可至小唄喃其地造舟爲馬船大于商船不使釘灰用椰索板成片每船二三層用板棧滲涌不勝稍人日夜輪戽水不竭下以乳香壓重上載馬數百匹頭小尾輕鹿身吊肚四蹄削鐵高七尺許日夜可行千里所有木香琥珀之数地產自佛郎國來商販於西洋互

易去貨丁香荳蔻青段麝香紅色燒珠蘇杭色緞蘇木青白花器甆瓶鉄條以胡椒載而返椒之所以貴者皆因此船運去尤多較商舶之取十不及其一焉

麻呵斯離

去大食國八千餘里與鯨板奴國相近田海通溪約二百餘里石道崎嶇至官塲三百餘里地平如席氣候應節風俗鄙儉男女編髮眼如銅鈴穿長衫煑海為鹽釀蔗葉為酒有酋長地產青鹽馬乳蔔（葡）萄米麥其麥粒長半寸許甘露每歲八九月下民間築淨池以成之旭日曝則融結如水味甚糖霜仍以甆器貯之調湯而飲以辟瘴癘古云甘露王如來即其地也貿易之貨

用剌速斯離布紫金白銅青琅玕闍婆布之屬

羅婆斯

國與麻加那之右山聯屬奇峯磊磊如天馬奔馳形勢臨海男女異形不織不衣以鳥羽掩身食無烟火惟有茹毛飲血巢居穴處而已雖然飲食宫室節宣之不可闕也絲麻絺紵寒暑來之来不可違也夫以洛南北之地懸隔千里尚有寒暑之殊而况而於窮海諸國者哉其地鍾湯之全故民無衣服之備陶然自適以宇宙輪輿宜乎茹飯擇不擇巢穴不易相與浮乎太古之天矣

烏爹

國因伽里之舊名也山林益少其地堰瀦而半曠民專農業田沃稼茂既無絕粮務之災又無蝗蝻之災歲凡三稔諸佛皆廉道不拾遺鄉里和睦士尤尚義俗厚民泰各酋之所不及也氣候男女與朋加剌畧同稅收十分之一也地產大　黑國翠羽黃蠟木綿細匹布貿易之貨用金銀五色緞白絲丁香荳蔻茅香青白花器鼓瑟之屬每个銀錢重二錢八分准中統鈔一十兩易𧴩子計一萬一千五百二十餘折錢使用以二百五十𧴩子糴一尖羅熟米折官斗有一斗六升每錢收𧴩子可得四十六羅米通計七十三斗二升可供二人一歲之食有餘故販其地者十去九不還也夫以外夷而得知務農重穀使國無遊民

故家給人足歲無飢寒之憂設之興行禮讓教以詩書禮樂則與中國之風無間然矣熟謂蠻貊之邦而不可行者乎

異聞類聚

古有奇肱國之民能為飛車從風遠行見于博物誌矣次曰頓遜國凡人死送於廓外鳥食肉盡乃去以火燒其骨即沉於海中謂之鳥葬見于窮神秘苑矣次曰國晝長夜短薄暮煮一羊胛方熟東風以曙見於神異録矣次曰大食國山樹花開如人手不觧語人借問惟頻笑々則彫落見於酉陽雜俎矣次曰婆登國種穀每月一熟見於神異之記次曰繳濮國人有尾欲坐則先穴地以安之誤折其尾則死見於廣州之記次曰南方之

鈔校書籍

産翁獠婦娩子是擁衾抱雛以讓衛之見於南楚之新聞次番禺縣民灾蔬園盜之於百里之外若浮筏乘流於海上有縣宰為之判杖見於玉堂之閑話他如女人國視井而生育茶弼沙國入其地聲震雷霆至於南方縛婦成姻多非禮聘領南之好女不事緝織南海之貧妻名為腹指賣南中之師郎擁婦而食肉此又人物風俗之不同録之以備采覽故曰異聞類聚

島夷誌後序

皇元混一聲教無遠弗届區宇之廣曠古所未聞海外島夷無慮數千國莫不執玉貢琛以修民職梯山航海以通互市中國之往復商販於殊庭異域之中者如東西州馬大淵少年嘗附

舶以浮于海所過之域竊嘗賦詩以記其山川土俗風景物産之詭異與夫可怪可愕可鄙可笑之事皆身所遊覽耳目所親見傳說之事則不載焉至正已丑冬大淵過泉南適監群僚侯命三山吴鑒明之序清源郡誌顧以清源舶司所在諸番輻輳之所宜記録不鄙謂余知方外事屬島夷誌附於郡誌之後非徒以廣士大夫之異聞以表
國朝威德如是之大且遠也

島夷誌畧　終

皇明嘉靖戊申五月望汝南郡考
島夷惟日本重文事其髹漆金器
刀紙屏障最精此誌不載故及之
予於正德初年因本國使臣朝貢
留寓姑蘇其使了庵年已八十八
詩禮賡酬尚在陶齋袁表識

鈔校書籍

島夷誌略廣證二卷

〔清〕沈曾植撰

《島夷誌略廣證》二卷，清沈曾植撰。曾植（一八五〇—一九二二）字子培，號乙盦、寐叟，浙江嘉興人。清光緒六年（一八八〇）進士。授刑部主事，遷郎中，兼總理衙門章京。曾主講兩湖書院，後任廣信知府、安徽提學使、護理安徽巡撫等。通經史、文學、音韻、佛典、書法、碑刻之學，尤精遼、金、元三史及西北、南洋地理沿革。以元汪大淵《島夷誌略》記載稍亂，地名華譯多雜閩贛方言，方位亦不易考求，乃據所見中西地圖及史書、遊記、筆記等，運用對音方法校勘，於所涉島嶼、港口、海道等，一一加以考釋。據《古學彙刊》本影印。

島夷誌畧廣證上

元汪大淵撰　　嘉興沈曾植乙盦廣證

彭湖

島分三十有六巨細相間坡隴相望乃有七澳居其間各得其名自泉州順風二晝夜可至有草無木土瘠不宜禾稻泉人結茅爲屋居之氣候常暖風俗朴野人多壽眉男女穿長布衫繫以土布煑海爲鹽釀秫爲酒採魚蝦螺蛤以佐食爇火糞以爨魚膏爲油地產胡麻綠豆山羊之孳生數萬爲羣家以烙毛刻角爲記晝夜不收各遂其生育工商興販以樂其利地隸泉州晉江縣至元年間立巡檢司以週歲額辦鹽課中統錢鈔一十錠二十五兩別無科差

琉球

地勢盤穹林木合抱山曰翠麓曰重曼曰斧頭曰大峙（典錄作大崎之山）其山極高峻自彭湖望之甚近余登此山則觀海潮之消長夜半則望暘谷之出紅光燭天山

頂爲之俱明土潤田沃宜稼穡氣候漸暖俗與彭湖差異水無舟楫以筏濟之男子婦人拳髮以花布爲衫煑海水爲鹽釀蔗漿爲酒知番主酋長之尊有父子骨肉之義他國之人倘有所犯則生割其肉以啖之取其頭懸木竿地產沙金黃豆黍子琉黃黃蠟鹿豹麂皮貿易之貨用土珠瑪瑙金珠粗碗處州磁器之屬處州瓷器龍泉窯也西人譯博羅馬哥書其稱中國佳磁亦以處州言之海外諸國蓋由此始

三島自呂宋蘇祿以至美六居島嶼盈千大半爲是班呀㕧屬西人以呂宋明達那蘇祿巴拉彎四島統之宋元人以三島統之加麻延即呂宋也巴姥酉即蘇祿也巴弄吉則巴拉彎也

居大奇山之東嶼分鼎峙有疊山層巒民傍陸居之田瘠穀少俗質樸氣候差暖男女間有白者男頂拳婦人椎髻俱披單衣男子常附舶至泉州經紀罄其資囊以文其身既歸其國則國人以尊長之禮待之延之上座雖父老亦不得與爭焉習俗以其至唐故貴之也民煑海爲鹽釀蔗漿爲酒有酋長地產黃蠟木棉花布貿易之貨

用銅珠青白花碗小花印布鐵塊之屬次曰答陪曰海膽曰巴弄吉曰蒲里咾曰東流里無甚異產故附此耳典錄其鼎峙大崎山東曰三島之國羈事琉球　諸蕃志三嶼乃麻逸之屬曰加麻延巴姥酉巴吉弄各有種落散居島嶼船至則出而貿易總謂之三嶼又有白蒲延蒲里嚕里銀東流新里漢皆麻逸屬也按志所謂三嶼即三島蒲里嚕即蒲里咾東流即東流里　又志云三嶼窮谷之中別有種落號海膽人形而小眼圓而黃巢於木顚或三五爲羣跧伏草間以暗箭傷人多罹其害按海膽即海膽所述形狀與海語所記暹羅之猿頗近第彼受人役此爲人害耳要之當是一種東洋鍼路自彭湖丙巳辰巽向二十二更至紅豆嶼按即海國聞見錄之紅豆嶼轉辛酉向十三更取密雁港又用巳午向十八更取麻里荖嶼五更取蘇安及玳瑁嶼東是傍加施欄又用癸丑向五更取表山丙午向五更取里銀中邦十更至呂宋國　謝清高云小呂宋本名蠻里刺在蘇祿尖筆闌之北地理全集云古時未屬呂宋國稱爲馬尼刺泉州人年年駕船至其港魏默深云明史不知蠻里刺妄以小呂宋爲其

國本名是也今西班牙於此島設十五部其省會仍稱麻尼拉其灣曰麻尼拉灣閩人自宋世已涉東南洋而趙志及此書自渤泥末獨詳三嶼麻逸蓋所屬之蒲里咾即鍼路麻里荖海錄蠻里喇已統呂宋羣島於中而趙志之加麻延即鍼路之密雁港其白蒲延則即呂宋北廠圖之巴布延羣島也　地理備考巴拉灣一名巴拉爪即巴弄吉孛羅吉之音轉

麻逸勝覽作麻逸凍　植案此與勝覽之麻逸凍在交欄山西南洋海中者非一地據趙志云麻逸在渤泥北東洋鍼路云從呂宋用坤未鍼五更取芒煙山丁未鍼十更取磨葉洋洋以麻逸國得名又丁未鍼十更至巴荖圓入更至聖山乃轉坤未鍼十更歷長腰嶼毛花臘至文萊然則麻逸在呂宋西南文萊東北非交欄山西南之麻逸凍也明廣輿圖東南海夷總圖麻逸里銀三嶼里安共一島海贍嶼麻里魯孛羅吉諸島與相近其方位雖不可憑然諸國之名與諸蕃志可相證合必非明人所能臆造凡此諸地皆呂宋羣島

地可决定也　里安即趙志新里漢字羅吉即巴弄吉

山勢平寬夾溪聚落田膏腴氣候稍暖俗尚節義男女椎髻穿青布衫凡婦葬夫則削其髮絕食七日與夫同寢多瀕於死七日之外不死則親戚勸以飲食或可全生則終身不改其節甚至喪夫而焚尸則赴火而死酋豪之喪則殺奴婢二三千人以狗葬民煮海爲鹽釀糖水爲酒地產木棉黃蠟玳瑁檳榔花布貿用之貨用銅鼎鐵塊五朵紅布紅絹牙錠之屬蠻賈議價領去博易土貨然後准價舶商守信終始不爽約也

無枝拔　此無字爲里字之誤里枝拔即海國聞見錄利仔友也鍼路曰里銀中邦

在闞麻羅華之東南石山對峙民墾闢山爲田鮮食多種薯氣候常熱獨春有微寒俗直男女編髮纏頭繫細紅布極以婚姻爲重往往指腹成親通國守義如有失信者罰金二兩重以納其主民煮海爲鹽釀椰漿蕨粉爲酒有酋長產花斗錫鉛綠毛

狗貿易之貨用西洋布青白處州瓷器瓦壜鐵鼎之屬按明廣輿圖有合貓里國名山藏云合貓里小國也主瘠多山而知耕稼山外大海饒魚蟲永樂三年國王遣回回道奴馬高附爪哇以貢又曰有貓里務國即今貓里國善國也舶人爲之語曰若要富須往貓里務比爲其鄰國網巾礁老所寇盜國轉貧鍼路云自呂宋用丙巳鍼及乙辰鍼十更取沙塘淺開是貓里務國即今貓里國也國初時與呂宋貢使偕來海國聞見錄利仔犮至甘馬力二十一更水程合貓里今貓里甘馬力與此閩麻羅華皆一音之轉也

龍涎嶼

嶼方而平延袤荒野上加雲塢之盤絕無田產之利每値天淸氣和風作浪湧羣龍游戲出沒海濱時吐涎沫於其嶼之上故以得名涎之色或黑於烏香或數於浮石聞之微有腥氣然用之合諸香則味尤淸遠雖茄藍木茄藍木即伽㑲香木宦遊筆記伽㑲即沈香木之佳者本草綱目拾遺廣人呼伽㑲爲棧香棧亦作箋自宋以前無伽

俌自元以後無棧香物名代異紀原者所當留意也梅花腦檀臍梔子花沈速木薔薇水衆香必待此以發之此地前代無人居之間有他番之人用完本鑿舟駕使以拾之轉鬻於他國貨用金銀之屬博之

交趾

古交州之地今爲安南大越國山環而險溪道互布外有三十六莊地廣人稠氣候常熱田多沃饒俗尚禮義有中國之風男女面白而齒黑戴冠穿唐衣皂褶絲襪方履凡民間俊秀子弟八歲入小學十五入大學其誦詩讀書談性理爲文章皆與中國同惟言語差異耳古今歲貢中國已載諸史民煑海爲鹽釀秫爲酒酋長以同□□文田案缺二字疑姓女爲妻地產沙金白銀銅錫鉛象牙翠毛肉桂檳榔貿易之貨用諸色綾羅匹帛青布牙梳紙札青銅鐵之類流通使用銅錢民間以六十七錢折中統銀壹兩官用止七十爲率舶人不販其地惟偷販之舟止於斷山上下不得至其官場恐中國人窺見其國之虛實也

占城

地據海衝與新舊州爲隣（趙志國都號新州）氣候乍熱田中上等宜種穀俗喜侵掠歲以上下元日縱諸人採生人膽以鬻官家官以銀售之以膽調酒與家人同飲云通身是膽使人畏之亦不生疵癘也城之下水多洄旋舶往復數日止舟載婦人登舶與舶人爲偶及去則垂涕而別明年舶人至則偶合如故或有遭難流落於其地者則婦人推舊情以飲食衣服供其身歸則又重賮以送之蓋有此情意如此仍禁服半似唐人日三四浴以腦麝合油塗體以白字寫黑皮爲文書煑海爲鹽釀小米爲酒地產紅柴茄藍木打布貨用青磁花碗金銀首飾酒卮布燒珠之屬

民多朗

臨海要津溪通海水不鹹田沃饒米穀廣氣候熱俗尚儉男女椎髻穿短皂衫下繫青布短裙民鑿井而飲煑海爲鹽釀小米爲酒有酋長禁盜盜則戮及一家地產烏梨木（烏梨木疑樠字之誤東西洋攷占城暹羅物產皆有烏樠木）麝檀（諸蕃志麝香

木出占城眞臘樹老仆溼於土而腐以熟脫者爲上其氣依稀似麝香故謂之麝香若伐生木取之則氣勁而惡爲下品泉人多以爲器用如花梨木之類此麝檀疑卽彼麝香木也木棉花牛兜皮貨用漆器銅鼎闍婆布紅絹青布斗錫酒之屬

賓童龍按越南圖嘉定省俗稱新狪奈邊和省俗稱僞㖞奈聖武記書作農耐海國聞見錄書作祿賴皆隔標舌音之轉攷安國人所作地志稱爲同狔則正音止是同字俗增犬旁耳日本譯越南史作東奈賓童龍爲農耐魏默深言之地望既碻植復爲疏證其音譯如此　明史占城傳之邦都朗亦此也

賓童龍隸占城土骨與占城相連有雙溪以間之佛書所稱王舍城是也或云目連屋基猶在田土人物風俗氣候與占城略同嶺外代答占城所屬有賓瞳朧國賓陁陵國目連舍基在賓陁陵或云卽王舍城人死則持孝服設佛擇僻地以葬之國主騎象或馬打紅傘從者百餘人執盾贊唱曰亞或僕番語也　亞或僕星槎勝覽作亞曰僕其尸頭蠻女子害人甚於占城故民多廟事而血祭之蠻亦父母胎生與女

子不異特眼中無瞳人遇夜則飛頭食人糞尖頭飛去若人以紙或布掩其項則頭歸不接而死凡人居其地大便後必用水淨浣否則蠻食其糞即逐臭與人同睡倘有所犯則腸肚皆爲所食精神盡爲所奪而死矣地產茄藍木勝覽叙次與此略同彼棋楠香即此茄藍木也象牙貨用銀印花布次曰胡麻沙曼頭羅沙牿寶毗齊新故越州諸番無所產船亦不至

眞臘

州南之門實爲都會周達觀眞臘風土記自占城順風半日到眞蒲又行坤申鍼過崑崙洋入港港口數十惟第四港可入其餘悉淺沙不通巨舟故舟人以尋港爲難自港口北行順水可半日抵其地曰查南其舊都也自查南換小舟順水可十餘日過半路村佛村渡淡洋可抵其地曰干傍按干傍即甘孛智彼稱查南即此州南也港口在乾隆中自立爲國見皇清通攷四裔門有城週圍七十餘里石河週圍廣二十丈戰象幾四十餘萬殿宇凡三十餘所極其壯麗飾以金壁鋪銀爲磚置七寶椅

以待其主貴人貴戚所坐坐皆金杌歲一會則以玉猿金孔雀六牙白象三角銀踏牛羅獻於前列金獅子十隻於銅臺上列十二銀塔鎮以銅象人凡飲食必以金茶盤籩豆金碗貯物用之外名百塔州作爲金浮屠百座一座爲狗所觸則造塔頂不成次曰馬司錄池復建五浮屠黃金爲尖次曰桑香佛舍造裹金石橋四十餘丈諺云富貴眞臘者也氣候常暖俗尙華侈田產富饒民煑海爲鹽釀小米爲酒男女椎髻生女九歲請僧作梵法以指挑童身取紅點女額及母額名爲利市云如此則他日嫁人宜其室家也滿十歲卽嫁若其妻與客淫其夫甚喜詫於人我妻巧慧得人愛之也以錦圍身眉額施珠酋出入用金車羽儀體披瓔珞右手持劍左手持麈尾法則劓刖刺配之刑國人犯盜則斷手足烙胸背黥額殺唐人則死唐人殺番人至死亦重罰金如無以賣身取贖地產黃蠟犀角孔雀沈速香蘇木大楓子翠羽冠於各番貨用銀黃紅燒珠龍緞建寧錦絲布之屬和名類聚引唐式有帛絲布至順鎮江志金壇之絲布苎布皆女冠所織以苎皮兼絲緝而成者謂之絲布

丹馬令宋史丹眉流國東至占臘五十程南至羅越水路十五程西至西天竺三十五程北至程良六十程東北至羅斛二十五程東南至闍婆四十五程東北至廣州一百三十五程俗跣足衣布產犀象即丹馬令國也

地與沙里沙里疑即唐書之薩盧佛來安爲隣國山平亘田多食粟有餘新收者復留以待陳俗節儉氣候温和男女椎髻衣白衣衫繫青布縵定婚用緞錦白錫若干塊民煑海爲鹽釀小米爲酒有酋長產上等白錫生腦龜筒嶺表錄異蟕蠵大龜也其甲通明黃色土人生脫取之拍陷玳瑁爲器謂之龜筒鶴頂西洋朝貢典錄三佛齊有鳥焉其狀如梟黑翼鶴頸鷺啄腦骨厚寸餘外紅內黃其名曰鶴頂可以爲帶鞓海語海鶴大者項五尺許翅足稱是鳥夷剝其頂售於舶估價等金玉降眞香及黃熟香頭貿易之貨用甘理布紅布青白花碗之屬諸蕃志三佛齊所屬有單馬令佛羅安二國又單馬令國地主呼爲相公以木作柵爲城廣六七尺高二丈餘上堪征戰國人乘牛打鬃跣足土產黃蠟降眞香速香烏樠木腦子象牙犀角以絹傘雨

傘荷池纈絹酒米鹽糖甆器盆鉢等物博易此國以所得金銀器糾集日羅亭潛邁狀沓加羅希等國類聚獻入三佛齊　西南海夷總圖暹與丹孛郎同一區丹孛郎即丹馬令　桂海虞衡志占城隔一水爲眞臘又隔一水爲登樓眉

日麗趙志大食舟運載象牙與三佛齊日囉亭交易彼日囉亭此日麗也今蘇門答剌有日裏埠未能定其爲一爲二

介兩山之間立一關之市田雖平曠春乾而夏雨種植常違其時故歲少稔仰食於他國氣候冬暖風俗尚節義男女椎髻白縵纏頭繫小黃布男喪女不嫁煮海爲鹽釀漿爲酒有酋長土產龜筒鶴頂降眞錫貿易之貨用青磁器花布粗碗鐵塊小印花□□□□之屬

麻里嚕東南海夷總圖有麻里蓍又有麻黑魯此麻里疑當依彼作麻黑也呂宋南有波浩耳島疑是　諸蕃志椰心簟出三嶼蒲黑嚕瑞琄出三嶼蒲嘿嚕闍婆諸國黃蠟三嶼麻逸蒲黑嚕爲下三嶼皆稱蒲黑嚕玳瑁黃蠟物產

又同則里字當作黑無疑

小港迢遞入於其地山隆而水多鹵股石林少田高而瘠民多種薯芋地氣熱俗尚義若番官沒其婦再不嫁於凡夫必有他國番官之子孫閥閱相稱者方可擇配否則削髮看經以終其身男女拳髮穿青布短衫繫紅布縵民煑海爲鹽釀蔗漿爲酒編竹片爲牀燃生蠟爲鐙地產玳瑁黃蠟降香竹布木棉花貿易之貨用足錠青布磁器盤處州磁水罈大甕鐵鼎之屬

遐來物此蓋爪亞島之泗里末埠

古泪之下山盤數百里厥田中下俗尚妖怪氣候春夏秋熱冬微冷則人無病反此則瘴生人畜死男女挽髻纏紅布繫青綿布捎凡人死則研生腦調水灌之以養其屍欲葬而不腐民煑海爲鹽釀椰漿爲酒有酋長地產蘇木玳瑁木棉花檳榔貿易之貨用占城海南布鐵線銅鼎紅絹五色布木梳篦子青器粗碗之屬

彭坑　諸番志眞臘屬國有蓬豐登牙儂凌牙斯加吉蘭丹蓬豐卽此彭坑登牙

儂即下丁家盧廠圖彭坑作帕哈恩魏圖曰旁恒

石崖迴匝崎嶇遠如平塞田沃穀稍登氣候半熱風俗與丁家廬小異男女椎髻穿長布衫繫單布梢富貴女項帶金圈數冋常人以五色焇珠爲圈以束之凡講婚姻互造換白銀五錢重爲準民煑海爲鹽釀椰漿爲酒有酋長地產黄熟香頭沈速打白香腦子花錫粗降眞貿易之貨用諸色絹闍婆布銅鐵器漆磁器鼓板之屬

吉蘭丹

地勢博大山瘠而田少夏熱而倍收氣候平熱風俗尚禮男女束髮繫短衫布皂縵每遇四時節序生辰婚嫁之類衣紅布長衫爲慶民煑海爲鹽織木棉爲業有酋長地產上等沈速粗降眞香黄蠟龜筒鶴頂檳榔外有小港索還還疑牽極深水鹹魚美出花錫貨用塘頭市布占城布青花盤碗紅綠焇珠琴阮鼓板之屬

丁家廬此即圖志之丁𠀾那元史丁呵兒　唐書墮和羅傳之迦羅舍弗即哥羅舍分哥羅舍分條稱東接墮和羅叉盤盤傳稱東南有哥羅一曰個羅又

曰哥羅富沙羅俗與赤土墮和羅同亦即迦羅舍弗也其地蓋今之克老建

腰

三角嶼對境港已通其津要山高曠田中下下民食足春多雨氣候微熱風俗尚怪男女椎髻穿綠頡布短衫繫遮里絹刻木爲神殺人血和酒祭之每水旱疫癘禱之則立應及婚姻病喪則卜其吉凶亦驗今酋長主事貪禁勤儉守土地産降眞腦子黃蠟玳瑁貨用青白花磁器占城布小紅絹斗錫酒之屬

植案暹羅海崎自古市舶輻輳之區其土蓋多古國丁瓦那在元爲丁呵兒在宋爲登牙儂在唐則墮和羅也唐書南蠻傳墮和羅一曰獨和羅南距盤盤北迦羅舍弗西屬海東眞臘自廣州行五月乃至國多美犀世謂墮和羅犀有二屬國曰曇陵曰陀洹曇陵在海洲中陀洹亦曰耨陀洹寰宇記稱耨陀洹在吐火羅西北然則曇陵乃坦來崙島陀洹蓋諸蕃志之杜懷魏圖達歪地也唐書所稱東兼北西兼南

戎此疑柔佛艾儒略圖謂之若耳國

山遶溪環部落坦夷田畬連成片土膏腴氣候不正春夏苦雨俗陋男女方頭兒生之後以木板四方夾之二周後去其板四季髮以布縵繞身以椰水浸秫米半月方成酒味極苦辣而味長二月海橊結實復釀榴實酒味甘酸宜解渴地產白豆蔻象牙翠毛黃蠟木棉紗此洋紗輸入之始　貿易之貨用銅漆器青白花碗磁壺瓶花銀紫燒珠巫崙布之屬

羅衛

南眞臘之南實加羅山即故名也　植案宋史眞臘西接蒲甘南接加羅希趙志云眞臘南至三佛齊之加羅希此加羅山即加羅希也唐書南蠻傳羅越者北距海五千里南哥谷羅商賈往來所湊集俗與墮羅鉢底同歲乘舶至廣州州必以聞即是此國唐書地理志自軍突弄山五日行至海硤蕃人謂之質南北百里北岸則羅越國南岸則佛逝國說麻六甲峽最爲明晰也　山瘠田美等爲中上春末則禾登民有餘蓄以移他國氣候不齊風俗勤儉男女文身爲禮以紫縵纏頭繫溜布以竹筒實生

蠟爲燭織木棉爲業煑海爲鹽以葛根水釀酒味甘軟竟日飲之不酸有酋長地産粗降眞玳瑁黄蠟棉花雖有珍樹無能割者貿易之貨用綦子手巾狗跡絹五色燒珠花銀靑白碗鐵條之屬

羅斛

山形如城郭白石峭厲其田平衍而多稼暹人仰之氣候常暖如春風俗勁悍男女椎髻白布纏頭穿長布衫每有議刑法錢穀出入之事並決之於婦人其志量常過於男子煑海爲鹽釀秫米爲酒有酋長法以𧴩子代錢流通行使每一萬準中統鈔二十四兩甚便民此地産羅斛香味極清遠亞於沈香次蘇木犀角象牙翠羽黄蠟貨用靑（靑下當依勝覽增白花磁三字）器印花布金錫海南檳榔口𧴩子次曰彌勒佛曰忽南生曰善司坂曰蘇剌司坪曰吉頓力地無所産用附於此（諸蕃志羅廣屬眞臘眞臘所屬有麻羅問即此彌勒佛有西棚即此善司坂廠圖有開咎地魏圖曰貴他即此吉頓力也新唐書驃屬國有偈陀亦即此）

東沖古剌此疑明世稱大古剌卽緬屬秘古地海錄所謂備古者也唐書驃國傳之大小崑崙嶺表錄異之宗裏準其地望當亦是此

截薜豐林下臨淡港外堞爲之限界田美穀秀氣候驟熱雨下則微冷風俗輕剽男女斷髮紅手帕纏頭穿黃棉布短衫繫越里布凡有人喪亡者不焚化聚其骨撇於海中謂之種植法使子孫復有生意持孝之人齋戒數月而後已民不善煮海爲鹽釀蔗漿爲酒有酋長地產沙金黃蠟粗降眞香龜筒沈香貿易之貨用花銀鹽青白花碗大小水埕青緞銅鼎之屬

蘇洛鬲此當是圖志圖之沙林鄂近人稱石蘭莪者

洛山如關并溪如帶宜有聚落田瘠穀少氣候稍暖風俗勇悍男女椎髻穿青布短衫繫木棉白縵凡生育後惡露不下汲井水澆頭卽下有害熱症者亦皆用水沃數四則愈民煑海爲鹽有酋長地產上等降眞片腦鶴頂沈速玳瑁貿易之貨用青白花器海巫崙布銀鐵水埕小罐銅鼎之屬

鍼路

自馬軍山水路由麻來墳諸番志眞臘屬國有麻羅卽此麻來墳也前羅斛屬國彌勒佛疑亦一地至此地則山多鹵股田下下等少耕植民種薯及葫蘆西瓜兼有海螺螃蛤蝦食之內坪下小溪有魚蟹極美民間臨溪每一舉網輒食數日而採餘氣候乍熱俗惡男女以紅棉布纏頭皂縵繫身民煮海爲鹽織竹絲布爲業有酋長地產芎蕉貝子通暹准錢使用貿易之貨用銅條鐵鼎銅珠五色焇珠大小埕花布鼓青布之屬

八都馬此當是圖志之馬他萬自彭亨至此皆暹羅地股山前後之地此時滿剌甲尚未著又按新唐書驃國傳云所屬部落三十二最後曰磨地勃由磨地勃柵海行五日至佛代佛代卽佛逝則磨地勃爲驃國西南港口卽今馬他萬地無疑驃之屬國十八大都在巫來由地股摩禮烏卽末羅瑜佛代卽佛逝渠論卽崛倫偈陀卽偈茶羅聿卽羅越多歸卽陀洹也

鬧市廣場山茂田少民力齊常定食氣候暖俗尚朴男女椎髻纏青布縵繫甘埋布酋長守土安民樂其生親沒必沐浴齋戒號泣半月而葬之日奉桑香佛惟謹有犯奸盜者梟之以示戒有遵蠻法者戒之以示勸俗稍稍近理地產象牙重者百餘斤輕者七八十斤胡椒亞於闍婆貿易之貨用南北絲花銀赤金銅鐵鼎絲布草金緞丹山錦山紅絹白礬之屬

淡邈趙志三佛齊屬國有潛邁或疑即此淡邈淡潛字相近邈邁聲相近

小港去海口數里山如鐵筆迤邐如長蛇民傍緣而居田地平宜穀粟食有餘氣候暖風俗儉男女椎髻穿白布短衫繫竹布梢民多識山中草藥有疵癘之疾服之有效如神煑海爲鹽事網罟爲業地產胡椒亞於八都馬貨用黃硝珠麒麟粒西洋絲布粗碗青器銅鼎之屬

尖山此疑即謝清高所謂蘇祿尖筆闌者

自有宇宙茲山盤據於小東山卓然如文筆插霄漢雖懸隔數百里望之儼然田地

少多種薯炊以代飯氣候頓熱風俗纖嗇男女斷髮以紅絹纏頭以佛南圭佛南圭即明人所稱佛郎機布纏身煑海爲鹽釀蔗漿水米爲酒地產木棉花竹布黃蠟粗降眞沙地所生故不結實貿易之貨用牙錠銅鐵鼎青碗大小埕甕青皮單錦鼓樂之屬

八節那間續文獻通考爪哇國其水有八節澗乃爪哇咽喉必爭地元史弼高興嘗會兵於此　元史八節澗上接杜馬班王府下通莆奔大海乃爪哇咽喉必爭之地

甘邑臨海嶺方木瘦田地瘠宜種粟麥俗尚邪與湖北道澧州風俗同男女椎髻披白布縵爲繫以土布一歲之間三月內民採生以祭鬼酬愿信不生災害民煑海爲鹽有酋長地產單茇花印布不退色木棉花檳榔貿易之貨用青器紫鑛土粉青絲布埕甕鐵器之屬

三佛齊西洋朝貢典錄三佛齊一名浡淋邦植案浡淋邦在蘇門答剌島東南

廠圖作帕來毋巴恩陳圖作巴廉邦諸蕃志列巴林馮於三佛齊屬國中而云管地十五州數其屬國適符十五之數然則三佛齊爲國名巴林馮乃都城名也唐書地理海硤蕃人謂之質南北百里其北岸爲羅越國南岸爲佛逝國海硤卽滿剌甲硤佛逝卽三佛齊也

自龍牙門去五晝夜至其國人多姓蒲習水陸戰官兵服藥刀兵不能傷以此雄諸國其地人煙稠密田土沃美氣候暖春夏常雨俗涫男女椎髻穿青棉布短衫繫東沖布喜潔淨故於水上架屋採蚌蛤爲鮓煮海爲鹽釀秫爲酒有酋長地產梅花片腦中等降眞香檳榔木棉布細花木貿易之貨用色絹紅硝珠絲布花布銅鐵鍋之屬蓋傳其國地忽穴出牛數萬人取食之後用竹木塞之乃絕

嘯噴此地名與他書無攷約其地望對音均與海國聞見錄之茶盤相近圖志暹羅屬部之松波或亦一地未能定也　地理備考馬剌加屬部有隆波

綵監毗諸蕃志三佛齊所屬之國有新拖監箆又云新拖國有港水深六丈舟車出

入監篦國當路口船多泊此從三佛齊國風帆半日可到五日水路至藍無里約其地望蓋皆在蘇門答剌島之西北吉陀地理備攷暹羅屬部有給達魏圖作貴他海錄吉德在新埠北亦名計達後山連宋卡此吉陀蓋吉德也以東其山陂延袤數千里結茅而居田沃宜種粟氣候常暖俗陋男女椎髻以籐皮煑軟織粗布爲短衫以生布爲梢地產惟蘇木盈山他物不見每歲與壽綱壽綱疑丹綱之誤卽諸番志蘇吉丹所屬打綱國也國相通貿易通舶人貨用五色焇珠磁銅鐵鍋牙錠瓦甕粗碗之屬

浡泥

龍山東西洋攷渤泥有金山卽烏籠里彈山深處幽澗迴流驅舟良苦兩岸繁陰木多拱抱每夕景皎雲禽聲四合幾斷人腸華商卽乘輿以行未有不中道而返者也植案烏籠里彈山當卽此之龍山礧磈於其右基宇雄敞源田獲利夏月稍冷冬乃極熱尙侈男女椎髻以五采繫腰花錦爲衫崇奉佛像唯嚴尤敬愛唐人醉也則扶

之以歸歆處民煑海爲鹽釀秫爲酒有酋長仍選其國能算者一人掌文簿計其出納收稅無纖毫之差焉地産降眞黃蠟玳瑁梅花片腦其樹如杉檜劈裂而取之必齋浴而後往貨用白銀赤金色緞牙箱鐵器之屬

明家羅

故臨國之西山而三島中島桑香佛所居珍寶滿前人莫能取一島虎豹蛇虺縱横人莫敢入一島土中紅石握而取之其色紅活名鴉鶻也舶人興販往往金銀與之貿易土瘠宜種粟氣候大熱俗朴男女衣靑單被民煑海爲鹽杜主長推産紅石之外別物不見

暹

自新門台入港外山崎嶇內嶺深邃土瘠不宜耕種穀米歲仰羅斛氣候不正尙侵掠每他國轉輒駕百十艘以沙湖滿載舍而往務在必取近年以七十餘艘來侵單馬錫攻打城池一月不下本處閉關而守不敢與爭遇爪哇使臣經過暹人聞之乃

遁遂掠昔里而歸至正己丑夏五月降於羅斛欽定通攷暹羅瓌國皆山西北土磽确暹地東南土平衍羅斛地也植案暹都萬谷卽古蒲甘蓋羅斛故都暹故都曰由他雅在默南河岸萬谷之上游　東西洋攷云至正間暹降羅斛自是稱暹羅斛洪武九年來貢方物詔賜暹羅國王印自是稱暹羅凡人死則灌水銀以養其身男女衣著與羅斛同仍以𧴩子權錢使用地產蘇木花錫大楓子象牙翠羽貿易之貨用硝珠水銀青布銅鐵之屬

爪哇

爪哇卽古闍婆國門遮把逸山續文獻通攷爪哇國初至杜板但有千家二酋主之流寓者多廣東漳泉人又東行半日至厮村中國人客此成聚落遂名新村約千餘家邨主廣東人番舶至此互市金寶充溢又南水行可半日至淡水港乘小艇二十餘里至蘇馬魯益港旁大洲多中國人又水行八十里至漳沽登岸西行半日至王所居溝者伯夷按溝當作滿門遮把逸卽滿者伯夷　每月統紀傳紀爪哇事云元

時有國曰摩爪巴佚甚強征伐隣民收服回教至明永樂三年有回教師領大軍強服其土人使棄舊教而拜回回教主是後印度舊教遂微按所云摩爪巴佚亦即門遮把逸當是以地名爲國名　元史類編史弼等爪哇之杜並　議分軍水陸進攻弼率那海等水軍自杜並　過戎牙港口至八節澗　虎登哥等乘鑽鋒船由戎牙路至麻喏巴歇之浮橋時爪哇方與隣國葛郎搆怨其主爲葛郎主哈只葛當所殺其婿土罕必闍耶攻葛郎不勝退保麻喏巴歇聞弼等至以其國山川戸口並獻葛郎國地圖來降類編爪哇與葛郎戰殆即新舊教相爭之事麻喏巴歇亦此門遮把逸之異文葛郎卽噶留巴也係官塲所居宮室壯麗地廣人稠實甲東洋諸蕃舊傳國王係雷震石中而出令女子爲酋以長之其田膏沃地平衍穀米富饒倍於他國民不爲盜道不拾遺諺云太平闍婆者此也俗朴男子椎髻裹打布惟酋長留髮大德年間亦黑迷失平章史弼高興曾往其地令臣屬納稅貢立衙門振綱紀設鋪兵以遞文書守常刑重鹽法使銅錢俗以銀錫鉛銅雜鑄如螺甲大名爲銀錢以權銅

錢使用地産靑鹽係晒成胡椒每歲萬斤極細堅耐色印布牛鸚鵡之類藥物皆自他國來也貨用硝珠金銀靑緞色絹靑白花碗鐵器之屬次曰巫崙曰希苓曰三打扳曰吉丹曰孫剌等此文希苓即諸蕃志之禧甯三打扳即志打扳吉丹即志蘇吉丹志闍婆所屬有故論有牛崙不見巫崙孫剌亦無攷地無異產故附此耳又按續文獻通考所稱蘇魯馬益港者其地名至今尙存圖志作蘇拉排雅地理備攷作蘇拉巴亞

重迦羅重迦羅嶼與爪哇非一島以鍼路所經按以今圖蓋松墨窪島北岸之生加爾灣內有生加爾部者是其地也

杜瓶杜瓶即史杜並之東曰重迦羅與爪哇界相接間有高山奇秀不產他木滿山皆鹽敷樹及楠樹一石洞前後三門可容一二萬田土至於闍婆氣候熱俗淳男女撮髻衣長衫地產綿羊鸚鵡細花木棉單椰子木棉花紗貿易之貨用花銀花宣絹諸色布靑海爲鹽釀秫爲酒無酋長年尊者統攝次曰諸番相去約數日水程曰孫

陀曰琵琶曰丹重曰員嶠曰彭里星槎勝覽敍述略同孫陀作孫陀羅即巽地海峽也琵琶作琵琶拖趙志賊國五曰丹重布羅琵離孫他故論布羅即彭里鍼路之磨里也不事耕種專尚寇掠與吉陀亞崎亞崎即明史蘇門達剌傳之亞齊諸國相通交易船人所不及也植按諸番志云打板國東連大闍婆一名重迦羅星槎勝覽云重迦盧與爪哇相接有石洞云云與此略同明史不錄此國海國圖志以來亦遂無考及考據東西洋攷稱吉力石即爪哇之杜板取乙辰鍼一更取雙銀塔又取丁未鍼五更至磨里即星槎勝覽之彭里又取乙鍼三更至郎木山山下有三巴哇嶼又取卯鍼五更至重迦羅船人訛爲高羅地與瓜哇界相接內一石洞前後三門可容萬人又用單卯鍼五更取火山辰巽鍼取大急水乙辰鍼取磐嶼乙卯鍼取大小口螺乙卯鍼取蘇律山乙辰鍼取印嶼單卯鍼取美羅港而至池悶即吉里地悶吉里地悶即廠圖之塔毛兒島地最在東吉力石爲泗里苗之港口地最在西磨里即廠圖拜力島郎木即琅保克島三巴哇即松巴瓦重迦羅即生加爾在松巴瓦島西北

火山卽在松巴瓦島東北蘇律山卽薩里溫島美羅港卽荷屬塔毛耳島庫盼埠之美拿河絲聯綫綴一一可尋蓋諸島皆開自唐入雖荷蘭據有其地唐名不能盡改也

都督岸此爪哇島之海灣

自海腰平原津通淡港土薄地肥宜種穀廣栽薯芋氣候夏凉多淫雨春與秋冬皆熱俗尚節序男女椎髻穿綠布短衫繫白布梢民間每以正月三日長幼焚香拜天以酒牲祭山神之後長幼皆羅拜於庭名爲慶節序不喜賁釀蜜水爲酒有酋長地產片腦粗速香玳瑁龜筒貿易之貨用海南占城布紅綠絹鹽鐵銅鼎色緞之屬

文誕此魏圖之萬丹廠圖曰班屯陳圖曰巴他威阿爲噶留巴都會

渤山高環溪水若淡田地瘠民半食沙湖椰子氣候苦熱俗淫男女椎髻露體繫青皮布梢日間畏熱不事布種月夕耕耡漁獵採薪取水山無蛇虎之患家無盜賊之虞煑海爲鹽釀椰漿爲酒婦織木棉爲業有酋長地產肉荳蔻黑小斷荳蔻花小丁

皮貨用水綾絲布花印布烏瓶鼓瑟青磁器之屬

蘇祿西洋朝貢典錄蘇祿國其鎮曰石崎之山東南海夷總圖作蘇六

其地以石崎山爲堡障山畬田瘠宜種粟麥民食沙湖魚蝦螺蛤氣候半熱俗鄙薄男女斷髮纏皂縵繫小印布煑海爲鹽釀蔗漿爲酒織竹布爲業有酋長地產中等降眞條黃蠟玳瑁珍珠較之沙里八舟第三港等處所産此蘇祿之珠色青白而圓其價甚昂中國人首飾用之其色不退號爲絶品有徑寸者其出產之地大者已直七八百餘錠中者二三百錠小者一二十錠其餘小珠一萬上兩重者或一千至三四百兩重者出於西洋之第三港此地無之貿易之貨赤金花銀八都剌布青珠處器處器者處州青田窰器也鐵條之屬

龍牙犀角

峰嶺內平而外聳民環居之如蟻附坡厥田下等氣候半熱俗厚男女椎髻齒白繫麻逸布俗以結親爲重親戚之長一日不見面必攜酒持物以問勞之爲長夜之飲

不見其醉民煮海爲鹽釀秫爲酒有酋長地產沈香冠於諸蕃次鶴頂降眞蜜糖黃熟香頭諸番志香木根謂之香頭貿易之貨用土印布八都刺布青白花磁磁字依續文獻通考增之屬勝覽龍牙加貌文略同八都刺布作八察都布　諸蕃志凌牙斯加三佛齊之屬國又云凌牙斯國自單馬令風帆六晝夜可到佛囉安國自凌牙斯加四日可到事林廣記佛囉安國自凌牙蘇家風帆四晝夜可到此龍牙犀角即二書之凌牙斯加凌牙蘇家也又案星槎勝覽述龍牙加貌風土與此同是又名龍牙加貌續文獻通攷述龍牙犀角風土正星槎龍牙加貌條文也又案凌牙斯加即古郎牙脩音轉鍼路以石且峽爲狼牙須此船人相傳舊語是狼牙脩之南地隋書常駿等自師子石南行數日西望見狼牙須國之山乃南行至赤土則狼牙脩之北地即凌牙斯加地也梁時蓋與他水硤左右並屬狼牙脩故其境東西三十日南北二十日行

蘇門傍明史暹羅傳洪武中屢入貢其王之姊參烈思甯別遣使奉金葉表貢

獻中宮其世子蘇門阜于昭祿羣膺亦上箋於皇太子貢方物然則蘇門傍亦暹地矣

山如屏而石峭中有窩藏平坦地瘠田少多種麥而食氣候常暖俗鄙薄藉他番以足其食賴商賈以資其國男女披長髮短衫爲衣繫斯吉丹布煑海爲鹽有酋長地產翠羽蘇木黃蠟檳榔貿易之貨用白糖巫崙布紬絹衣花色宣絹塗油大小水埕之屬塗油出於東埕塗熱晒而成

舊港

自淡港入彭家門按張昇瀛涯勝覽集舊港古號三佛齊曰巴淋邦隸爪哇東距爪哇西距滿剌加南距大山西北濱海舶入淡港入彭家裏舍易小舟入港達其國云云所述形勢爲詳彭家裏舍卽諸蕃志所稱黃家龍此彭家門當作彭家闌民以竹代舟道多磚塔田利倍於他壤云一季種穀三年生金言其穀變而爲金也後西洋人聞其田美故造舟來取田內之土骨以歸彼田爲之脈而種穀舊港之田金不復

生亦怪事也氣候稍熱男女椎髻以白布爲梢煮海爲鹽釀椰漿爲酒有酋長地產黃熟香頭金顏香木棉花冠於諸蕃黃蠟粗降眞絕高鶴頂中等沈速貿易之貨用門邦丸珠四色燒珠麒麟粒處甆銅鼎五色布大小水埕甕之屬

龍牙菩提

環宇皆山石排類門無田耕種但栽薯芋蒸以代糧當收之富番家必堆貯數屋如中原人積糧以供歲用食餘則存下年之不熟也園種果採蛤蚌魚蝦而食倍於薯芋氣候倍熱俗朴男女椎髻披絲木棉花單被煮海爲鹽浸葛根汁以釀酒地產粗香檳榔椰子貿易之貨用紅綠燒珠牙箱錠鐵鼎青白土印布之屬

毗舍耶

僻居海東之一隅山平曠田地少不多種植氣候倍熱俗尚虜掠男女撮髻以墨汁刺身至疎頸門朗纏紅絹繫黃布俗以國無酋長地無出產時常裹乾糧掉小舟過外番伏荒山窮谷無人之竟遇捕魚採薪者輒生擒以歸鬻於他國每一人易金二

三

兩重蓋彼國之人遞相倣傚習以爲業故東洋聞毗舍野之名皆畏而逃焉

班卒 諸蕃志腦子出渤泥國又出賓窣國賓窣疑亦班卒之異文

地勢連龍牙門後山 明史爪哇傳永樂中朝使所攜卒有漂至班卒兒者爪哇人以金贖歸之續文獻通攷古里班卒國地在海中土瘠穀少物產甚薄永樂三年國王遣馬的等來朝貢按東南海夷總圖木刺由覽那班卒同一嶼雖不可憑然班卒既與龍牙門後山相連覽邦據鍼路又近石旦卽圖志之巽他海峽則班卒必爲巾滿刺甲至下港中間泊所蓋無疑也 若纏若斷起凹峯而盤結故民環居焉田瘠穀少登氣候不齊夏則多雨而微寒俗質披短髮假錦纏頭紅油布繫身煑海爲鹽釀米爲酒名明家西酋長地產上等鶴頂中等降眞木棉花貿易之貨用綠布鐵條土印布赤金甆器鐵鼎之屬

蒲奔

地控海濱 元史類編八節澗上按杜馬班王府下通蒲奔大海東南洋鍼路吉力石

港即爪哇之杜板村史所謂通蒲奔大海者也植案吉力石港即海國圖志之竭石力在爪哇島東北山蹲白石不宜耕種歲仰食於他國氣候乍熱而微冷風俗果決男女靑黑男垂髻女拳髻白縵民煑海爲鹽採蟹黃爲鮓以木板爲舟藤篾固之以棉花塞縫底甚柔軟隨波上下蕩以木而爲槳未嘗見有損壞有酋長白籐浮留籐檳榔貿易之貨用靑甆器粗碗海南布鐵線大小埕甕之屬

假里馬打東南海島圖經加里馬打羣島在婆羅洲西南必來東島東北必東即鍼路勿里洞山也　元史類編征爪哇之師自泉州後渚發行過七洲洋萬里石塘歷交趾占城界經東董西董山牛崎嶼入混沌大洋橄欖嶼假里馬答勾闌等山駐兵伐木遣使諭爪哇大軍繼進至吉利門彼假里馬答即此假里馬打南洋鍼路從玳瑁洲三更至東西董三十五更至失力大山五更至馬鞍嶼五更至塔林嶼三十更至吉甯馬哪山十三更至勿里洞山十五更至吉里問大山四更至保老岸山即元人行師之路吉甯馬哪亦即此

假里馬打也

山列翠屏闌闇臨溪田下穀不收氣候熱俗澆薄男女禿頭以竹布爲桶樣穿之仍繫以梢岡知廉恥採蕉實爲食煮海爲鹽以適他國易米每鹽一斤易米一斗前代地產番羊高大者可騎日行五六十里及紫玳瑁貿易之貨用琉璜珊瑚珠闍婆布青色燒珠小花印布之屬

文老古卽諸蕃志闍婆所屬之勿奴孤按之今圖則蘇門答剌島之邁南喀地也

益溪通津地勢卑窄山林茂密田瘠稻少氣候熱俗薄男女椎髻繫花竹布爲梢以象齒樹之內室爲供養之具民煮海爲鹽取沙湖爲食諸蕃志勿奴孤等國在海島中地罕耕種國多老樹內產沙糊狀如麥麵土人用水爲圓大如綠豆晒乾入包儲蓄爲糧東西洋考大泥卽古浡泥今隸暹羅土產有西國米亦名沙孤米其樹身如蕉空心取其裏皮削之以水搗過舂以爲粉細者供王粗者民自食地產丁香其樹

滿山然多不常生三年中間或二年熟有酋長地每歲望唐舶販其地往往以五梅雞雛出必唐船一隻來二雞雛出必有二隻以此占之如響斯應貿易之貨用銀鐵水綾絲布巫崙八節那澗布土印布象齒燒珠青甆器埕器之屬

古里地悶

居重加羅之東北山無異木惟檀樹爲最盛以銀鐵碗西洋絲布色絹之屬爲之貿易也此即星槎勝覽之吉里地悶也據彼文此加羅上脫一重字檀樹當作檀香樹銀鐵碗當作銀鐵甆碗重加羅即爪哇島吉里地悶更在其東稟產檀香徑疑即地悶島即廠圖之塔毛耳島矣　名山藏云遲悶國即故吉里地悶也居重迦羅東地謂之馬頭凡十有二所有酋長田宜穀粟氣候不齊朝熱而夜冷風俗淫濫男女斷髮穿本棉短衫繫占城布市所酒肉價廉婦不知耻部領目縱食而貪酒色之餘臥不覆被至染疾者多死倘在蕃苟免回舟之期櫛風沐雨其疾發而爲狂熱謂之陰陽交交則必死昔泉之吳宅發舶稍衆百有餘人到彼貿易既畢死者十八九間存

一二亦多嬴弱之舟駕舟隨風回船或時風恬浪息黄昏之際則狂蕩唱歌搖櫓夜半則添炬燁爠使人魂遊而膽寒吁良可畏哉然則其地互市雖有萬倍之利何益

昔柳子厚謂海賈以生易利此有甚者乎

至四六工而羔雁先賫專爲美錦古人誦詩專對言婉多風行人之義微矣然自蘇張以還長辭命者類鮮特立之操則詩人六義之教不明而興起好善惡惡之心學者未嘗以身體也徒取其長於風諭以便口給孔子所由惡夫佞矣義山古文今不多見集中所存如元次山集序李長吉小傳白傳墓誌銘其文在孫樵杜牧間紀事五首析微二首頗近元柳𪲔喻小有理致大約不能持論故無卓然經緯之作亦其佐幕業工勢有以奪之也

島夷誌略廣證下

元汪大淵撰　　嘉興沈曾植乙盦廣證

龍牙門

門以單馬錫番兩山相交若龍牙門中有水道以間之田瘠稻少天氣候熱四五月
多淫雨俗好劫掠南洋鍼路由柔佛之羅漢嶼用庚酉鍼五更至龍牙門山門相對
如龍牙狀中通船田瘠穀薄擄掠爲豪番舶於此防之夜不可行以其多盜且南有
凉傘礁也又過淡馬錫門用庚酉及辛戌鍼三更至吉里問山諸蕃志有單馬令國
昔酋長掘地而得玉冠歲之始以見月爲正初酋長戴冠披服受賀今亦遞相傳授
男女兼中國人居之多椎髻穿短布衫繫青布梢產粗降眞斗錫貿易之貨赤金青
緞花布處磁器鐵鼎之類蓋以山無美林貢無異貨以通泉州之貿易皆剽竊之物
也船往西洋本番置之不問回船之際至吉利門舶人須駕箭棚張布幕利器械以
防之賊舟二三百隻必默來迎戰數日若僥倖順風或不遇之否則人爲所戮貨爲

所有則人死係乎頃刻之間也

崑崙

古者崑崙山又名軍屯山唐書地理志占不勞山在環王國東南二日行至陵山又日半行至軍突弄山又五日行至海硤植案海硤即今麻剌甲蘇門答剌之峽則軍突弄山即軍屯山即崑崙山矣陵山即下靈山唐世水道與元明水道同山高而方根盤幾百里截然乎瀛海之中與占城西竺鼎峙而相望下有崑崙洋因是名也船販西洋者必掠之順風七晝夜可渡諺云上有七州下有崑崙計迷舵失舟就存勝覽文句略同可互證舟就存有脫字彼云鍼迷舵失人船莫存崑崙在吉蘭丹即廠圖喀蘭坦北東西竺在彭亨即廠圖怕哈恩南相去且二三百里而魏氏謂東西竺即崑崙誤矣雖則地無異產人無居室山之高有男人數十人怪形而異狀穴居而野處既無衣褐日食山果魚蝦夜則宿於樹巢仿標技野鹿之世何以知其然也百船阻惡風灣泊其山之下男女羣聚而翫撫掌而笑云而去自適天趣吾故曰其

無懷大庭氏之民歟其葛天氏之民歟

靈山

嶺峻而方石泉下咽民居星散以結網爲活田野闢宜耕種一歲凡二收穀船至其所則舶人齋沐三日其什事崇佛諷經燃水燈放彩船以禳本船之災始度其下風俗氣候男女與占城同 勝覽有靈山云與占城山接南洋鍼路由交阯往先至靈山乃到占城濵刻越南圖靈山在平順東南海中平順港口卽古占城港口也法人名之曰芳黎灣地産籐枝輕小黑文相對者爲冠每條可互易一花斗錫粗大而紋疎者一花斗錫互易三條船之往復此地必汲水採薪以濟日用次得檳榔荖葉餘無異物貿易之貨用粗碗燒珠鐵條之屬

東西竺 嶺外代答三佛齊之來也正北行舟歷上下竺與交洋乃至中國境闍婆之來也稍西北行舟過十二子石乃與三佛齊舟合於竺嶼之下所謂上下竺卽東西竺也南洋鍼路自彭亨用單午鍼五更取地盤山三更至東西

竺爲柔佛界用丁未鍼十更至羅漢嶼爲柔佛港口

石山嵯峨形勢對峙地勢雖有東西之殊不啻蓬萊方丈之爭奇也田瘠不宜耕種歲仰淡洋米穀足食氣候不齊四五月淫雨而尚寒俗朴略男女斷髮繫占城布煑海爲鹽釀椰漿爲酒有酋長地產檳榔茭葉椰子簟木棉花番人取其椰心之嫩者或素或染織而爲簟以售唐人其簟冬暖而夏涼亦可貴也貿易之貨用花錫胡椒鐵器薔薇露水之屬

急水灣東南洋鍼路從滿剌甲國分路入蘇門答剌單乾鍼五更至棉花嶼辛戌四更取雞骨嶼乾戌十更至雙嶼辛戌四更至單嶼辛戌十更至亞路乾戌十五更取巴祿頭其傍爲九州山乾戌五更至急水灣辛酉五更至亞齊然則急水灣當在蘇門答剌島之西北角所云亞路即勝覽之阿魯國也

灣居石綠嶼之下其流奔鶩船之時月遲延兼以潮汐南北人莫能測船洄漩於其中則一月莫能出昔有慶元之船流寓在其中二十餘日失風鍼迷舵折船遂擱淺

人船貨物俱各漂蕩偶遺三人於礁上者椤復五日又且斷船往來輒采礁上螺蚌食之當此之時命懸於天忽一日大木二根浮海而至礁傍人抱其木隨風漂至須門答剌之國幸而免溺焉

花面 瀛涯勝覽那姑王又名花面國王國有那姑兒山續文獻通攷蘇門答剌正西邊海小國二處先至那姑兒國王界後至黎代國界那孤兒即花面國植案元史世祖本紀揚庭壁傳皆紀那旺國與蘇木都剌同入貢事紀言那旺國王忙昂以其國無識漢字人遣使二人不奉表亦足見其爲南洋小國也

其山逶迤其地沮洳田極肥美足食有餘男女以墨汁刺於其面故謂之花面國名因之氣候倍熱俗淳有酋長地產牛羊雞鴨檳榔甘蔗老葉木棉貨用鐵條青布粗碗青處器之屬舶經其地不過貿易以供日用而已餘無可與販也

淡洋 星槎勝覽淡洋一條語句大略相同

港口通官場百有餘里洋其外海也內有大溪之水源二千餘里奔流衝合於海面一流之水清淡船人往往經過乏水則必從此汲之故名曰淡洋過此以往未見其海洋之水不鹹也 瀛涯勝覽亞魯國自滿剌甲開船行晝夜可到其國有港名淡水港一條入港到國南是大山北是大海西連蘇門答剌國界東有平地堪種旱稻米粒細小糧食頗有國內婚喪等事與爪哇滿剌加同國王國人皆回回典錄阿魯國在滿剌加西南由淡水港入國二書之淡水港即此淡洋也詳汪氏語意似洋字義長 嶺窩有田常熟氣候熱風俗淳男女椎髻繫溜布有酋長地產降眞香味與亞蘆同雖小炊飯則香貿易之貨用赤金鐵器粗碗之屬

須文答剌 明史以須文達那與蘇門答剌並列且云或以爲一洪武時所入然其貢物與王名皆不同無致植案明史所謂或以爲一者即指費信之費信言古名須文達那所謂古者即指此書之類所載市舶舊稱也洪武永樂貢不同時王名貢物安能相合此所謂以不悖爲悖者也

峻嶺掩抱地勢臨海田磽穀少男女繫布縵俗薄其酋長人物修長一日之間必三變色或青或黑或赤每歲必殺十餘人取自然血浴之則四時不生疾病故民皆畏服焉男女椎髻繫紅布土產腦子粗降眞香味短鶴頂斗錫種茄樹高丈有餘經三四年不悴生茄子以梯摘之如西瓜大重十餘斤貿易之貨用西洋絲布樟腦薔薇水黃油傘青布五色緞之屬

僧加刺

疊山環翠洋海橫絲其山之腰有佛殿巋然則釋迦佛肉身所在民從而像之薛使日記錫蘭佛教名刹有三一曰開來南廟一曰考脫海拿廟一曰梅徊開恩殺廟開來南廟距岸七英里有佛像云二千四百年所塑迨今以香燭事之若存海濱有石如蓮臺上有佛足跡長二尺有四寸闊七寸深五寸許鄒氏西征紀程云刊的城南之亞當峯石上有跡長五尺相傳爲佛祖所遺跡中海水入其內不鹹而味淡甘如醴病者飲之則愈老者飲之可以延年土人長七尺餘面紫身黑眼巨而長手足温

潤而壯健偉然佛家種子壽多至百有餘歲者佛初憐彼方之人貧而爲盜故以善化其民復以甘露水洒其地產紅石土人掘之以左手取者爲貨右手尋者設佛後得以濟貿易之貨皆令温飽而善良佛案前一有鉢盂非玉非鐵非銅色紫而潤敲之有玻璃聲故國初凡三遣使取其至是則舉浮屠之教以語人故未能免於儒者之議然觀其土人之梵相風俗之敎厚詎可弗信也夫

勾欄山

嶺高而樹林茂密田瘠穀少氣候熱俗射獵爲事國初軍士征闍婆遭風於山下輒損舟一舟幸免唯存釘灰見其山多木故於其地造舟一十餘隻若檣柁若帆若篙靡不宜備飄然長往有病卒百餘人不能去者遂留山中今唐人與番人叢雜而居之男女椎髻穿短衫繫巫崙布地產熊豹鹿麂皮玳瑁貿易之貨用穀米米色絹青布銅器青器之屬

特番里

國居西南角以下文曼陀郎居西北隅例之則此地在西南角當於廠圖之特里番科爾地近特里番科爾都城曰特里番特林對音粗亦相近名爲小食官塲深邃舟有石崖當關以守之後有石洞周匝以居之厥土塗泥厥田沃饒臨溪溪又通海海口有閘春月則放水灌田耕種時雨降則閉閘或歲旱則開焉民無水旱之憂長有豐稔之慶故號爲樂土氣候應節俗淳男女椎髻繫靑布煮海爲鹽釀茭葉爲酒燒羊羔爲食地產黃蠟綿羊高四尺許波羅大如斗甜瓜三四尺圍貿易之貨用麻逸布五色紬緞錦緞銅鼎紅油布之屬

班達里印度東南有法蘭西屬地曰地治理疑卽班達里地理全志本地治理地產珊瑚珍珠鑽石銀銅與此所稱諸物產亦相近凡西人開埠之地大都皆古來都會也

地與鬼屈波思國爲鄰山峙而石盤田瘠穀少氣候微熱淫雨間作俗怪屋旁每有鬼夜啼如人聲相續至五更而啼止次日酋長必遣人乘騎鳴鑼以逐之卒不見其

踪影也厥後立廟宇於盤石之上以祀焉否則人畜有疾國必有災男女椎髻繫巫崙布不事鍼縷紡績煑海爲鹽地產甸子鴉忽石兜羅錦諸番志吉貝以之爲布最堅厚者謂之兜羅綿次曰番布次曰木棉又次曰吉布木棉花青蒙石貿易之貨用諸色緞青白磁鐵器五色燒珠之屬

曼陀郎

國界西北隅與播甯接壤此南印度之馬土拉地其西北與馬拉巴爾境接馬拉巴爾爲此書之馬八兒其都城曰布拿陳圖曰補納廠國曰普那此曰播甯譯音不同其致一也廣東通志馬塔喇與小西洋望婆羅痲倫尼二國毗連皆沿海長數千里乃回回種頗壤瘠宜種麥酋長七尺有餘二國勢均不事侵伐故累世結姻頗有朱陳村之俗焉蠻貊之所近聞他國之所未見者氣候少熱男女挽髻以白布包頭皂布爲服以木稺花釀酒地產犀角木棉摘四斗花可重一斤西瓜五十斤重有餘石榴大如斗貿易之貨用丁香荳蔻良薑蓽茇五色布青器斗錫酒之屬

喃巫哩

地當喃巫哩 哩上疑脫洋字 之要衝大波如山動盪日月望洋之際疑若無地民居環山各得其所男女椎髻露體繫布梢田瘠穀少氣候暖俗尚劫掠亞於牛單錫也地產鶴頂龜筒玳瑁降眞香冠於各番貿易之貨用金銀鐵器薔薇水紅絲布樟腦青白花碗之屬夫以舶歷風濤囘經此國幸而免於魚龍之厄而又罹虎口莫能逃之其亦風汎之乖時使之然哉

北溜 海夷總圖之三萬六千嶼湯若望利瑪竇圖之萬島皆此地

地勢居下千嶼萬島舶往西洋過僧加剌傍潮流迅急更值名逆風漂此國候次年夏東南風船仍上溜 勝覽溜山洋自錫蘭山別羅里南去順風七晝夜可至溜山有八有沙溜官嶼溜等名此北溜疑即彼之溜山洋準其地望即廠圖之麻答愛夫羣島拉克答愛夫羣島地也印度平流夏自馬拉巴而南環哥摩凌角而東北流向孟加拉冬自孟加拉而西南環哥摩凌角而北向馬拉巴其貿易風則冬春恒爲東北

夏秋恒爲西南海行往西洋者去以冬春則風水皆順歸以夏秋亦風水皆順昔之泛海者準方依岸大較由斯其麻答愛夫羣島之側平流西注別出一支西南達馬達嘎斯嘎去岸絕遠趨避爲難而兩流相會於適當僧加斯西南麻答愛夫羣島之左右故有漂泊之患必東南風而後上溜者溜勢西注故也口之皆水中有石樣中牙利如鋒刃蓋已不勝舟矣地產椰子索朳子魚乾又案地理備攷云馬地威羣島約百八十里產珊瑚有沙石出椰子多沙魚居民勤勞歲歲將椰油鹹魚貝子等貨赴印度市臘其地威十七島在其北惟八洲有居民種椰子爲飲食馬地威即麻答愛夫臘其地威即臘克答愛夫也物產相同準望相值審爲一地可不疑臘其地威之八洲即溜山洋之八溜也大手巾布海商每將一船朳子下烏爹朋加剌必互易米一船有餘蓋彼番以朳子權錢用亦久遠之食法也

下里下大佛山條云大佛山界於迓里高郎步之間此下里即彼迓里

國居小唄喃古佛里之中又名小港口山曠而原平地方數千里餘民所奠居星羅

棋布家給人足厥田中下農力耕氣候暖風俗澹民尙氣出入必懸弓及藤牌以隨身男女削髮繫溜布地產胡椒冠於各番不可勝計樹木滿山蔓衍如藤蘿冬花而夏實民採而蒸曝以乾爲度其味辛採者多不禁其味之觸人甚至以川芎煎湯解之他番之有胡椒者皆此國流波之餘也

高郎步 此爲錫蘭島西方口岸廠圖曰考老母波陳圖白科侖波諸書多作可倫坡

大佛山之下灣環中縱橫皆鹵股石其地濕卑田瘠米穀翔貴氣候暖俗薄船人不幸失風或駐閣於其地者徒爲酋長之利船中所有貨物多至金璧而歸之酋以爲天賜也孰知船人妻子飢寒之所望哉男女撮髻繫八節那間布梢煮海爲鹽釀蔗漿爲酒有酋長地產紅石頭與僧加剌同貿易之貨用八丹布斗錫酒薔薇水蘇木金銀之屬

沙里八丹 西南海夷總圖沙里晉的卽此地

國居古里佛山之後海錄西嶺在笨支里少北又名古魯慕由本支里水路六七日陸路二旬可到古魯慕即卡里密阿即此古里佛西嶺即西尒牙巴坦相近而非一地謝氏誤也其地沃衍田少俗美氣候微暖男女繫布纏頭循海而居珠貨之馬頭也民有犯罪者以石灰畫圈於地使之立圈內不令轉足此其極刑也地產八丹布珍珠由第三港來皆物之所自產也其地採珠官抽畢皆以小舟渡此國互易富者用金銀以抵價博之船至求售於唐人其利豈淺鮮哉諸八舟字並當作八丹印度稱城曰阿巴特諸譯或作巴坦或作板特皆對音字也此沙里八丹即廠圖之蒐淩軋拍特陳圖之西尒萬巴耽魏圖之西尒牙邑外國史略云到塔拉部有西尒牙巴城高而堅固居民甚衆昔英人力攻而得之萬國地理全圖集云馬塔剌繁盛多大城西尒牙巴坦昔係王都馬答拉雖瀕海而無泊處泥沙梗阻船難到岸故必以小舟渡至此國西尒牙巴坦城臨考浮里江東通本得利士西淪山為開爾扣特海口所謂第三港者大抵即此二處顧不能指定矣　又按黃氏朝貢典錄正作沙里八

七四

丹云由沙里八丹而反十晝夜見觀延之嶼又至中央之嶼又巡牛嶺之山以至南巫里南巫里西北海中有山焉龍涎平頂名曰帽山西來洋舶向山爲準

金塔

古崖之下聖井傍有塔十丈有餘塔頂曾鍍以金其頂頹而石爛惟苔蘚青青耳上有鶴巢寬七尺餘有朱頂雌雄二鶴長存漢人每歲巢於其上酋長子孫相傳以來千有餘年矣春則育一二雛及羽翼成飛去惟老鶴在其國人書扁曰老鶴里土瘠而民貧氣候不齊俗朴男女椎髻纏白布繫溜布民煑海爲鹽女耕織爲業壽多至百有餘歲地產大布手巾木棉貿易之貨用鐵鼎五色布之屬

東淡邈

阜樚相去有間近希苓數日程山瘠民間田沃稻登百姓充給氣候熱俗重耕牛每於二月舂米爲餅以飼之名爲報耕種之本男女椎髻繫八丹布煑海爲鹽釀椰漿爲酒有酋長地產胡椒亞於闍婆玳瑁木棉大檳榔貿易之貨用銀五色布銅鼎鐵

器燒珠之屬

大八丹

國居西洋之後地理備攷曰瓜爾國二名古宜加死爾在印度之西其都城曰巴羅達圖志圖作巴羅他廠圖作巴羅答即此八丹地矣云大八丹者對沙里八丹而言云居西洋之後知在印度西方此書語例以印度東岸爲前西崖爲後緣舟行先至東岸名之元史稱馬八兒國爲俱蘭後障即此義也名雀婆嶺相望數百里田平豐稔時雨沾渥近年田中生叢禾丈有餘長禾莖四十有八穀粒一百三十長半寸許國人傳玩以爲禾王民間禾王移至酋長之家一歲之上莖不枯槁後其穀自墮色如金養之以檳榔灰使其不蛀迨今存其時國人曝之以爲寶焉氣候熱俗淳男女短髮穿南溜布南溜與北溜對文其八溜之一歟煮海爲鹽地產棉布波羅蜜貿易之貨用南絲鐵條紫粉木梳白糖之屬

加里那

國近具山其地磽确田瘠穀少王國之亞波下有石穴深邃有白牛種每歲逢春產白牛仍有雌雄酋長畜之名官牛聽其自然孳育於國酋長因其繁衍以之互市他國得金十兩厥後牛遂不產氣候稍熱黃楙材印度劄記刊代施部孟買兵帥所轄其首城曰高爾那即此加里那也云氣候稍熱知去赤道漸遠非印度南境矣刊代施瀛寰志略兩圖一作根的士一作甘勒士宋史天竺傳鉢賴野迦國西行六十至迦囉拏俱惹國約其地望在南西印度之間亦即此地也風俗淳厚男女髡髮穿長衫煮井爲鹽釀椰漿爲酒地產棉羊高大者二百餘斤春逢則割其尾用番藥搽之次年其尾復生如故貿易之貨用青白花碗細絹蘇木鐵條水銀之屬

土塔

居八舟之平原木石圍繞有土磚甃塔高數丈漢字書云咸淳三年八月畢工傳聞中國之人其年旅彼爲書於石以刻之至今不磨滅焉土瘠田少氣候半熱秋冬微冷俗好善民間多事桑香聖佛以金銀器皿事之男女斷髮其身如漆繫以白布有

酋長地產棉布花布大手巾檳榔貿易之貨用糖霜五色絹青緞蘇木之屬

第三港

古號爲淵（爲淵鈔本作馬淵疑馬字是此第三港必在印度西南之地而印度西南有馬黑海口即海錄所稱馬英者對音地望均與馬淵二字親切相當西域記云摩臘婆南羅羅國也城據莫河訶東南按英圖馬黑之北實有大河入海則馬黑即莫訶地以河名由來久矣摩臘婆即馬拉巴爾自唐以來據有印度西南海岸凡印度西南城邑往往猶存古名以土人種類不改故地名亦多不改也）今名新港口岸分南北民結屋而居田土氣候風俗男女與八舟同去此港八十餘里洋名大朗蚌珠海內爲最富（商業博物志珠產錫蘭之西岸波斯之拔里恩諸島科里鼻秩耳海岸之朱齊可倫西印度之沿海哥倫比亞之海岸太平洋之巴拿馬灣而由錫蘭及科里鼻秩耳所產者古來最爲著名波斯紅海所產非印度比也）採取之際酋長殺人及十數牲祭海神選日集舟人採珠每舟以五人爲率二人盪槳二人收絙其一人

用圈竹匡其袋口懸於頸上仍用收綆繫石於腰放墮海底以入爬珠蚌入袋中遂執綆牽掣其舟中之人收綆隨綆而上纔以珠蚌傾舟中既滿載則官場週囘皆官兵守之越數日候其肉腐爛則去其殼以羅盛腐肉旋轉洗之則肉去珠存仍巨細篩閱於十分中官抽一半以五分與舟人均分若夫海神以取之入水者多葬於鱷魚之腹吁得之良可憫也舶人幸當其取之歲往往以金與之互易歸則樂數倍之利富可立至特罕逢其時耳

華羅

栫椰樹爲强理疊青石爲室田土瘠磽宜種稻氣候常熱秋冬草木越增茂盛俗怪民間每創石亭數四塑以泥牛或刻石爲像朝夕諷經敬之若人佛焉仍以香花鐙燭爲之供養凡所坐之壇所行之地及屋壁之上悉以牛糞和泥塗之反爲潔淨隣人往來苟非其類則不敢造其所男女形黑無酋長年尊者主之語言謳陟加反諏女加反以檀香牛糞搽其額以白細布纏頭穿長衫與今之南毗人少異而大同華

羅上脫南尼字事林廣記西天南尼華羅國事佛尊牛屋壁皆塗牛糞以爲潔各家置壇以牛糞塗之置花水爇香供佛蕃商到不得入屋止坐門外諸蕃志云南尼華羅諸國不啻百餘皆冠以西天之名又云西天南尼華羅國城有三重人早晚浴以鬱金塗地體效佛金色多稱婆羅門以爲眞佛子孫屋壁坐席悉塗牛糞相尚以此爲潔家置壇崇三尺三級而升每晨焚香獻花名爲供佛大食番至其國則坐之門外館之別室按志與廣記敘述與此略同廣記卽刪略志文此又就志文以所見略爲增損耳　南尼華羅疑卽謝清高所稱乃弩王國職方外紀所稱乃勒者其國地當在中西印度之間宋史天竺傳乾陀羅國西行二十日至曩誐羅賀囉國曩誐囉賀囉對音與南尼華羅相近疑卽是矣

麻那里此印度劄記馬勒巴爾部之邦那里埠魏圖曰門納利以英文審之門納利麻那里近於邦那里也廣東通志海錄之麻倫尼亦卽此

界迷黎之東南居垣角之絕島石有楠樹萬枝周圍皆水有蠔如山立人少主土薄

田瘠氣候不齊俗侈男女辮髮以帶梢臂用金鈿穿五色絹短衫以朋如刺布爲獨幅裙繫之地產駱駝高九尺土人以之負重有仙鶴高六尺許以石爲食聞人拍掌則聳翼而舞其容儀可觀亦異物也

加將門里

去加里那二千餘里喬木成林修竹高節其地堰瀦甲肥美一歲三收穀通商販於他國氣候常熱俗薄男女挽髻穿長衫叢雜回人居之土商每興販黑囡往朋加刺互市銀錢之多寡隨其大小高下而議價民煮海爲鹽釀蔗漿爲酒有酋長地產象牙兜羅棉花布貿易之貨用蘇杭五色緞南北絲土綢絹巫崙布之屬

波斯離 此即波斯國

境與西夏聯屬地方五千餘里闤市之間民比居如魚鱗田宜麥禾氣候常冷風俗侈麗男女長身編髮穿駝褐毛衫以軟錦爲茵褥燒羊爲食煮海爲鹽有酋長地產琥珀軟錦駝毛膃肭臍沒藥萬年棗本草綱目無漏子開寶曰千年棗一統志曰萬

歲棗嶺表錄異曰波斯棗彼人呼其木曰窟莽實曰苦魯麻似棗而實非棗味極甘

貿易之貨用氈毯五色緞雲南葉金白銀倭鐵大楓子牙梳鐵器達剌斯離香之屬

撻吉里

國居達里之地元世印度北方德列爲大國其王則突厥種旭烈兀後王屢與相攻不能勝也此達里疑卽德列而達吉那卽突厥之轉音　明史底里國永樂中嘗賜書撫諭其王馬哈木鍚以文錦等物其地與沿納樸兒近底里近沿納樸兒亦其國在中印度一證　又按明史巴喇西入貢其使言至西瀾海舟壞存一小艇漂八日至得吉零國居一年至秘得居八月乃遵陸行閱二十六日至暹羅得吉零卽撻吉那德列東接孟加剌故沿海岸得至暹羅卽古之西域山少而瘠氣候半熱天常陰晦俗與羌同男女身面如漆眼圓白髮鬅鬙籠軟錦爲衣女資紡織爲生男採鴉鶻石爲活煑海爲鹽釀安石榴爲酒有酋長地產安息香琉璃瓶硼砂梔子花此梔子花與中國梔子花不同詳諸蕃志尤勝於他國貿易之貨用花金花銀五色緞鐵鼎

銅線琉黃水銀之屬

千里馬

北與大奮山截界溪水護市四時澄徹形勢寬容田瘠穀少氣候乍熱俗淳男女斷髮身繫絲布煑海爲鹽釀桂屑爲酒有酋長地產翠羽百合薯蕷貿易之貨用鐵條粗碗蘇木鉛鍼之屬

大佛山

大佛山界於迓里高郞步之間地里備考馬爾地瓦斯一名錫蘭山其都城曰可倫破又有牙利城爲東南之堅城魏氏圖錫蘭西南有牙利邑牙利牙里即此迓里也云大佛山界兩地之間則山亦在錫蘭西岸矣或疑魏圖方向不可憑大佛山即亞旦峯至順庚午冬十月有二日因卸帆於山下是夜月明如晝海波不興水清徹底起而徘徊俯窺水國有樹婆娑余指舟人而問此非清琅玕珊瑚珠者耶曰非也此非月中娑羅樹影者耶曰亦非也乃命童子入水採之則柔滑拔之出水則堅如鐵

把而玩之高僅盈尺則其樹槎枒盤結奇怪枝有一花一蕊紅色天然既開者彷彿牡丹半吐者類乎菡萏衆人秉燭環堵而觀之衆乃雀躍而笑曰此瓊樹開花也誠海中之稀有亦中國之異聞余歷此四十餘年未嘗覩於此君今得之茲非千載而一遇者乎余次日作古體詩百首以記其實袖之以歸豫章邵菴虞先生見而賦詩迨今留於君子堂以傳玩焉

須文那 元史馬八兒傳俱蘭既下餘諸國曰馬八兒曰須門那曰僧急里曰南無力曰那旺曰丁呵兒曰來來曰急蘭亦䚟曰蘇木都剌皆遣使貢方物須門那即此須文那也

國中班支尼那接境山如瓜瓠民樂奠居田瘠穀少氣候應節俗鄙薄男女蓬頭繫絲酋長之家有石鶴高七尺餘身白而項紅彷然生像民間事之爲神鶴四五月間聽其夜鳴則是歲豐稔凡有疾則卜之如響斯應民不善貴海爲鹽地產絲布胡椒亞於希苓淡邈孩兒茶一名烏爹士又名胥實失之其實檳榔汗也 本草綱目烏爹

泥即孩兒茶又名烏壘泥出南番爪洼暹羅等國云是細茶末入竹筒中堅塞兩頭埋汙泥溝中日久取出搗汁熬制而成按英人商業博物志兒茶一名阿煎藥又稱日本土乃一種荳科多刺之樹取其斷戳小片煎熬成汁非檳榔木也然其檳榔條云檳榔子生有收斂性越幾斯坊間一一種兒茶因此而成則檳榔汗之說亦非無

因貿易之貨用五色細緞青緞荳蔻大小水罐蘇木之屬

萬里石塘

石塘之骨由潮州而生迤邐如長蛇橫亘海中越海諸國俗云萬里石塘以余推之豈止萬里而已哉船由玳瑁嶼門挂四帆乘風破浪海上若飛至西洋或百日之外以一日一夜行里計之萬里曾不足故原其地脈歷歷可攷一脈至爪哇一脈至勃泥及古里地悶一脈至西洋達崐崙之地蓋紫陽朱子謂海外之地與中原地脈相連者其以是歟觀夫海洋泛無涘涯中匿石塘孰得而明之避之則吉遇之則凶故子午針人之命脈所係苟非舟子之精明鮮不覆且溺矣吁得意之地勿再往豈可

以風濤爲徑路也哉

小唄喃 此卽元史之俱蘭明世所稱小葛蘭於魏氏圖志則南加那拉北加那拉也

地與都攔礁相近厥土黑墳本宜穀麥民居 當依費書作居民 懶事耕作歲藉烏爹運米供給商船或風汎到遲馬船已去貨載不滿風汎或逆不得過喃啞哩洋且防高浪阜 費作埠 中鹵股石之厄所以此地駐冬候夏八九月馬船復來移船回古里佛互市風俗男女依著與古里佛同有村主無酋長地產胡椒椰子檳榔溜食貿易之貨用金錢青白花磁器八舟布正色緞鐵器之屬 此條文句與星槎勝覽大葛蘭條大略相同彼此相補叙述始明以此知唄喃之卽葛蘭而元史俱蘭亦葛蘭也

古里佛 此陳圖之卡里密阿角東南與錫蘭相望海錄西嶺在笨支里少北一名古里墓

當巨海之要衝去僧加剌密邇亦西洋諸國馬頭也 勝覽古里國記述略同黃錄古

里絕無一字相涉一在印度西北一在印度東南異地同名不可混而爲一此古里與僧伽剌密邇彼古里在柯枝西北東通坎巴夷替山廣而田瘠宜種麥每歲藉烏爹米至行者讓路道不拾遺俗稍近古其法至垣盜一牛酋以牛頭爲準失主仍以犯人家產籍沒而戮之官塲居深山中海濱爲市以通貿易地產胡椒亞於下里人間俱有倉廩貯之每播荷三百七十五斤稅收十分之二次加張葉皮桑布薔薇水波羅蜜孩兒茶其珊瑚珍珠乳香諸等貨物皆由甘埋佛朗來也按今卡里密阿海爲產珠之地不應其珍珠反由甘埋佛朗來此處有譌誤恐甘理佛朗四字乃古里佛三字之誤耳去貨與小唄喃國同蓄好馬自西極來故以舶載至此國每疋互易動金錢千百或至四千爲率否則番人議其國空乏也

朋加剌此勝覽之榜葛剌諸蕃志鵬茄羅也諸蕃志西天鵬都羅國都號茶那咭城圍一百二十里民物好勝專事剽奪以白矸螺殼磨治爲錢土產寶劍兜羅綿等布或謂佛法始於此國唐三藏取經時到

五嶺崔嵬樹林拔萃民環而居之歲以耕植爲業故野無曠土山疇極美每一歲凡三收穀百物皆廉卽古忻都州府也元史世祖本紀年忻都招撫使楊庭璧招撫海外南番皆遣使入貢是當時忻都嘗設招討使元世自都元帥以至萬戶皆稱府故有忻都州府之稱蓋亦如唐代西域所設督都府矣氣候常熱風俗最爲淳厚男女以細布纏頭穿長衫官稅以十分中取其二焉國鑄銀錢名唐加每箇錢八分重流通使用互易𧴩子一萬五百二十有餘以權小錢便民良有益也產苾布苾布亦見明史古里傳黄氏典錄苾作宓高你布兜羅綿翠羽貿易之貨用南北絲五色絹緞丁香荳蔻青白花器白纓之屬茲番所以民安物泰皆自乎農力有以致之是故原防管茅之地民墾闢種種不倦口廉勞口之役因天之時而分地利國富俗厚可以口舊港而邁闍婆也

巴南巴西西南海夷總圖烏爹西南沙里普的之東有輸南卽此巴南

國居大響山之南環居數十里土瘠宜種荳氣候乍涼俗尚澆薄男女體小而形黑

眼圓耳長手垂過膝身披絲絨單被凡民間女子其形窊於加切䫂若加切自七歲父母以歌舞身之身摺疊而圓轉變態百出粗有可觀倘適他國呈其藝術則予以小錢爲賞地產細棉布舶人以錫易之

放拜此卽西印度之孟夏或譯網買或譯邦拜元時商舶聚於蘇拉特此地尚未爲都會故敘述止此廣東通志𠱓𠺕乾隆四年有船進口小西洋北爲望娑羅國又北麻倫你國又北少西爲英吉利國又北少西爲𠱓𠺕乃紅毛所轄又北舟行三日陸行四五日至蘇喇

居巴隘亂石之間渡橋出入週圍無田平曠皆陸地宜種麥氣候常暖風俗質朴男女面長目反白容黑如漆編髮爲繩穿斜紋木棉長衫煑海爲鹽煆鵝卵石爲炭以代炊有酋長地產絕細布匹闊七尺長有餘大檳榔爲諸蕃之冠貨用金䏲子紅白燒珠之屬

大烏爹此中印度之烏德國地理全志云俗尚寇掠素稱盜藪其風俗蓋至今

不變也　宋史天竺傳太平興國三年益州僧光遠至天竺以其王沒徙曩表來上今天竺僧施護譯之施護有烏塡曩國屬北印度西行十二日至乾陁羅國又西行二十日至曩誐羅賀囉國又西行十日至嵐婆國又西行十二日至誐惹曩國又西行至波斯國所謂烏塡曩國即此烏爹也

國近巴南之地界西洋之中峯山多鹵股田雜沙土有黑歲宜種荳氣候常熱俗尚湻男女身修長女生髭穿細布繫紅絹梢女善戰使標鎗批竹矢毒於蛇使國人極畏之仍以金錢兼魚肕子使賫海爲鹽以遂巡法釀酒有酋長地產布匹貓兒眼睛鴉鶻石翠羽貿易之貨白銅鼓板五色緞金銀鐵器之屬國以肕子金錢流通使用所以便民也成周之世用錢幣漢武造皮幣鑄白銀無非子母相權而已如西洋諸番國鑄爲大小金錢使用與中國銅錢異雖無其幣以兼之得非法古之道者哉

萬年港

凌門正灣爲之引從彷彿相望中有長闊二十餘丈其深無底魚龍之淵藪也旁有

山如氏環而居田寬地窄宜穀麥氣候常熱俗朴男女椎髻繫青布梢煑海爲鹽釀蔗漿爲酒有酋長地産降眞條木棉黃蠟貿易之貨用鐵條銅線土印花布瓦瓶之屬

馬八兒嶼

按西北之隅居加將門之右 此嶼似是今西圖開母拜灣之島而加將門卽扣崗灣也扣崗或譯作加支音與加將近 此嶼自有名謂之馬八兒以其屬馬八兒國耳 瀕山而居土鹹田沃饒歲倍收氣候熱俗淫男女散髮以椰葉蔽羞不事緝織鬻煑海爲鹽釀椰漿爲酒無酋長地產翠羽細布大羊百有餘斤穀米價廉貿易之貨用砂金青緞白礬紅綠燒珠之屬次曰拔忽曰里達那曰骨里傍曰安其曰伽忽皆屬此國之節制焉

阿思里 此利非亞洲東方之阿區國廠圖作亞然亦作阿桑者也與亞丁對岸當大食海之東北濱故得早通東方商舶諸蕃志之弼琶羅在此國西海夷

總圖之賞那圖志曰西臘廠圖曰賽拉則此國屬地也

極西南達國里之地無山林之限風起則飛沙撲面人不敢行居人編竹以蔽之氣候熱半年之間多不見雨掘井而飲深至二三百丈味甘而美其地防原宜種麥或潮水至原下則其地上潤麥苗自秀俗惡男女編髮以牛羊毛爲繩接髮梢至齊膝爲奇以鳥羽爲衣搗麥作餅爲食民不善煑海爲鹽地產大棉布小布匹貿易之貨用銀鐵器青燒珠之屬

哩伽塔　哩當作嘿　內府圖西海之濱有馬斯哈特地廠圖俄芥灣東南有謀斯刻特魏圖作母士甲都卽嘿伽塔地也瀛寰志略亞拉伯通商海口在東方曰木甲富商所萃

國居遼西之界乃國王海之濱　國王海者旭烈兀大王國境之海卽波斯海灣也　田瘠宜種黍民疊板石爲居掘地丈有餘深以藏種子雖三載亦不朽也氣候秋熱而夏凉俗尚朴男女瘦長其形古怪髮長二寸而不見長穿布桶衣繫皂布梢煑海爲

鹽釀黍爲酒以牛乳爲食地產青琅玕珊瑚樹其樹或長一丈有餘或七八尺許一尺有餘秋冬民間皆用船採取以横木繫破網及紗線於其上仍以索縛木兩頭人於船上牽以拖之則其樹槎枒掛挽而上事林廣記默伽臘國有國王海出珊瑚樹國人採之用絲縛十字木將麻線索紋在十字上用石墜入水中掉舟拖索刮取其樹古云鐵網取珊瑚蓋此類也諸蕃志默加獵國王逐日誦經拜天海水深二十丈產珊瑚樹貿易之貨用金銀五色緞巫崙布之屬

天堂

地多曠漠卽古筠冲之地又名爲西域風景融和四時之之海國圖志作引如春也田沃稻饒居民樂業雲南有路可通一年之上可至其地西洋亦有路通名爲天堂有回回厤與中國授時厤前後至至海國圖志引作止爭三日其選日永無差異氣候暖風俗好善男女辮髮穿細布布衫繫細布捎地產西馬高八尺許人多以馬乳拌飯爲食則人肥美貿易之貨用銀五色緞青白花器鐵鼎之屬

天竺

居大食之東隸秦王之主去海二百餘里地平沃氣候不齊俗尚古風男女身長七尺小目長項手帕繫額編髮垂耳穿百結衣以籐皮織鞋以棉紗結襪仍將穿之示其執禮也不善煑海爲鹽食仰他國民間以金錢流通使用有酋長地產金沙駿馬貿易之貨用銀青白花器斗錫酒色印布之屬

層搖羅 搖當作拔傳寫誤也諸蕃志大食所屬有層拔國在胡茶辣國南海島中西接大山其人民皆大食種落遵大食教度纏青蕃布躡紅皮鞋產象牙生金龍涎香黃檀香每歲胡茶辣國及大食邊海等處發船與之販易此層拔羅即彼層拔也艾儒略圖阿利非南境有初法蠟地湯若望圖同廠圖作梭發拉巍圖有所縛拉西南海夷總圖作這不魯麻爲阿洲南境最古之埠 國居大食之西南崖無林地多滷田瘠穀少故多種薯以代糧食每每販於其地者若有穀米與之交易其利甚溥氣候不齊俗古直男女挽髻穿無縫短裙民事網罟

取禽獸爲食煑海爲鹽釀蔗漿爲酒有酋長地產紅檀紫蔗象齒龍涎生金鴨嘴膽礬貿易之貨用牙箱花銀五色緞之屬

馬魯澗

國與遐邇沙喃之後山接壤諸蕃志蘆眉國一名眉路骨遐邇沙喃對音與耶路撒冷至近民樂業而富庶周迴廣一萬八千餘里西洋國悉臣屬焉有酋長元臨漳人陳其姓也幼能讀書長練兵事國初領兵鎮甘州遂入此國討叛不復返茲地產馬故多馬軍動侵番國以兵凡若干萬歲以正月三日則建高壇以受兵賀所至之地即成聚落一所民間互易而卒無擾攘之患蓋以刑法之重如此觀其威逼諸番嚴行賞罰亦酋豪中之表表者

甘埋里今波斯東南拉利斯坦海岸與阿拉伯之俄莽灣相對之地曰告母白魯倫陳圖曰甘勃倫蓋即此地明史所謂忽魯謨斯者亦在此一以南岸地稱之一以北岸稱之耳　諸蕃志大食屬國有甘眉即此

國居西南洋之地與佛朗相近乘風張帆二月可至小唄喃其地造舟爲馬船大於商船北盟會編國家舟船之大莫過馬船軍隊五十八馬船雖大止能容八隊不使釘灰用椰索板成片每船二三層用板棧滲漏不勝梢人日夜輪戽水不竭下以乳香壓重上載馬數百匹頭小尾輕鹿身吊肚四蹄削鐵高七尺許日夜可行千里所有木香琥珀之類均產自佛朗國來商販於西洋互易去貨丁香荳蔻青緞麝香紅色燒珠蘇杭色緞蘇木青白花器甆瓶鐵條以胡椒載而返椒之所以貴者皆因此船運去尤多較商船之取十不及其一焉

麻呵斯離

去大食國八千餘里與鯨板奴國相近由海通溪約二百餘里石道崎嶇至官場三百餘里地平如席氣候應節風俗鄙儉男女編髮眼如銅鈴穿長衫煑海爲鹽釀茭葉爲酒有酋長地產青鹽馬乳葡萄米麥其麥粒長半寸許甘露每歲八九月下民間築淨池以盛之旭日曝則融結如氷味甚糖霜仍以甆器貯之調湯而飲以辟瘴

癘古云甘露王如來卽此地也諸蕃志勿厮離國其地多石山秋露沆瀣日晒卽凝狀如糖霜採而食之淸凉甘腴蓋眞甘露也此麻呵斯離蓋卽彼勿厮離當爲今波斯東法爾斯地貿易之貨用刺速斯離布紫金白銅青琅玕闍婆布之屬

羅婆斯

國與麻加那之右山聯屬此紅海東岸之地麻加那卽麥加回回祖國其西北有城曰拉波卽此羅婆斯地矣奇峯磊磊如天馬奔馳形勢臨海男女異形不織不衣以鳥羽掩身食無煙火惟有茹毛飲血巢居穴處而已雖然飲食宮室節宣之不可闕也絲麻絺綌寒暑來往之不可違也夫以洛南北之地懸隔千里尚有寒暑之殊而況於窮海諸國者哉其地鍾湯之全故民無衣食之備陶然自適以宇宙輪輿宜乎茹飲不擇巢穴不易相與浮乎太古之天矣

烏爹

國因伽里之舊名也山林益少其地堰瀦而半曠民專農業田沃稼茂既無絕糧之

患又無蝗蝻之災歲凡三稔諸物皆廉道不拾遺鄉里和睦士尤尚義俗厚民泰各番之所不及也氣候男女與朋加剌略同此中印度之烏得國東境按孟加拉故云氣候略同有烏爹復有大烏爹正如唐西域記之案達羅大案達羅明史之小葛蘭大葛蘭也稅收十分之一地產大口黑國翠羽黃蠟木棉細匹布貿易之貨用金銀五色緞白絲丁香荳蔻茅香青白花器鼓瑟之屬每箇銀錢重二錢八分准中統鈔一十兩易𧴩子計一萬一千五百二十餘折錢使用以二百五十𧴩子糴一尖籮熟米折官斗有一斗六升每錢收𧴩子可得四十六籮米通計七十三斗二升可供二人一歲之食有餘故販其地者十去九不還也夫以外夷而得知務農重穀使國無遊民家給人足歲無饑寒之憂設知興行禮讓敎以詩書禮樂則與中國之風無間然矣孰謂蠻貊之邦而不可行者乎

異聞類聚此條所述者出事林廣記方國類云見某書亦廣記引用原文也

古有奇肱國之民能爲飛車從風遠行見於博物志矣次曰頓遜國凡人死送於郭

外鳥食肉盡乃去以火燒其骨卽沈於海中謂之鳥葬見於窮神祕苑矣次曰骨利國晝長夜短薄暮煑一羊脾方熟東方已曙見於神異錄矣次曰大食國山樹花開如人首不解語人借問惟笑頻笑則雕落見於酉陽雜俎矣次曰婆登國種穀每月一熟見於神異之記又曰繳濮國人有尾欲坐則先穴地以安之誤折其尾則死見於廣州之記次曰南方之產翁獠婦娩子壻擁衾抱雛以護衛之見於南楚之新聞次曰番禺縣民失蔬園盜之於百里之外若浮筏乘流於海上有縣宰爲之判杖見於玉堂之閒話他如女人國視井而生育茶弼沙國日入其地聲震雷霆至於南方縛婦成姻多非禮聘嶺南之好女不事緝織南海之貧窶名爲指腹賣南中之師郎擁婦而食肉此又人物風俗之不同錄之以備採覽故曰異聞類聚